Ambrose Bierce

Mitten im Leben sind wir vom Tod umfangen

Ambrose Bierce

Mitten im Leben sind wir vom Tod umfangen

Erzählungen von Soldaten
und Zivilisten aus dem
amerikanischen Sezessionskrieg

Aus dem Amerikanischen
und mit einem biographischen Essay von
Elisabeth Schnack

Claassen

Gedruckt auf säurefreiem Papier

Die Deutsche Bibliothek – CIP-Einheitsaufnahme

Bierce, Ambrose:
Mitten im Leben sind wir vom Tod umfangen: Erzählungen von Soldaten und Zivilisten aus dem amerikanischen Sezessionskrieg/Ambrose Bierce. Aus dem Amerikan. und mit einem biographischen Essay von Elisabeth Schnack. –
Hildesheim: Claassen, 1993
(Claassen extra)
ISBN 3-546-00042-0

Claassen extra
Lizenzausgabe mit freundlicher Genehmigung
der Büchergilde Gutenberg, Frankfurt am Main

Umschlagmotiv: Enrico Pellegrino
Satz: Tau Type, A-Bad Sauerbrunn
Druck und Bindung: Ebner, Ulm
Papier: Steinbeis – Temming, Glückstadt
Printed in Germany
ISBN 3-546-0042-0

Soldaten

Inhaltsverzeichnis

Soldaten

Zivilisten

Am Himmel ein Reiter

1.

An einem sonnigen Herbstnachmittag des Jahres 1861 lag ein Soldat am Rande einer Straße in West-Virginia in einem Lorbeergebüsch. Er lag in voller Länge auf dem Bauch; die Füße ruhten auf den Zehen und der Kopf auf dem linken Unterarm. In der ausgestreckten Rechten hielt er locker sein Gewehr. Wenn seine Gliedmaßen nicht in einer gewissen Absichtlichkeit dagelegen hätten und wenn nicht das leichte Auf und Ab der Patronentasche hinten an seinem Koppel gewesen wäre, hätte man ihn für tot halten können. Doch er schlief – auf Wache und auf Posten! Wäre er ertappt worden, hätte man ihn kurzerhand erschossen, da der Tod die gerechte und gesetzliche Strafe für ein solches Verbrechen ist.

Das Lorbeergebüsch, in dem der Missetäter lag, stand an der Biegung einer Straße, die in südlicher Richtung über einen Steilhang bis zu dieser Stelle emporgeklommen war, nun scharf nach Westen abschwenkte und etwa hundert Yards auf dem Kamm einer Felswand entlanglief. Dann wandte sie sich wieder gen Süden und führte im Zickzack durch den Wald hinunter. An der Ecke der zweiten Biegung sprang eine große Felsplatte nach Norden vor und überblickte das tiefe Tal, aus dem die Straße emporgeklommen war. Die Felsplatte bekrönte eine hohe Wand; ein über den Rand hinausgleitender Stein wäre tausend Fuß senkrecht nach unten und auf die Wipfel der Föhren gefallen. Die erste Straßenbiegung mit dem Soldaten wies ebenfalls einen Vorsprung der gleichen Felswand auf. Wäre er wach gewesen, dann hätte sich ihm ein umfassender Blick nicht nur über die kurze Kammstrecke der Straße und auf die vorkragende Felsplatte, sondern auch über die ganze Stirnseite der Wand darunter geboten, und es hätte ihm wohl schwindlig werden können.

Die Gegend war überall bewaldet, mit Ausnahme des Talgrundes im Norden, wo sich eine kleine Waldwiese befand, durch die ein Bach floß, der von oben kaum sichtbar war. Die Lichtung wirkte nicht viel größer als ein gewöhnliches Vorgärtchen, dehnte sich jedoch über mehrere Morgen aus. Ihr Grün war lebhafter als das des einschließenden Waldes. Etwas weiter hinten erhob sich eine Kulisse von riesigen Felswänden, die der vorderen Wand glichen, auf der wir stehen, um die Szenerie zu überblicken, durch die der Fahrweg recht und schlecht auf den Kamm geklommen war. Von unserem Standort aus wirkte das Tal so, als sei es ringsum völlig eingeschlossen, und man mußte sich unwillkürlich fragen, wie die Straße, die einen Weg aus dem Tal herausgefunden hatte, einen Weg hineingefunden haben mochte, und woher das Wasser des Baches kam, der die über tausend Fuß tiefer liegende Wiese teilte, und wohin er floß. Keine Gegend ist so wild und unwegsam, daß die Menschen sie nicht zu einem Kriegsschauplatz machten: auf dem Grunde dieser militärischen Rattenfalle, wo ein paar Dutzend Mann im Besitz der Talausgänge ein ganzes Heer bis zur Kapitulation hätten aushungern können, lagen, im Wald versteckt, fünf Regimenter der Unionsinfanterie. Sie waren den ganzen vorausgegangenen Tag und die Nacht hindurch marschiert und rasteten jetzt. Beim Anbruch der Nacht wollten sie weitermarschieren und zu der Stelle hinaufklimmen, wo jetzt ihr pflichtvergessener Vorposten schlief, dann auf der andern Seite ins Tal hinuntersteigen und gegen Mitternacht ein feindliches Lager überfallen. Sie hofften den Feind zu überraschen, denn die Straße umging das Lager von hinten. Sollte der Plan mißlingen, dann waren sie in größter Gefahr, und selbstverständlich würde er mißlingen, wenn der Feind durch Zufall oder Wachsamkeit von ihren Bewegungen Kenntnis erhielt.

2.

Der schlafende Wachtposten im Lorbeergebüsch war ein junger Virginier namens Carter Druse. Er war der Sohn wohlhabender Eltern, und als deren einzigem Kind war ihm soviel Muße, Bildung und Luxus zuteilgeworden, wie sie Reichtum und Geschmack im Bergland West-Virginias bieten konnten. Sein Elternhaus lag nur wenige Meilen von der Stelle entfernt, wo er jetzt schlief. Eines Morgens war er vom Frühstückstisch aufgestanden und hatte ruhig, aber entschlossen erklärt: »Vater, in Grafton ist ein Infanterieregiment eingetroffen. Ich möchte mich ihm anschließen.«

Der Vater hatte sein Löwenhaupt erhoben, hatte den Sohn einen Augenblick schweigend angeblickt und dann erwidert: »Geh also, mein Sohn, und was immer geschehen mag, tu, was du für deine Pflicht hältst! Für Virginia bist du ein Verräter; es wird ohne dich kämpfen. Sollten wir beide das Ende des Krieges erleben, sprechen wir weiter darüber. Wie du vom Arzt weißt, ist der Zustand deiner Mutter äußerst kritisch; im günstigsten Fall kann sie nur noch wenige Wochen bei uns weilen, und diese Zeit ist kostbar. Es wäre besser, sie nicht zu beunruhigen.«

Carter Druse hatte sich also ehrerbietig vor seinem Vater verbeugt, der den Gruß mit stolzer Höflichkeit erwiderte, hinter welcher sich ein brechendes Herz versteckte, und der Sohn hatte sein Elternhaus und die Stätte seiner Kindheit verlassen, um zu den Soldaten zu gehen. Durch Gewissenhaftigkeit und Mut, durch Pflichtbewußtsein und Verwegenheit hatte er bald die Achtung seiner Kameraden und Vorgesetzten errungen. Diesen Eigenschaften sowie einer gewissen Ortskenntnis hatte er es zu verdanken, daß man ihn für die gegenwärtige, gefahrvolle Aufgabe auf vorgeschobenem Posten ausgewählt hatte. Trotzdem war die Erschöpfung stärker als sein Wille gewesen, und er war eingeschlafen. Wer vermag zu sagen, welcher gute oder böse Engel ihm im Traum erschien und ihn aus seinem frevelhaften Zustand aufscheuchte? Lautlos und ohne jegliche Regung berührte in der tiefen Stille des einschläfernden Spätnachmittags ein unsichtbarer Schicksalsbote mit entsiegelndem Finger sein inneres Auge und flüsterte seinem inneren Ohr das geheimnisvoll weckende Wort zu, das noch nie von menschlichen Lippen gesprochen wurde. Ruhig hob er die Stirn vom Unterarm und spähte zwischen den schützenden Lorbeerstämmen hindurch, wobei seine Rechte das Gewehr unwillkürlich fester umklammerte.

Seine erste Empfindung war eine innige, künstlerische Freude: auf einem ungeheuren Postament – der Felswand – ragte reglos am äußersten Rand der krönenden Felsplatte, und scharf gegen den Himmel abgesetzt, eine Reiterstatue von eindrucksvoller Hoheit auf. Die Figur des Mannes saß aufrecht und in soldatischer Haltung auf der des Pferdes, jedoch mit der Ruhe eines griechischen Gottes, der aus Marmor gehauen ist und der Vortäuschung tätigen Lebens eine Grenze setzt. Die graue Kleidung paßte sich dem luftigen Hintergrund an; das Metall an Ausrüstung und Schabracke wirkte im Schatten gedämpfter und weicher; das Fell des Tieres zeigte keine Glanzlichter. Quer über dem Sattelknauf lag ein auffallend kurzer Karabiner, der durch die Rechte, die ihn am Kolbenhals umklammerte, an Ort und Stelle gehalten wurde; die linke Hand mit dem Zügel war nicht zu sehen. Die Umrisse des Pferdes hoben sich kameenhaft scharf als Silhouette gegen den Himmel ab; es blickte über das Luftmeer hinweg zu den Felsenkulissen auf der andern Seite. Das Gesicht des Reiters war leicht abgewandt und zeigte nur die Umrisse von Schläfe und Bart; er spähte in den Talgrund hinab. Durch die erhöhte Stellung vor dem weiten Himmel und durch das Wissen des jungen Soldaten um die furchtbare Nähe eines Feindes erschien die Gruppe ins Heroische, ja fast ins Kolossale vergrößert.

Während eines flüchtigen Augenblicks überkam Druse ein seltsames, halb unbewußtes Gefühl, er habe bis zum Ende des Krieges durchgeschlafen und blicke jetzt auf ein edles Kunstwerk, das auf jenem Vorsprung errichtet wurde, um die Taten einer heroischen Vergangenheit zu verherrlichen, in der er eine unrühmliche Rolle gespielt hatte. Das Gefühl wurde durch eine leichte Bewegung der Gruppe verscheucht: das Pferd hatte, ohne die Hufe zu rühren, den Rumpf etwas vom Rande des Abgrunds zurückgezogen; der Mann aber verharrte so unbeweglich wie zuvor. Druse war sich, jetzt hellwach, der Bedeutung des Ganzen aufs schärfste bewußt und hob den Gewehrkolben an die Wange, schob den Lauf seines Gewehrs vorsichtig durchs Gebüsch und spannte den Hahn, blickte durchs Visier und nahm eine lebenswichtige Stelle auf der Brust des Reiters aufs Korn. Ein einziger Druck auf den Abzug – und alles wäre für Carter Druse in Ordnung gewesen. In diesem Augenblick wandte der Reiter den Kopf und sah in die Richtung seines verborgenen Feindes: er schien ihm genau ins Gesicht, in die Augen, in das tapfere, fühlende Herz zu sehen.

Ist es denn so entsetzlich, im Krieg einen Feind zu töten, einen Feind, der ein Geheimnis ausgekundschaftet hat, das für die eigene Sicherheit und die seiner Kameraden entscheidend ist, einen Feind, der wegen des erkundeten Wissens gefährlicher ist als ein ganzes, noch so zahlreiches Heer? Carter Druse wurde blaß. Er zitterte vor Schwäche an allen Gliedern und sah die statuenhafte Gruppe vor sich nur noch wie ein schwarzes Bild, das stieg und fiel und in kreisförmigen Bögen durch einen Feuerhimmel tanzte. Die Hand glitt ihm von der Waffe, der Kopf sank langsam nieder, bis sein Gesicht sich in den Blättern vergrub, auf denen er lag. Der mutige Mann und abgehärtete Soldat war nahe daran, vor Erregung in Ohnmacht zu fallen.

Es dauerte nicht lange; im nächsten Augenblick

hatte er das Gesicht vom Boden aufgehoben, seine Hände nahmen wieder ihren Platz am Gewehr ein, sein Zeigefinger tastete nach dem Abzug: Geist, Herz und Auge waren klar, Gewissen und Verstand unversehrt. Er konnte nicht hoffen, diesen Feind gefangenzunehmen; seine Aufmerksamkeit erregen hieße nur, daß er mit der verhängnisvollen Kunde in sein Lager zurücksprengte. Die Pflicht des Soldaten war eindeutig: der Mann mußte aus dem Hinterhalt erschossen werden, ohne Warnung, ohne eine noch so kurze seelische Vorbereitung auf den Tod, ohne auch nur ein Stoßgebet mußte er vor Gottes Richterstuhl geschickt werden. Doch nein – eine Hoffnung besteht noch: vielleicht hat er nichts entdeckt, vielleicht bewundert er nur die großartige Szenerie? In dem Falle durfte er umkehren und nichtsahnend in der Richtung davonreiten, aus der er gekommen war. Es wäre doch sicher möglich, gleich bei der ersten Rückwärtswendung zu erkennen, ob er etwas entdeckt hat? Es könnte leicht sein ... Druse senkte den Kopf und blickte durch die luftigen Tiefen wie von der Oberfläche eines durchsichtigen Meeres auf dessen Grund hinunter. Er sah ein sich schlängelndes Band von Männern und Pferden quer über die Waldwiese kriechen: ein törichter Truppenführer erlaubte den Soldaten seiner Eskorte, ihre Pferde auf der Lichtung zu tränken – in voller Sicht der umliegenden Höhen!

Druse wandte seine Blicke vom Tal ab und heftete sie wieder auf Roß und Reiter am Himmel, und wieder durch das Visier seines Gewehrs. Aber diesmal zielte er auf das Pferd. Die Abschiedsworte seines Vaters klangen wie ein göttliches Gebot in seiner

Erinnerung auf: ›Was immer geschehen mag, tu, was du für deine Pflicht hältst!‹ Er war jetzt gefaßt. Der Mund war fest geschlossen, aber nicht verkrampft; seine Nerven waren so ruhig wie die eines schlafenden Säuglings; kein Muskel seines Körpers war von einem Zittern befallen; sein Atem ging gleichmäßig und langsam, bis er ihn beim Zielen anhielt. Das Pflichtgefühl hatte gesiegt; der Verstand gebot dem Körper: ›Gib Ruhe! Sei still !‹ Er schoß.

3.

Ein Offizier der Unionstruppen, der aus Abenteuerlust oder Wissensdrang das im Tal versteckte Biwak verlassen hatte und, ziellos wandernd, den Saum einer kleinen Lichtung am Fuße der Felswand erreicht hatte, überlegte, ob es einen Zweck habe, mit seinen Erkundungen noch weiter vorzustoßen. Eine Viertelmeile vor ihm, wenn auch allem Anschein nach nur einen Steinwurf entfernt, stieg aus ihrem Föhrenkranz die riesige Felswand auf und türmte sich so hoch über ihn in die Lüfte, daß ihm schwindlig wurde, wenn er dorthin sah, wo ihr Kamm eine scharfe, vielzackige Linie in den Himmel zeichnete. Von oben bis zur halben Höhe hinunter zeichnete sich die Wand als ungebrochene, senkrechte Stirnseite zunächst vor dem Hintergrund des blauen Himmels und sodann, bis zu den Baumwipfeln an ihrem Fuß, vor den fernen, kaum weniger blauen Bergen ab. Als der Offizier die Augen zu der schwindelnden Höhe des Kammes aufhob, bot sich ihm ein erstaunlicher Anblick: ein Mann zu Pferde ritt durch die Luft ins Tal hinab!

Der Reiter saß in militärischer Haltung bolzengerade und fest im Sattel und hielt die Zügel straff, um sein Pferd vor einem zu ungestümen Sprung zu bewahren. Von seinem entblößten Kopf wehte das lange Haar aufwärts und breitete sich wie ein Federbusch aus. Die Hände steckten in der wolkig aufwärtsflatternden Mähne des Pferdes. Der Rumpf des Pferdes behielt die waagerechte Lage bei, als spüre es bei jedem Hufschlag festen Boden. Die Gangart schien ein wilder Galopp zu sein, brach aber ab, noch während der Offizier hinschaute, und alle vier Füße wurden heftig vorwärtsgeschleudert, wie beim Aufsetzen nach einem Sprung. Aber das hier war ein *Flug!*

Die Erscheinung des Reiters am Himmel erfüllte den Offizier mit Entsetzen und Grauen: fast glaubte er, der auserwählte Chronist einer neuen Apokalypse zu sein, und die Heftigkeit seines Gefühls überwältigte ihn. Die Beine trugen ihn nicht mehr, und er schlug hin. Fast im gleichen Augenblick vernahm er ein Krachen in den Bäumen und einen Laut, der ohne Echo erstickte – und alles war still.

Zitternd richtete sich der Offizier wieder auf. Der vertraute Schmerz eines aufgeschürften Schienbeins scheuchte ihn aus seiner Betäubung. Er riß sich zusammen und lief hastig vom Fuß der Felswand weg und in schräger Richtung zu einem entfernter liegenden Punkt. Dort hoffte er den Reiter zu finden, was ihm natürlich nicht gelang. In dem flüchtigen Moment seiner Vision hatte sich die scheinbare Grazie und Leichtigkeit und Zielbewußtheit des wundersamen Reiterstückchens so stark seiner Phantasie bemächtigt, daß er nicht auf den Gedanken kam, die

Marschroute eines Kavalleristen der Lüfte führe genau senkrecht abwärts, und was er suche, müsse dicht am Fuß der Felswand liegen. Eine halbe Stunde später war er wieder im Lager. Der Offizier war ein kluger Mensch; er hütete sich, eine unglaubwürdige Geschichte zu erzählen. Er sagte kein Wort von dem, was er gesehen hatte. Doch als der Truppenführer ihn fragte, ob er auf seiner Streife etwas für den Feldzug Wichtiges erkundet habe, antwortete er: »Ja, Sir: von Süden her führt keine Straße ins Tal hinunter.« Der Truppenführer lächelte; er wußte es besser.

4.

Nachdem der Soldat Carter Druse den Schuß abgefeuert hatte, lud er sein Gewehr von neuem und blieb auf seinem Posten. Zehn Minuten waren kaum verstrichen, als ein Sergeant der Unionstruppe vorsichtig auf Händen und Füßen zu ihm herankroch. Druse wandte weder den Kopf noch sah er ihn an. Bewegungslos lag er da, ohne ein Zeichen, daß er ihn bemerkt hatte.

»Haben Sie geschossen?« flüsterte der Sergeant.

»Ja.«

»Worauf?«

»Auf ein Pferd. Es stand drüben auf der Felsplatte, sehr dicht vor dem Abgrund. Es ist nicht mehr da, wie Sie sehen. Es ist hinuntergestürzt.«

Sein Gesicht war bleich, sonst verriet er mit keiner Miene, was er empfand. Nachdem er geantwortet hatte, wandte er die Augen ab und sagte nichts mehr. Der Sergeant begriff es nicht.

»Nein, wirklich, Druse!« sagte er nach einer kurzen Pause. »Es hat keinen Sinn, so geheimnisvoll zu tun. Ich befehle Ihnen, Meldung zu erstatten! Hat jemand auf dem Pferd gesessen?«

»Ja.«

»Und wer?«

»Mein Vater.«

Der Sergeant stand auf und trat zurück.

»Großer Gott!« sagte er.

Zwischenfall an der Owl-Creek-Brücke

1.

Ein Mann stand auf einer Eisenbahnbrücke im nördlichen Alabama und sah auf das Wasser hinunter, das zwanzig Fuß unter ihm flink dahinfloß. Die Hände hielt der Mann auf dem Rücken; die Handgelenke waren mit einer Schnur zusammengebunden. Ein Strick lag eng um seinen Hals. Er war an einem starken Querbalken über seinem Kopf befestigt, und das lose Ende baumelte ihm um die Knie. Ein paar Bohlen waren locker über die Schwellen gelegt, welche die Schienen der Bahnlinie trugen; sie bildeten eine Plattform für ihn und seine Henker: zwei Gemeine der Unionsarmee, die von einem Feldwebel befehligt wurden, der im Zivilberuf vielleicht stellvertretender Sheriff war. Auf der gleichen improvisierten Plattform stand einen Schritt weiter weg ein Offizier, bewaffnet und in der Uniform seines Ranges. Er war Hauptmann. An jedem Ende der Brücke stand je ein Wachtposten in Hab-Acht-Stellung, das heißt, er hielt das Gewehr senkrecht vor die linke Schulter, mit dem Hahn am Unterarm, der waagerecht vor der Brust lag: eine steife und unnatürliche Stellung, die den Körper zu einer verkrampften Haltung zwingt. Anscheinend gehörte es nicht zu den Pflichten der beiden Männer, sich um das zu kümmern, was sich in der Mitte der Brücke abspielte. Sie sollten nur die beiden Enden des Bohlensteigs blockieren, der querüber führte.

Hinter dem einen Wachtposten war niemand zu sehen; die Schienen liefen etwa hundert Yards schnurgerade bis in einen Wald hinein, beschrieben dann eine Kurve und gerieten außer Sicht. Bestimmt war weiter weg noch ein Vorposten. Das andere Ufer des Flusses war offenes Gelände; die sanfte Böschung krönten Palisaden aus senkrechten Baumstämmen mit kleinen Schlitzen für die Gewehre und einer großen Schießscharte, aus der die Mündung einer Messingkanone ragte, welche die Brücke bestrich. In der Mitte der Böschung zwischen der Brücke und dem Fort standen die Zuschauer, eine einzelne Kompanie Infanterie, in einer Reihe angetreten und in Rührt-Euch-Stellung, Gewehr bei Fuß, den Lauf leicht gegen die rechte Schulter geneigt, die Hände über dem Schaft gekreuzt. Ein Leutnant stand auf dem rechten Flügel der Reihe; die Spitze seines Degens berührte den Boden, seine linke Hand ruhte auf der rechten. Abgesehen von den Vieren in der Mitte der Brücke rührte sich niemand. Die Kompanie machte Front zur Brücke, starren Blicks, und reglos. Die Wachtposten, die den Flußufern zugewandt waren, hätten schmückende Brükkenfiguren sein können. Der Hauptmann stand schweigend mit verschränkten Armen da und beobachtete gelassen die Arbeit seiner Untergebenen, ohne ihnen ein Zeichen zu geben. Der Tod ist ein hoher Würdenträger, der, wenn sein Kommen angekündigt ist, selbst von denen mit förmlichen Ehrenbezeugungen empfangen werden muß, die ganz vertraut mit ihm sind. Im Kodex militärischer Etikette sind Schweigen und starre Haltung die Ausdrucksform der Ehrerbietung. Der Mann, der gehenkt werden sollte, war anscheinend etwa fünfunddreißig Jahre alt. Er war ein Zivilist, falls man diesen Schluß aus seiner Kleidung ziehen wollte: es war die eines Farmers. Er hatte ein gut geschnittenes Gesicht, eine gerade Nase, einen festen Mund und eine hohe Stirn, aus der das lange dunkle Haar glatt zurückgekämmt war und hinter den Ohren auf den Kragen seines gut sitzenden Schoßrocks fiel. Er trug einen Schnurrbart und Spitzbart, aber keinen Backenbart; seine Augen waren groß und dunkelgrau und hatten einen gütigen Ausdruck, den man schwerlich bei jemandem erwartet hätte, um dessen Hals das Hanfseil lag. Er war offensichtlich kein gemeiner Mörder. Der liberale Militärkodex hatte Vorkehrungen getroffen, mancherlei Menschen zu erhängen, und Gentlemen sind nicht davon ausgeschlossen.

Als die Vorbereitungen beendet waren, traten die beiden Soldaten zur Seite, und jeder zog die Bohle weg, auf der er gestanden hatte. Der Feldwebel pflanzte sich vor dem Hauptmann auf, salutierte und stellte sich unmittelbar hinter den Offizier, der nun seinerseits einen Schritt beiseite trat. Infolge dieser Vorgänge standen schließlich der Verurteilte und der Feldwebel auf den beiden Enden der gleichen Bohle, die über drei Bahnschwellen der Brücke reichte. Das Ende, auf dem der Zivilist stand, reichte beinah bis an die vierte Schwelle, jedoch nicht ganz. Bisher war die Bohle durch das Gewicht des Hauptmanns, jetzt aber durch das des Feldwebels in ihrer Lage festgehalten worden. Auf ein Zeichen des Hauptmanns würde der Feldwebel beiseite treten, die Bohle würde hochkippen und der Verurteilte würde zwischen zwei Schwellen hindurchfallen. Diese Vorkehrung empfahl sich seiner Ansicht nach als einfach und zweckmäßig. Man hatte keine Hülle über sein Gesicht gezogen und auch keine Binde über seine Augen gelegt. Er sah kurz auf seinen unsicheren Stand; dann ließ er seine Blicke über das rauschende Wasser des Flusses schweifen, das ungestüm unter seinen Füßen dahinjagte. Ein tanzendes Treibholz fesselte seine Aufmerksamkeit, und seine Blicke folgten ihm die Strömung hinab. Wie langsam es sich zu bewegen schien! Was für ein träger Fluß!

Er schloß die Augen, um seine letzten Gedanken auf Frau und Kinder zu richten. Das von der Morgensonne in Gold getauchte Wasser, etwas stromabwärts vor den Ufern die Nebelschwaden, das Fort, das Stück Treibholz – alles hatte ihn abgelenkt. Und jetzt machte sich eine neue Störung bemerkbar. Durch den Gedanken an seine Lieben drang ein Geräusch, das er weder überhören noch erklären konnte: ein scharfer, deutlicher, metallischer Schlag, wie der Aufprall eines Schmiedehammers auf den Amboß, und von der gleichen schallenden Art. Er fragte sich, was es sein könne, und ob es unermeßlich fern oder in nächster Nähe sei – oder alles beides. In gleichmäßigen Abständen wiederholte es sich, aber langsam, wie das Läuten einer Totenglocke. Jeden Schlag erwartete er voller Ungeduld und – ohne zu wissen, weshalb – mit Besorgnis. Die Intervalle zwischen den Schlägen wurden immer länger; die Verzögerungen unerträglich. Je seltener die Schläge erklangen, desto stärker und schriller wurden sie. Wie Wasserströme drangen sie in sein Ohr, so daß er fürchtete, er müsse schreien. Was er hörte, war das Ticken seiner Uhr.

Er öffnete die Augen und sah wieder das Wasser unter sich. ›Wenn ich meine Hände freimachen könnte‹, dachte er, ›würde ich die Schlinge abstreifen und in den Fluß springen. Durch Tauchen könnte ich den Kugeln entgehen, und wenn ich tüchtig schwimme, würde ich das Ufer erreichen, in den Wald eindringen und nach Hause fliehen. Mein Haus liegt gottlob noch außerhalb ihrer Linien. Meine Frau und meine Kleinen sind noch weit weg von den Stellungen der Eindringlinge.‹

Während dieser Gedanken, die hier umständlich in Worten ausgedrückt werden müssen, gleich Bildern durch das Gehirn des Verurteilten zuckten und nicht etwa von ihm ersonnen wurden, nickte der Hauptmann dem Feldwebel zu. Der Feldwebel trat auf die Seite.

2.

Peyton Farquhar war ein wohlhabender Farmer und stammte aus einer alten und hochangesehenen Familie Alabamas. Da er Sklaven besaß und sich gleich andern Sklavenbesitzern mit Politik befaßte, war er naturgemäß Sezessionist und der Sache der Südstaaten von Anfang an glühend ergeben. Zwingende Umstände, die hier nicht erörtert werden müssen, hatten ihn daran gehindert, in das tapfere Heer einzutreten, dessen unheilvolle Feldzüge mit dem Fall von Corinth endeten. Er litt unter der unrühmlichen Zwangslage und sehnte sich danach, seine Kräfte im ungebundenen Soldatenleben einzusetzen, das ihm Gelegenheit geben konnte, sich auszuzeichnen. Er war überzeugt, daß diese Gelegenheit kommen würde, wie sie in Kriegszeiten für alle kommt. Unterdessen tat er soviel wie in seinen Kräften stand. Kein Dienst war ihm zu gering, wenn er dem Süden damit half, kein Abenteuer zu gefährlich, wenn es im Einklang mit dem Charakter eines Zivilisten stand, der im Herzen Soldat war und der guten Glaubens und ohne zuviel Vorbehalt wenigstens teilweise dem ausgesprochen schändlichen Wort zustimmte, daß in der Liebe und im Krieg alles erlaubt ist.

Eines Abends, als Farquhar und seine Frau auf einer einfachen Bank neben dem Eingang seines Grundstücks saßen, kam ein graugekleideter Soldat ans Tor geritten und bat um einen Schluck Wasser. Mrs. Farquhar war nur zu glücklich, ihn mit ihren eigenen weißen Händen zu bedienen. Während sie das Wasser holen ging, näherte sich ihr Mann dem staubigen Reiter und horchte ihn eifrig nach Neuigkeiten von der Front aus.

»Die Yankees bessern die Bahngeleise aus«, sagte der Mann, »und treffen Vorbereitungen für einen neuen Vorstoß. Sie haben die Brücke über den Owl-Creek erreicht, sie ausgebessert und auf dem nördlichen Ufer Palisaden errichtet. Der Kommandeur hat einen Befehl erlassen, der überall angeschlagen ist und auf dem es heißt, daß jeder Zivilist, der gefaßt wird, wenn er die Bahnstrecke oder ihre Brücken und Tunnel und Züge beschädigt, sofort erhängt wird. Ich habe den Befehl selbst gelesen.«

»Wie weit ist es bis zur Owl-Creek-Brücke?« fragte Farquhar.

»Etwa dreißig Meilen.«

»Stehen auf dieser Seite des Flusses keine Truppen?«

»Nur eine Feldwache – eine halbe Meile landeinwärts auf dem Geleise, und am Ende der Brücke ein Wachtposten.«

»Angenommen, ein Zivilist und Neuling im Erhängen würde die Feldwache umgehen und vielleicht den Brückenposten überwältigen – was könnte der wohl ausrichten?« fragte Farquhar lächelnd.

Der Soldat überlegte. »Ich war vor einem Monat dort«, erwiderte er. »Ich habe festgestellt, daß das Hochwasser vom letzten Winter hier auf dieser Seite der Brücke eine ganze Menge Treibholz gegen die Brückenpfeiler geschwemmt hat. Es ist jetzt trocken und würde wie Zunder brennen.«

Die Dame hatte inzwischen Wasser geholt, und der Soldat trank. Er dankte ihr ehrerbietig, verbeugte sich vor ihrem Mann und ritt weg. Eine Stunde darauf, nach Anbruch der Nacht, kam er wieder an der Plantage vorbei und ritt in nördlicher Richtung dorthin, woher er gekommen war. Er war ein Kundschafter der Unionstruppen.

3.

Als Peyton Farquhar senkrecht durch die Brücke hinunterfiel, verlor er das Bewußtsein und war wie jemand, der bereits tot ist. Aus diesem Zustand wurde er – wie es ihm schien, eine Ewigkeit später – durch einen schmerzhaft starken Druck auf seine Kehle geweckt, dem ein Erstickungsgefühl folgte. Heftige, stechende Schmerzen schienen vom Genick aus durch jede Faser seines Körpers und seiner Glieder zu schießen. Diese Schmerzen schienen auf ganz bestimmten Verästelungen entlangzujagen und unvorstellbar rasch und regelmäßig zu pulsieren. Sie waren wie Ströme eines vibrierenden Feuers, das ein unerträgliches Hitzegefühl hervorrief. In seinem Kopf spürte er nichts als Blutandrang und Stauung. Diese Empfindungen waren nicht von Gedanken begleitet – der denkende Teil seines Wesens war bereits erloschen. Er konnte nur noch fühlen, und das Fühlen war eine Qual. Dann wurde er einer Bewegung inne. Ohne stoffliche Substanz, und eingehüllt in eine leuchtende Wolke, war er jetzt nur noch deren feuriger Kern und schwang wie ein riesiges Pendel durch ungeahnte Schwingungskreise. Jählings, und mit furchtbarer Plötzlichkeit, schoß das Licht um ihn her unter lautem Plätschern nach oben; in seinen Ohren dröhnte es gräßlich, und alles war kalt und dunkel. Die Denkfähigkeit war ihm wiedergegeben: er wußte, daß der Strick gerissen und daß er in den Fluß gefallen war. Der Würgegriff um seinen Hals nahm nicht mehr zu; die Schlinge erstickte ihn bereits und ließ kein Wasser in seine Lunge eindringen. Auf dem Grund eines Flusses den Tod durch Erhängen zu sterben: der Gedanke kam ihm lächerlich vor. Er schlug in der Dunkelheit die Augen auf und sah über sich einen Lichtschein – aber wie fern, wie unerreichbar! Er sank immer noch, dann wurde das Licht matter und matter, bis es nur noch ein fahles Schimmern war. Dann nahm es zu und wurde heller, und er wußte, daß er zur Oberfläche aufstieg, wußte es voller Widerwillen, denn ihm war jetzt ganz wohl. ›Gehenkt und ertränkt zu werden, ist nicht so schlimm‹, dachte er, ›aber erschossen möchte ich nicht werden! Nein, ich will nicht erschossen werden, das wäre nicht fair!‹

Er war sich keines Bemühens bewußt, aber ein heftiger Schmerz am Handgelenk belehrte ihn, daß er versuchte, seine Hände freizubekommen. Er richtete seine Aufmerksamkeit auf dieses Bemühen, wie etwa ein Müßiggänger die Tricks eines Gauklers beobachtet – unbeteiligt am Ausgang. Was für ein prächtiges Bemühen! Was für eine großartige, übermenschliche Kraft! Oh, das war gut gemacht! Bravo! Die Schnur fiel ab, seine Arme trennten sich und schwebten aufwärts, und in der zunehmenden Helligkeit waren die Hände zu beiden Seiten undeutlich zu erkennen. Er beobachtete sie mit neuem Interesse, als erst die eine und dann die andre Hand die Schlinge um seinen Hals packte. Sie rissen sie weg und schleuderten sie wütend beiseite, so daß sie wie eine Wasserschlange davonglitt. ›Legt sie wieder um! Legt sie wieder um!‹ glaubte er seinen Händen zuzuschreien, denn auf das Entfernen der Schlinge war der grausamste Schmerz gefolgt, den er je erlebt hatte. Sein Hals tat entsetzlich weh, sein Gehirn brannte wie Feuer, und sein Herz, das nur noch matt geflattert hatte, tat einen mächtigen Satz und wollte sich aus seinem Mund herausdrängen. Sein ganzer Körper wurde von unerträglichen Qualen gefoltert und zerrissen! Doch seine unfolgsamen Hände achteten nicht auf seinen Befehl. Sie schlugen mit raschen Schlägen kräftig aufs Wasser ein und zwangen ihn dadurch an die Oberfläche. Er spürte, wie sein Kopf aus dem Wasser tauchte; der Sonnenschein blendete seine Augen; sein Brustkorb dehnte sich krampfhaft aus, und mit einer letzten, alles überbietenden Pein sog seine Lunge eine Menge Luft ein, die er sofort schreiend wieder ausstieß.

Er war jetzt im vollen Besitz seiner fünf Sinne. Sie waren sogar unnatürlich scharf und wachsam. Durch die furchtbare Störung seines ganzen Körpers waren sie so überspannt und verfeinert, daß sie nie zuvor wahrgenommene Dinge bemerkten. Er spürte die Wellen im Gesicht und hörte jede einzelne aufschlagen. Er blickte auf den Wald am Ufer des Flusses und sah die einzelnen Stämme, die Blätter und die Adern an jedem Blatt, sah sogar die Insekten auf ihnen: Heuschrecken, schillernde Fliegen und graue Spinnen, die ihre Netze von Zweig zu Zweig spannten. Er bemerkte die Regenbogenfarben all der Tautropfen auf Millionen von Grashalmen. Das Sirren der Mücken über den Stromschnellen, das Flirren der Libellenflügel und die Ruderschläge der Wasserspinnen – alles wurde ihm zu hörbarer Musik. Ein Fisch glitt dicht vor seinen Augen entlang, und er hörte den Laut, mit dem der Fischleib das Wasser zerteilte. Er war mit dem Gesicht stromab an der Oberfläche aufgetaucht; im nächsten Augenblick schien die sichtbare Welt mit ihm selbst als Angelpunkt langsam rundherum zu kreiseln, und er sah die Brücke, das Fort, die Soldaten auf der Brücke, den Hauptmann, den Feldwebel, die beiden Gemeinen – seine Henker. Als Silhouetten hoben sie sich gegen den blauen Himmel ab. Sie schrien und gestikulierten und zeigten auf ihn. Der Hauptmann hatte seine Pistole gezogen, schoß aber nicht. Die andern waren unbewaffnet. Ihre Bewegungen wirkten grotesk und grauenvoll, ihre Gestalten gigantisch.

Plötzlich hörte er einen scharfen Knall, und wenige Zoll von seinem Kopf entfernt schlug etwas hart aufs Wasser und bespritzte ihn mit einem

Sprühregen. Er hörte einen zweiten Knall und sah, wie einer der beiden Wachtposten sein Gewehr anlegte und wie eine kleine blaue Rauchwolke aus der Mündung aufstieg. Der Mann im Wasser sah das Auge des Mannes auf der Brücke, der ihm durch das Visier des Gewehrs ins Auge starrte. Er stellte fest, daß es ein graues Auge war und erinnerte sich, gelesen zu haben, daß graue Augen besonders scharfsichtig seien und daß alle berühmten Meisterschützen graue Augen hätten. Immerhin – dieser eine hatte sein Ziel verfehlt.

Eine Gegenströmung hatte Farquhar erfaßt und ihn halb herumgedreht; er blickte wieder auf den Uferwald gegenüber dem Fort. Hinter ihm erklang jetzt mit eintönigem Genäsel eine helle, laute Stimme und drang mit einer Klarheit übers Wasser, daß sie jedes andere Geräusch zerschnitt und übertönte, sogar den Wellenschlag in seinen Ohren. Obwohl er kein Soldat war, hatte er doch genügend Militärlager besucht, um die bedrohliche Bedeutung der abgezirkelten, schleppend hervorgestoßenen Wortfolge zu erkennen; der Leutnant am Ufer beteiligte sich jetzt an der morgendlichen Aufgabe. Mit gleichmäßiger, gelassener Stimme, die bei den Soldaten Ruhe anzeigte und erzwang, fielen in abgemessenen Pausen kalt und mitleidlos die grausamen Worte: »Kompanie, Achtung! ... Legt an! ... Fertig! ... Zielen! ... Feuer!«

Farquhar tauchte, tauchte so tief er konnte. Das Wasser rauschte ihm in den Ohren wie die Stimme der Niagarafälle, trotzdem hörte er den dumpfen Donner der Salve, und als er wieder an die Oberfläche kam, stieß er auf blanke Metallstückchen, die merkwürdig abgeplattet waren und langsam hinabpendelten. Ein paar berührten ihn an Gesicht und Händen, glitten ab und sanken tiefer. Eins setzte sich zwischen Hals und Kragen fest; es war unangenehm warm, und er riß es heraus.

Als er, nach Atem ringend, an die Oberfläche stieg, sah er, daß er lange unter Wasser gewesen war, denn er befand sich jetzt sichtlich weiter stromab – und der Rettung näher. Die Soldaten waren beinah fertig mit dem Laden; die metallenen Ladestöcke blitzten alle gleichzeitig in der Sonne auf, als sie aus dem Lauf gezogen, durch die Luft geschwenkt und in der ›Pfeife‹ des Schafts versorgt wurden.

Die beiden Wachtposten feuerten wieder, ohne Kommando und ohne Ergebnis.

Der Verfolgte sah es alles über die Schulter hinweg; er schwamm jetzt kräftig mit der Strömung. Sein Verstand arbeitete genauso energisch wie seine Arme und Beine, und er legte sich alles blitzschnell zurecht.

›Der Offizier‹, überlegte er, ›wird diesen Fehler eines pedantischen Vorgesetzten nicht ein zweitesmal begehen. Einer Salve kann man ebensogut ausweichen wie einem einzelnen Schuß. Wahrscheinlich hat er schon Befehl gegeben, nach Gutdünken zu schießen. Gott steh mir bei – denn allen kann ich nicht ausweichen!‹

Dann ein entsetzliches Aufklatschen – zwei Yards von ihm entfernt – und ein lautes Sausen, das schwächer wurde und durch die Luft zum Fort zurückzukehren schien, bis es von einer Explosion übertönt wurde, die den Fluß in seinen tiefsten Tiefen aufwühlte. Ein Wasserschwall stieg auf und krümmte sich über dem Schwimmenden, stürzte auf ihn herunter und blendete und erstickte ihn. Die Kanone hatte in das Spiel eingegriffen! Als er den Kopf aus dem Aufruhr des aufgewühlten Wassers freigeschüttelt hatte, hörte er, wie das seitlich abgewichene Geschoß durch die Luft heulte, und im Nu krachte es, die Äste zerfetzend, drüben in den Wald.

›Das werden sie nicht noch einmal tun‹, dachte er. ›Das nächstemal werden sie Kartätschen benutzen. Ich muß die Kanone im Auge behalten – der Pulverdampf muß mich warnen – der Schall erreicht mich zu spät, er bleibt hinter dem Geschoß zurück. Es ist ein gutes Geschütz!‹

Plötzlich fühlte er sich um und um gewirbelt und drehte sich wie ein Kreisel. Das Wasser, die Ufer, die Waldungen, die jetzt schon ferne Brücke mit dem Fort und den Soldaten – alles geriet durcheinander und schwamm. Nur die Farben waren geblieben, kreiselnde, waagerechte Farbschichten, das war alles, was er sah. Er war in einen Strudel gerissen worden, der ihn mit einer solchen Geschwindigkeit vorwärts- und im Kreis herumwirbelte, daß ihm schwindlig und übel wurde. Ein paar Sekunden später wurde er auf den Kies des linken Flußufers geschleudert – es war das südliche Ufer –, wo ihn ein Vorsprung vor seinen Feinden verbarg. Das unvermittelte Aufhören der stürmischen Bewegung, dazu die Hautabschürfungen vom Kies an der einen Hand, brachten ihn wieder zu sich, und er weinte vor Freude. Er grub seine Finger in den Sand, warf ganze Hände voll über sich und dankte ihm laut: nichts fiel ihm ein, was ebenso schön hätte sein können, Diamanten, Rubine und Smaragde waren noch das mindeste. Die Bäume auf dem Ufer waren riesige Parkgewächse: er fand etwas offensichtlich Planvolles in ihrer Anordnung und atmete den Duft ihrer Blüten ein. Ein seltsames, rosiges Licht schimmerte durch die Lücken zwischen den Stämmen, und in ihren Zweigen spielte der Wind so melodisch wie Äolsharfen. Es drängte ihn nicht, die Flucht weiter fortzusetzen; er war es zufrieden, auf diesem bezaubernden Fleckchen zu bleiben, bis man ihn wieder einfangen würde. Das Pfeifen und Prasseln von Kartätschen zwischen den Ästen hoch über seinem Kopf riß ihn aus seiner Träumerei. Der genarrte Kanonier hatte ihm aufs Geratewohl zum Abschied einen Schuß nachgejagt. Er sprang hoch, rannte die Uferböschung hinauf und stürzte in den Wald hinein.

Den ganzen Tag wanderte er und richtete sich auf seinem Weg nach der Sonnenbahn. Der Wald schien kein Ende zu nehmen; nirgends entdeckte er eine Lichtung, nicht einmal einen Holzfällerweg. Er hatte gar nicht gewußt, daß er in einer so wilden Gegend wohnte. Diese Erkenntnis hatte etwas Unheimliches an sich.

Bei Anbruch der Nacht war er erschöpft, fußmüde und ausgehungert. Der Gedanke an Frau und Kinder trieb ihn weiter. Endlich fand er eine Schneise, die in die rechte Richtung zu führen schien. Sie war breit und so gerade wie eine städtische Straße, doch anscheinend war sie unbegangen. Nirgends war ein angrenzendes Feld oder eine Hütte. Kein Hundegebell deutete auf menschliche Behausungen. Die schwarzen Leiber der Baumstämme bildeten auf beiden Seiten gerade Mauern, die am Horizont in einem Punkt zusammenliefen, wie die Darstellung einer Perspektive in der Zeichenstunde. Als er in diesem Spalt zwischen Bäumen emporblickte, blinkten große goldene Sterne, die ihm unbekannt vorkamen und zu fremden Sternbildern gruppiert waren. Er war überzeugt, daß sie nach einem Plan angeordnet waren, der eine geheimnisvolle und üble Bedeutung hatte. Der Wald auf beiden Seiten war voll merkwürdiger Geräusche, zwischen denen er ein, zweimal und noch einmal deutliches Geflüster in einer ihm unbekannten Sprache vernahm.

Der Hals tat ihm weh, und als er ihn betastete, stellte er fest, daß er grauenhaft angeschwollen war. Er ahnte, daß dort, wo ihn der Strick eingeschnürt hatte, ein schwarzer Streifen zurückgeblieben war. Die Augen fühlten sich aufgedunsen an, er konnte sie nicht mehr schließen. Die Zunge war vor Durst geschwollen; er linderte das fiebrige Gefühl, indem er sie zwischen den Zähnen in die kühle Luft steckte. Wie weich der Grasteppich war, der den unbegangenen Weg bedeckte: so weich, daß er den Boden nicht mehr unter den Füßen spürte!

Trotz seiner Leiden mußte er im Gehen eingeschlafen sein, denn jetzt sieht er ein anderes Bild – vielleicht ist er auch nur aus einer Fieberphantasie erwacht. Er steht am Tor seiner eigenen Besitzung. Alles ist genauso, wie er es verlassen hat, und alles liegt hell und herrlich im Morgensonnenschein. Er muß die ganze Nacht hindurch gewandert sein. Als er das Tor aufstößt und die breite weiße Zufahrt hinaufgeht, sieht er Frauenkleider wehen. Seine Frau kommt ihm von der Veranda herunter entgegen und sieht frisch und kühl und liebreizend aus. Mit einem

Lächeln unaussprechlicher Freude bleibt sie am Fuß der Treppe in einer Haltung unvergleichlicher Würde und Anmut wartend stehen. Ach, wie schön sie ist! Er eilt mit ausgebreiteten Armen auf sie zu. Als er im Begriff steht, sie zu umarmen, spürt er einen betäubenden Schlag auf dem Nacken; mit einem Getöse wie dem Schuß einer Kanone flammt blendend weißes Licht rings um ihn auf – dann ist alles dunkel und still.

Peyton Farquhar war tot; mit gebrochenem Genick pendelte sein Leichnam unter den Balken der Owl-Creek-Brücke sachte von einer Seite auf die andre.

Chickamauga

An einem sonnigen Herbstnachmittag rannte ein Kind aus seinem ärmlichen Elternhaus weg, das in einem kleinen Feld lag, und gelangte unbemerkt in den Wald. Es war glücklich ob des neuen Gefühls von Freiheit ohne Beaufsichtigung, glücklich auch ob der Gelegenheit zum Forschen und Vagabundieren; denn der Geist des Knaben war seit Jahrtausenden in den Körpern seiner Vorfahren zu denkwürdigen Taten herangebildet worden, zu Entdeckungen und Eroberungen, zu Siegen in Schlachten, die über Jahrhunderte entschieden und deren Siegeslager Städte aus behauenem Stein wurden. Von der Wiege seiner Rasse an hatte sich dieser Geist seinen Weg durch zwei Kontinente erobert und war, ein Weltmeer überquerend, in einen dritten Kontinent eingedrungen, um dort zu Krieg und Herrschaft als seinem Erbe geboren zu werden.

Das Kind war ein Knabe von sechs Jahren, der Sohn eines armen Pflanzers. Der Vater war als junger Mann Soldat gewesen, hatte gegen nackte Wilde gekämpft und war der Fahne seines Landes zur Hauptstadt einer zivilisierten Bevölkerung im Süden gefolgt. Im friedlichen Dasein eines Pflanzers hatte das kriegerische Feuer weitergeschwelt, denn ist es einmal entfacht, erlischt es nie mehr. Der Pflanzer liebte Kriegsbücher und -bilder, und sein Sohn hatte genug daraus ersehen, um sich ein hölzernes Schwert zu machen, obwohl selbst das Auge des Vaters es kaum als das erkannt hätte, was es sein sollte. Diese Waffe trug der Knabe jetzt verwegen, wie es dem Sohn einer heldenhaften Rasse geziemte, und während er hin und wieder auf sonnigen Waldlichtungen haltmachte, nahm er mit einiger Übertreibung die Angriffs- und Verteidigungsstellungen ein, die er der Kunst des Kupferstechers abgeschaut hatte. Die Leichtigkeit, mit der er unsichtbare Feinde besiegte, die seinen Vormarsch aufzuhalten versucht hatten, ließ ihn einen nur zu bekannten militärischen Fehler begehen, nämlich: die Verfolgung bis zu einem Gefahrenpunkt voranzutreiben, so daß er sich schließlich am Ufer eines breiten, aber seichten Creeks sah, dessen muntere Flut ihn hinderte, dem fliehenden Feind nachzusetzen, der mit unbegreiflicher Mühelosigkeit den Creek überwunden hatte. Doch der unerschrockene Sieger ließ sich nicht einschüchtern; der Geist der Rasse, die das Weltmeer überquert hatte, loderte unbezwinglich in der kleinen Brust und war nicht zu unterdrücken. Der Knabe fand eine Stelle, wo einige Steine nur ein paar Schritte oder einen Sprung voneinander entfernt im Flußbett lagen: er kreuzte hinüber, stürzte sich wieder auf die Nachhut eines imaginären Feindes und machte alle nieder.

Da nun die Schlacht gewonnen war, gebot die Vorsicht, sich auf die Operationsbasis zurückzuziehen. Doch ach, wie so manch anderer Eroberer, mächtiger als er, und wie jener eine, der mächtigste, konnte er nicht

bändigen seine Lust am Krieg
noch lernen, daß das Glück, herausgefordert,
sogar den Mächtigsten im Stiche läßt.

Als er vom Creek aus weiter vordrang, sah er sich plötzlich einem neuen und grimmigeren Feind gegenüber: auf dem Pfad, den er eingeschlagen hatte, saß bolzengerade, mit hochgestellten Ohren und griffbereiten Pfoten ein Kaninchen. Mit erschrockenem Schrei drehte sich der Knabe um und floh, ohne zu wissen, in welcher Richtung; er jammerte stammelnd nach seiner Mutter und weinte und stolperte, während seine zarte Haut grausam von Brombeerranken aufgerissen wurde und das kleine Herz vor Entsetzen pochte und flatterte: außer Atem und tränenblind, im Wald verirrt! Länger als eine Stunde wanderte er auf unsicheren Füßen durch das verfitzte Unterholz, bis er schließlich, von Müdigkeit überwältigt und nur wenige Yards vom Creek entfernt, in einer schmalen Lücke zwischen zwei Felsen niedersank, sein Holzschwert, das nicht länger eine Waffe, sondern ein Freund war, fest umklammerte und sich in Schlaf weinte. Ihm zu Häupten zwitscherten fröhliche Waldvögel; die Eichhörnchen prahlten mit ihren buschigen Schwänzen und sprangen keifend von Baum zu Baum, ohne um seinen Jammer zu wissen, und irgendwo in weiter Ferne donnerte es seltsam gedämpft, als trommelten die Rebhühner zur Feier des Sieges der Natur über den Sohn ihrer urewigen Verfolger. Und abseits auf der kleinen Plantage, wo weiße und schwarze Männer hastig und angstvoll die Felder und Hecken absuchten, brach einer Mutter das Herz aus Kummer um ihr verschwundenes Kind.

Stunden verstrichen, und dann rappelte sich der kleine Schläfer auf. Die abendliche Kühle war ihm in die Glieder gefahren, und die Furcht der Dämmerung schlich ihm ins Herz. Doch er hatte sich ausgeruht, und er weinte nicht mehr. Aus einem dumpfen Instinkt heraus, der ihn zum Handeln zwang, kämpfte er sich durch das Unterholz rings um ihn her und gelangte in etwas lichteren Bestand: zu seiner Rechten war der Creek, zur Linken eine sanfte, hier und dort mit Bäumen bewachsene Anhöhe; über allem lagerte die zunehmende Schwermut der Dämmerung. Ein dünner, geisterhafter Nebel stieg über dem Wasser auf. Es ängstigte ihn und stieß ihn ab. Statt den Creek wieder in der Richtung zu überqueren, aus der er gekommen war, wandte er sich um und ging in den finsteren, dichten Wald. Plötzlich sah er vor sich ein seltsames Etwas, das sich bewegte und das er für ein großes Tier hielt, einen Hund oder ein Schwein – jedenfalls kannte er es nicht –, vielleicht war es ein Bär. Er hatte Abbildungen von Bären gesehen, aber nichts Schlimmes über sie gehört und sich schon immer gewünscht, einen zu sehen. Doch irgend etwas an der Gestalt oder Bewegung des Geschöpfs – vielleicht die Unbeholfenheit des Vorrückens – sagte ihm, daß es kein Bär war, und seine Furcht gebot der Neugier Einhalt. Er blieb stehen, und als es langsam näherkam, wurde er zusehends mutiger, sobald er sah, daß zumindest die langen, drohenden Ohren eines Kaninchens fehlten. Möglicherweise fiel seinem leicht empfänglichen Gemüt etwas halbwegs Bekanntes an der schaukelnden, unbeholfenen Fortbewegung des Geschöpfes auf. Noch ehe es nahe genug herangekommen war, um seine Bedenken zu zerstreuen, sah er, daß ihm ein zweites Geschöpf folgte, und dahinter noch eins.

Rechts und links waren noch viele: die ganze Lichtung rings um ihn her wimmelte von ihnen, und alle zogen zum Creek hin.

Es waren Menschen. Sie krochen auf Händen und Füßen. Sie benutzten entweder nur die Hände und zogen die Knie nach, oder sie benutzten nur die Knie, und ihre Arme baumelten schlaff herunter. Sie bemühten sich aufzustehen, fielen aber bei dem Versuch lang hin. Nichts taten sie auf natürliche Art, und gemeinsam war ihnen nichts, als daß sie Schritt für Schritt in der gleichen Richtung vorrückten. Einzeln, zu zweien oder in kleinen Gruppen kamen sie durch das Dämmerdunkel; manche hielten hin und wieder inne, während andere langsam an ihnen vorbeikrochen; dann setzten sie sich wieder in Bewegung. Sie kamen zu Dutzenden und zu Hunderten; so weit man auf beiden Seiten in der zunehmenden Dämmerung sehen konnte, sah man sie, und der finstere Wald hinter ihnen war unerschöpflich. Der ganze Waldboden schien in Bewegung geraten zu sein und auf den Creek vorzurücken. Manchmal blieb einer, der haltgemacht hatte, reglos liegen und kroch nicht weiter. Er war gestorben. Andere hielten inne, machten seltsame Gesten mit den Händen und hoben die Arme, ließen sie wieder sinken und griffen sich an den Kopf; die Handflächen hielten sie so, wie es manchmal Menschen tun, wenn sie in der Öffentlichkeit beten.

Nicht alles wurde von dem Kind beobachtet, was ein älterer Beobachter wahrgenommen hätte. Der Knabe sah nicht viel mehr, als daß es Männer waren, obwohl sie wie Kleinkinder krabbelten. Da es Menschen waren, flößten sie ihm keine Furcht ein, auch wenn sie befremdlich angezogen waren. Er bewegte sich ungezwungen zwischen ihnen, ging von einem zum andern und spähte ihnen mit kindlicher Neugier ins Gesicht. Alle Gesichter waren seltsam bleich, und viele waren rot gefleckt und gestreift. Das und vielleicht auch ihre wunderlichen Stellungen und Bewegungen erinnerten ihn an den geschminkten Clown, den er im vergangenen Sommer im Zirkus gesehen hatte, und er lachte, während er sie beobachtete. Aber sie krochen weiter und immer weiter, verwundete und blutende Männer, und sie achteten genausowenig wie er auf den tragischen Gegensatz zwischen seinem Lachen und ihrem eigenen geisterhaften Ernst. Für den Knaben war es nichts als ein drolliges Erlebnis. Er hatte die Neger seines Vaters zu seiner Belustigung auf Händen und Füßen gesehen, war auf ihnen geritten und hatte so getan, als wären sie seine Pferdchen. Jetzt schlich er von rückwärts an eine der kriechenden Gestalten heran und stieg mit geschicktem Schwung rittlings hinauf. Der Mann fiel vornüber und richtete sich wieder auf, schleuderte den kleinen Jungen wütend ab, wie ein noch nicht zugerittenes Fohlen, und wandt ihm ein Gesicht zu, dem der Unterkiefer fehlte: von den oberen Zähnen bis zur Kehle klaffte ein großes rotes Loch, das mit herunterhängenden Fleischfetzen und Knochensplittern befranst war. Die dadurch unnatürlich weit vorspringende Nase, das Fehlen des Kinns und die wilden Augen verliehen dem Mann das Aussehen eines großen Raubvogels, dessen Kehle und Brust vom Blut seiner Beute gerötet waren. Der Mann erhob sich auf die Knie, und das Kind stand auf. Der Mann drohte dem Kind mit der Faust, und das Kind rannte, nun endlich erschrocken, zu einem nahen Baum, versteckte sich dahinter und bekam einen ernsteren Eindruck von der Lage. Und so schleppte sich die schwerfällige Schar langsam und unter Schmerzen wie in einer abstoßenden Pantomime weiter und zog wie ein Schwarm großer schwarzer Käfer den Abhang hinunter – ohne das leiseste Geräusch, in tiefer, völliger Stille.

Statt dunkler zu werden, hellte sich die gespenstige Landschaft allmählich auf. Durch den Waldgürtel jenseits des Creeks schimmerte ein seltsames rotes Licht, vor dem sich die Stämme und Zweige der Bäume wie schwarzes Spitzenwerk abhoben. Es fiel auf die kriechenden Gestalten, so daß sie riesige Schatten warfen und ihre Bewegungen im beleuchteten Gras wie Karikaturen aussahen. Es traf ihre Gesichter, tauchte deren Blässe in einen rötlichen Anhauch und hob nur noch deutlicher die Blutflecke hervor, die so viele von ihnen verunstalteten und besudelten. Es funkelte auf den Knöpfen und Metallstücken an ihrer Kleidung. Der Knabe wandte sich unwillkürlich dem immer heller werdenden Glanz zu und ging gemeinsam mit seinen grausigen Gefährten den Abhang hinunter. Nach ein paar Minuten hatte er die Vorhut der Schar überholt – keine große Leistung in Anbetracht seiner Überlegenheit. Er stellte sich, sein hölzernes Schwert noch immer in der Hand, an ihre Spitze und führte den Vormarsch an, wobei er sein Tempo dem ihren anpaßte und sich gelegentlich umwandte, um zu sehen, daß seine Streitmacht nicht auseinanderfächerte. Noch nie hatte ein derartiger Anführer eine derartige Gefolgschaft gehabt!

Über die Lichtung verstreut, die sich jetzt durch das Vordringen des furchtbaren Marsches zum Wasser allmählich füllte, lagen verschiedene Gegenstände, denen nach der Ansicht des Anführers keine besondere Bedeutung zukam: gelegentlich eine Wolldecke, der Länge nach eingerollt, fest zusammengeklappt und an den Enden mit einer Schnur zusammengebunden; hier ein schwerer Tornister, dort ein zerbrochenes Gewehr, kurz, lauter Dinge, wie man sie hinter zurückweichenden Truppen findet – die Fährte von Menschen, die vor ihrem Verfolger fliehen. Überall in der Nähe des Creeks, der hier flachere Ufer hatte, war die Erde von Männerfüßen und Pferdehufen zu Schlamm zertrampelt worden. Ein erfahrener Beobachter hätte bemerkt, daß die Fußspuren in beide Richtungen wiesen: die Stelle war zweimal passiert worden, auf dem Vormarsch und auf dem Rückzug. Ein paar Stunden vorher waren diese verzweifelten, geschlagenen Männer mit ihren glücklicheren, jetzt fernen Kameraden zu Tausenden in den Wald eingedrungen. Die aufeinanderfolgenden Bataillone, ausschwärmend und wieder zu Linien formiert, waren auf beiden Seiten an dem Knaben vorbeigezogen, ja wären beinah auf ihn getreten, während er schlief. Die Geräusche der Marschierenden hatten ihn nicht geweckt. Kaum einen Steinwurf weit von ihm entfernt hatten sie gekämpft, er aber hatte weder das Pfeifen der Musketen noch das Gebrüll der Kanonen und die anfeuernden Rufe der Hauptleute gehört. Er hatte es alles verschlafen und vielleicht nur in unbewußter Anteilnahme am kriegerischen Geschehen sein kleines Holzschwert ein wenig fester umklammert, doch ebenso ahnungslos von der Erhabenheit des Kampfes wie die Toten, die durch ihren Tod den Sieg herbeigeführt hatten.

Der Feuerschein hinter dem Waldgürtel auf der andern Seite des Creeks wurde vom Baldachin seines Rauchs auf die Erde reflektiert und erhellte jetzt die ganze Gegend. Er verwandelte die wallenden Nebelschwaden in goldenen Dampf. Auf dem Wasser glomm der Widerschein, und rot waren auch die vielen Steine, die an die Oberfläche vorstießen. Das aber war Blut, denn die leichter Verwundeten hatten sie beim Überqueren mit ihrem Blut gefärbt. Diese Steine überquerte jetzt auch der Knabe mit raschen Schritten; er strebte zum Feuer. Als er am jenseitigen Ufer stand, drehte er sich nach seinen Marschgefährten um. Die Vorhut erreichte soeben den Creek. Die Kräftigeren hatten sich schon an den Ufersaum geschleppt und tauchten ihre Gesichter in die Flut. Drei oder vier lagen bewegungslos da und schienen keine Köpfe mehr zu haben. Bei ihrem Anblick riß der Knabe verwundert die Augen auf; selbst mit all seiner empfänglichen Phantasie vermochte er nicht an ein Phänomen zu glauben, das eine solche Lebensfähigkeit voraussetzte. Diese Männer hatten, nachdem sie ihren Durst gelöscht hatten, nicht mehr die Kraft gehabt, sich vom Wasser zu entfernen oder auch nur den Kopf hochzuheben. Sie waren ertrunken. Hinter ihnen zeigte die Lichtung im Wald dem kleinen Anführer noch ebensoviele unförmige Gestalten wie zu Beginn seines grausigen Kommandos, doch es waren längst nicht mehr so viele, die sich bewegten. Er winkte ihnen aufmunternd mit seiner Mütze zu und deutete lächelnd mit seiner Waffe in die Richtung des wegweisenden Lichtscheins: der Feuersäule ihres seltsamen Exodus.

Er vertraute auf die Treue seiner Streitkräfte und betrat nun den Waldgürtel, durchquerte ihn bei der roten Beleuchtung ohne Mühe und kletterte über einen Zaun, rannte über ein Feld, drehte sich um, seinen gehorsamen Schatten winkend, und näherte sich der brennenden Ruine eines Hauses. Verwüstung, wohin er auch blickte! So weit das grelle Licht reichte, war kein Lebewesen zu sehen. Er machte sich nichts daraus: das Schauspiel gefiel ihm, und er hüpfte voller Freude und tat es den tanzenden Flammen gleich. Er lief umher und suchte Brennstoff, aber alles, was er fand, war ihm zu schwer, um es aus der Entfernung, zu der ihn die Gluthitze zwang, ins Feuer zu werfen. Verzweifelt schleuderte er sein Schwert hinein und ergab sich damit den überlegenen Streitkräften der Natur: seine militärische Laufbahn war beendet.

Als er den Standort änderte, fielen seine Blicke auf ein paar Nebengebäude, die ihm merkwürdig vertraut vorkamen, als hätte er von ihnen geträumt. Er stand da und betrachtete sie erstaunt, und plötzlich schien sich die ganze Plantage mitsamt dem sie umgebenden Wald wie um einen Angelpunkt zu drehen. Seine kleine Welt machte die Drehung mit: die Nadel im Kompaß vollzog eine rückläufige Bewegung. Er erkannte in dem brennenden Gebäude sein Elternhaus!

Einen Augenblick war er von der Wucht der Entdeckung wie gelähmt, dann rannte er mit stolpernden Füßen im Halbkreis um die Ruine herum. Dort lag im Feuerschein deutlich sichtbar der Leichnam einer Frau: das bleiche Gesicht aufwärtsgewandt, die ausgestreckten Hände um Grasbüschel geklammert, die Kleider in Unordnung geraten, das lange, dunkle Haar verheddert und voll von geronnenem Blut. Ein großer Teil der Stirn war weggerissen, und aus der gezackten Wunde quoll das Gehirn und floß über die Schläfe, eine schaumige graue Masse, umkränzt von Trauben roter Bläschen: das Werk einer Granate!

Der Knabe warf seine kleinen Hände auf und machte wilde, fahrige Bewegungen. Er stieß stammelnde, unbeschreibliche Schreie aus, halb wie das Schnattern eines Affen, halb wie das Kollern eines Truthahns – erschreckende, seelenlose, entsetzliche Töne, die Sprache eines Dämons. Der Knabe war taubstumm.

Dann stand er regungslos da, mit zitternden Lippen, und blickte auf die Jammergestalt nieder.

Ein Göttersohn

Eine Studie im Präsens

Ein windiger Tag und eine sonnige Gegend. Offenes Gelände zur Rechten, zur Linken und voraus; rückwärts ein Wald. Am Rande dieses Waldes halten Truppen in langen Linien mit der Front zum freien Gelände, doch wagen sie sich nicht weiter vor. Der Wald wimmelt von Soldaten und ist voll verworrener Geräusche: Räderrattern, als eine Batterie in Feuerstellung geht, um den Vormarsch zu decken; unterdrücktes Stimmengewirr der Soldaten; Rascheln unzähliger Füße im dürren Laub zwischen den Stämmen; rauhe Kommandorufe der Offiziere. Weit vorgeschoben, doch nicht ganz ohne Deckung, die Kavallerie; von ihnen beobachten viele den Kamm eines Hügels, der sich in einer Meile Entfernung genau gegenüber von ihrem unterbrochenen Vormarsch erhebt. Denn das starke Heer, das in Schlachtordnung durch den Wald zog, ist auf ein bedrohliches Hindernis gestoßen: das offene Gelände. Der Kamm des sanften, eine Meile entfernten Hügels wirkt unheimlich; er scheint ihnen zuzurufen: ›Hütet euch!‹ Eine steinerne Mauer läuft auf dem Kamm entlang und erstreckt sich ein gutes Stück nach rechts und nach links. Hinter der Mauer ist eine Hecke; hinter der Hecke sieht man die Wipfel von einzelnen, verstreut stehenden Bäumen. Und unter den Bäumen – was mag da sein? Es ist notwendig, das herauszufinden.

Gestern und schon viele Tage und Nächte davor kämpften wir anderswo; immer war Kanonendonner zu hören, gelegentlich scharfes Musketenknattern, begleitet von Hurrarufen (ob von den Unsern oder vom Feind, wußten wir meistens nicht), die einen kurzfristigen Geländegewinn bestätigten. Heute früh bei Tagesanbruch hatte der Feind sich abgesetzt. Wir rückten über seine Feldschanzen, die wir bis dahin so oft vergebens zu stürmen versucht hatten, durch die Trümmer seiner verlassenen Feldlager und zwischen den Gräbern seiner Gefallenen vor – bis in den Wald hinein.

Wie neugierig hatten wir alles betrachtet! Wie seltsam war uns alles vorgekommen! Nichts erschien uns ganz vertraut: die alltäglichsten Dinge – ein alter Sattel, ein geborstenes Rad, eine vergessene Feldflasche –, alles legte Zeugnis ab vom geheimnisvollen Wesen der Unbekannten, die uns den Tod gebracht hatten. Ein Soldat kann sich nie ganz an die Vorstellung gewöhnen, daß seine Feinde Menschen sind wie er selbst; er kann das Gefühl nicht loswerden, daß sie andersgeartete Geschöpfe sind, in einer nicht ganz diesseitigen Umwelt anders geprägt. Kleinste Spuren von ihnen fesseln seine Aufmerksamkeit und erregen sein Interesse. Er hält sie für unzugänglich, und wenn er unvermutet einen Blick auf sie werfen kann, erscheinen sie ihm weiter entfernt und daher größer, als sie es in Wirklichkeit sind – wie es mit Gegenständen im Nebel der Fall ist. Er empfindet eine Art staunender Scheu vor ihnen.

Vom Waldrand führen Spuren von Pferden und Rädern zur Anhöhe hinauf – Spuren von Geschützrädern. Das fahle Gras ist von den Füßen der Infanterie niedergetreten. Offensichtlich sind sie zu Tausenden dieses Wegs gekommen; sie haben sich nicht über die Landstraßen abgesetzt. Das ist von Bedeutung: es ist der Unterschied zwischen dem bloßen Absetzen des Feindes und seinem Rückzug.

Die Reitergruppe im Vordergrund besteht aus unserm Kommandeur, seinem Stab und seiner Eskorte. Er wendet das Gesicht dem fernen Hügelkamm zu und hält den Feldstecher mit beiden Händen vor die Augen, dabei hat er die Ellbogen unnötig hoch abgewinkelt. Es ist so üblich, weil es ein gewisses Ansehen verleiht; wir neigen alle dazu. Plötzlich läßt er das Glas sinken und spricht mit den Umstehenden. Zwei oder drei Adjutanten entfernen sich aus der Gruppe und galoppieren in den Wald, in beiden Richtungen längs der Truppenlinien. Wir haben seine Worte nicht gehört, aber wir wissen Bescheid: ›Richten Sie General X. aus, die Schützenlinie vorzuschicken!‹ Wer von uns nicht auf seinem Platz gestanden hat, nimmt ihn wieder ein; die Soldaten, die Ruhestellung angenommen hatten, stehen stramm, und ohne Befehl werden die Reihen geschlossen. Von uns Stabsoffizieren steigen einige ab und prüfen die Sattelgurte; wer schon gestanden hat, sitzt wieder auf.

Am Rande des offenen Geländes sprengt ein junger Offizier auf schneeweißem Pferd heran. Seine Satteldecke ist rot. Was für eine Dummheit! Wer je im Gefecht gestanden hat, erinnert sich, daß sich jedes Gewehr wie von selbst auf den Mann auf einem Schimmel richtet; und jeder hat schon beobachtet, wie sehr ein roter Fetzen den feindlichen Bullen reizt. Daß gerade diese Farben beim Militär so beliebt sind, läßt sich nur durch das erstaunliche Phänomen menschlicher Eitelkeit erklären. Vielleicht wurden sie ersonnen, um die Todesrate zu erhöhen.

Der junge Offizier ist in voller Paradeuniform. Er funkelt nur so von lauter Gold – eine blaugoldene Ausgabe der Kriegsliteratur. Ihm voraus läuft eine Welle spöttischen Gelächters die Linien entlang. Doch wie schön er ist! Mit was für einer lässigen Anmut sitzt er auf seinem Pferd! In respektvoller Entfernung vom Korpskommandeur zügelt er sein Pferd und salutiert. Der alte Offizier nickt ihm freundschaftlich zu: offenbar kennt er ihn. Eine kurze Unterredung findet zwischen ihnen statt; der junge Mann scheint eine Bitte vorzutragen, die der ältere nicht gewähren will. Reiten wir ein wenig näher! Oh, es ist zu spät! Das Gespräch ist beendet. Der junge Offizier salutiert wieder, wirft sein Pferd herum und reitet schnurstracks auf den Hügelkamm zu.

Eine dünne Schützenlinie stößt jetzt vom Wald ins offene Gelände vor. Die Männer halten etwa sechs Schritt Abstand voneinander. Der Kommandeur sagt etwas zu seinem Hornisten, der sogleich sein Instrument an die Lippen setzt. Tra-ri! Tra-ra! Die Plänkler bleiben wie angewurzelt stehen.

Der junge Reiter ist inzwischen hundert Yards vorangekommen. Er reitet im Schritt geradenwegs den langen Hang hinauf, ohne auch nur einmal den Kopf umzuwenden. Wie herrlich! Ihr Götter, was gäben wir nicht darum, an seiner Stelle zu sein! Mit so einem Mut! Den Säbel hat er nicht gezogen – seine Rechte hängt lässig herab. Die Brise spielt in den Federn seines Helms und läßt sie munter flattern. Auf seinen Achselklappen liegt liebevoll, wie eine sichtbare Segnung, der Sonnenschein. Er reitet immer weiter geradeaus. Zehntausend Augenpaare heften sich mit einer solchen Spannung auf ihn, daß er es eigentlich spüren muß; zehntausend Herzen schlagen in raschem Takt zu den unhörbaren Hufschlägen seines schneeweißen Renners. Er ist nicht allein – er reißt alle Seelen mit sich fort. Und doch hatten wir vorhin über ihn gelacht, wie uns jetzt einfällt.

Weiter und immer weiter reitet er, geradenwegs auf die von der Hecke überragte Mauer zu. Er wirft keinen Blick zurück. Oh, wenn er sich doch umdrehen wollte, wenn er doch unsre Liebe, unsre Bewunderung, unsre Reue sehen könnte!

Nicht ein Wort wird gesprochen; in der von Männern wimmelnden Tiefe des Waldes raunt es von der nicht sichtbaren und nicht zuschauenden Menge, doch den ganzen Waldrand entlang herrscht Schweigen. Der stämmige Kommandeur wirkt wie ein Reiterstandbild seiner selbst. Unbeweglich halten die berittenen Stabsoffiziere den Feldstecher an die Augen. Die Schlachtlinie am Waldrand ist in einer neuen Hab-Acht-Stellung erstarrt: jeder Mann in der Stellung, in der er beim Gewahrwerden dessen, was vor sich geht, überrascht wurde. All diese verhärteten und unbußfertigen Totschläger, denen der Tod in seinen furchtbarsten Formen etwas Alltägliches und Altbekanntes ist, die schlafend auf Hügeln liegen können, welche unter dem Donner der schweren Geschütze erzittern, die sich inmitten von sausenden Geschossen zum Essen setzen können, und die angesichts der toten Augen ihrer liebsten Freunde Karten spielen können –, sie alle erwarten mit verhaltenem Atem und klopfendem Herzen den Ausgang des Abenteuers, bei dem ein einziges Menschenleben auf dem Spiel steht. So bezwingend wirken Mut und Opferbereitschaft!

Wenn ihr jetzt den Kopf wendet, könnt ihr bei den Zuschauern eine allen gemeinsame Bewegung wahrnehmen – ein Zusammenfahren, als hätten sie einen elektrischen Schlag erhalten –, und wenn ihr nun wieder nach vorne auf den jetzt schon fernen Reiter blickt, könnt ihr sehen, daß er in diesem Augenblick die Richtung gewechselt hat und im rechten Winkel zu seiner bisherigen Route weiterreitet. Die Zuschauer vermuten, daß der jähe Richtungswechsel durch einen Schuß, vielleicht durch eine Verwundung verursacht wurde –, aber greift zum Feldstecher, und ihr werdet feststellen, daß er auf eine Lücke in der Mauer und Hecke zureitet. Er beabsichtigt, dort hindurchzureiten – falls er nicht abgeschossen wird – und sich einen Überblick über das jenseitige Gelände zu verschaffen.

Ihr dürft aber nicht den Zweck seines Tuns vergessen! Auf keinen Fall dürft ihr seine Tat weder als prahlerische Herausforderung noch als unnütze Aufopferung ansehen. Wenn der Feind sich nicht abgesetzt hat, liegt er in voller Truppenstärke dort auf der Anhöhe. Ein Kundschafter wird auf nichts geringeres als eine geschlossene Schlachtreihe stoßen. Der Feind braucht keine Vorposten, Plänkler oder Feldwachen, um von unserm Vormarsch Kunde zu erhalten, denn unsre angreifenden Reihen werden offen und deutlich sichtbar sein und sich einem Artilleriebeschuß aussetzen, der im Augenblick, wo sie aus der Deckung hervorstürmen, den Boden bestreicht, und außerdem einer Feuerwand von Gewehrkugeln über dem halben Gelände, die alles vernichtet. Wenn also der Feind dort sein sollte, wäre es Wahnsinn, ihn frontal anzugreifen; er muß nach altbewährter Methode herausmanövriert werden, indem man seine Verbindungslinie bedroht, die für ihn so lebenswichtig ist wie für den Taucher auf dem Meeresboden der Luftschlauch. Doch wie soll man sich überzeugen, daß der Feind wirklich dort ist? Es gibt nur eine Möglichkeit – jemand muß hingehen und nachsehen. Die natürliche und übliche Methode besteht darin, eine Reihe von Plänklern vorzuschicken. Aber eine positive Antwort würden sie dann alle mit dem Leben bezahlen; der Feind, der in doppelter Schützenlinie hinter der Steinmauer im Schutze der Hecke kauert, wird solange warten, bis er die Zähne jedes einzelnen Angreifers zählen kann. Bei der ersten Salve wird die eine Hälfte der Kundschafter fallen, und bevor die andre Hälfte den geplanten Rückzug antreten kann, ereilt sie das gleiche Schicksal. Was für ein Preis, um einen Zweifel zu beseitigen! Mit was für einer hohen Todesrate muß eine Armee manchmal Gewißheit erkaufen! ›Laßt mich alles bezahlen!‹ sagt der Tapfere, der Christus unter den Soldaten.

Es besteht nur die verzweifelte Hoffnung, daß die Anhöhe nicht besetzt ist. Allerdings könnte er die Gefangenschaft dem Tod vorziehen. Solange er vorrückt, wird die Schützenlinie nicht feuern – warum sollte sie denn? Er kann unangefochten in die feindlichen Reihen hineinreiten und sich zum Kriegsgefangenen machen lassen. Aber das widerspräche seiner Absicht. Unsre Frage bliebe unbeantwortet. Er muß entweder unversehrt zurückkehren oder vor unsern Augen niedergeschossen werden.

Erst dann wissen wir, woran wir sind. Wird er gefangengenommen – das hätte ihm auch von einem halben Dutzend Nachzüglern widerfahren können.

Nun beginnt ein ganz ungewöhnlicher Intelligenz-Wettkampf zwischen einem einzelnen und einer Armee. Unser Reiter, der jetzt eine Viertelmeile vom Hügelkamm entfernt ist, wirft plötzlich sein Pferd nach links herum und galoppiert parallel zur Mauer weiter. Er hat seinen Gegner erspäht, er weiß Bescheid. Ein kleiner Geländevorteil hat es ihm ermöglicht, einen Teil der feindlichen Linie zu überblicken. Wäre er bei uns, könnte er es uns in Worten mitteilen. Doch das ist jetzt aussichtslos: er muß die wenigen Minuten seines Lebens, die ihm noch verbleiben, bestens ausnutzen, indem er den Feind zwingt, uns soviel wie möglich über sich zu verraten – und das widerstrebt dem vorsichtigen Gegner. Jeder Infanterist in den geduckt wartenden Reihen, jeder Kanonier hinter seinem getarnten und schußbereiten Geschütz weiß, was die Situation erfordert und daß die Pflicht ihm befiehlt, an sich zu halten. Außerdem war ja reichlich Zeit gewesen, jegliches Schießen zu verbieten. Zwar könnte ihn ein einzelner Gewehrschuß treffen, ohne uns dadurch viel zu enthüllen. Aber Schießen ist ansteckend – seht doch, wie rasch er reitet, ohne je innezuhalten, außer, wenn er sein Pferd herumwirft, um eine neue Richtung einzuschlagen: niemals direkt zu uns zurück, niemals direkt seinen Henkern entgegen. All das ist durch das Glas zu erkennen: es scheint sich in Pistolenschußweite abzuspielen – wir sehen alles, nur nicht den Feind, dessen Gegenwart, dessen Gedanken, dessen Beweggründe wir zu erraten glauben. Dem unbewaffneten Auge zeigt sich nichts als eine schwarze Gestalt auf einem schneeweißen Pferd, das auf dem Abhang eines fernen Hügels langsam im Zickzack trabt – so langsam, daß es fast zu kriechen scheint.

Jetzt (wieder durch das Glas beobachtet) ist er seiner Fehlschläge überdrüssig, oder er sieht seinen Irrtum ein, oder er ist verrückt geworden: jedenfalls sprengt er direkt auf die Mauer los, als wollte er sie mitsamt der Hecke in einem einzigen Sprung nehmen. Doch nur einen Augenblick – und schon saust er wie der Wind den Abhang hinunter – seinen Feinden – und seinem Tod entgegen! Denn sofort steigt über der Mauer auf einer Länge von hundert Yards nach rechts und links eine dicke Rauchwolke auf. Sie wird im Nu vom Wind auseinandergetrieben, und noch ehe uns das Knattern der Gewehre ans Ohr dringt, ist er unten. Nein, er ist wieder im Sattel, er hat nur sein Pferd auf die Hinterhand gezügelt. Beide sind auf und davon. Ein ungeheurer Jubelschrei ertönt aus unsern Reihen und behebt die unerträgliche Spannung. Und das Pferd und sein Reiter? Ja, sie sind auf und davon, sind tatsächlich weg und halten direkt auf unsre linke Flanke zu, parallel zu der jetzt stetig flammenden und qualmenden Mauer. Die Musketen knattern unaufhörlich, und das Ziel aller Kugeln ist ein tapferes Herz.

Plötzlich schiebt sich hinter der Mauer eine große weiße Rauchwolke hoch. Und noch eine – und noch eine – ein Dutzend von ihnen wälzt sich in die Höhe, ehe der Donner der Abschüsse und das Heulen der Geschosse unser Ohr erreicht und die Geschosse unter Wolken von Staub in unsre Deckung einschlagen, hier und dort einen Mann zu Boden schleudern und mit einem flüchtigen Gedanken an die eigene Sicherheit eine vorübergehende Verwirrung anrichten.

Der Staub verzieht sich. Unglaublich! Das Zauberpferd und sein Reiter haben eine kleine Runse hinter sich gelassen und erklimmen einen andern Hang, uns dadurch eine weitere stumme Verschwörung verratend und den Plan noch einer bewaffneten Schar durchkreuzend. Nur einen Augenblick, und auch jener Teil der Anhöhe explodiert. Das Pferd bäumt sich auf und schlägt mit den Vorderhufen in die Luft. Nun sind sie doch erledigt! Aber seht hin: der Mann hat sich von dem toten Tier befreit. Aufrecht und unbeweglich steht er da und hält in der Rechten den Säbel hoch über dem Kopf. Sein Gesicht ist uns zugewandt. Jetzt senkt er die Hand bis auf die Höhe seines Gesichts, bewegt sie nach außen und läßt die Klinge seines Säbels eine Schwenkung nach unten schreiben. Es ist ein Zeichen für uns, für die Welt, für die Nachwelt. So grüßt ein Held den Tod und die Geschichte.

Wieder ist der Bann gebrochen; unsre Leute wollen ihm zujubeln, vor Erregung versagt ihnen die Stimme, sie stoßen heisere, mißtönende Rufe aus; sie umklammern ihre Waffen und drängen ungestüm ins offene Gelände vor. Ohne Befehl, gegen den Befehl stürmen die Plänkler wie eine entfesselte Hundemeute vorwärts. Unsre Geschütze legen los, und die des Feindes beginnen jetzt in vollem Chor. Rechts und links, so weit wir blicken können, schickt der ferne, jetzt so nah erscheinende Hügelkamm seine Wolkentürme in die Höhe, und die großen Geschosse sausen brüllend auf unsre vorrückenden Truppen hinunter. Flagge um Flagge der Unsrigen taucht aus dem Wald auf, eine Schützenlinie nach der andern jagt vor, und die Sonne spiegelt sich auf den blitzenden Waffen. Einzig die rückwärtigen Bataillone gehorchen den Befehlen: sie wahren den richtigen Abstand zur unfolgsamen Frontlinie.

Der Kommandeur hat sich nicht von der Stelle gerührt. Jetzt nimmt er den Feldstecher von den Augen und blickt nach rechts und nach links. Er sieht, wie der Strom aus Menschenleibern gleich einer Woge, die sich vor einem Felsen teilt, zu beiden Seiten an ihm und seiner zusammengedrängten Eskorte vorbeiflutet. Keine Spur eines Gefühls verrät sich in seinem Gesicht; er überlegt. Abermals richtet er seine Blicke nach vorn, langsam streifen sie über den teuflischen, schrecklichen Höhenrücken. Mit ruhiger Stimme wendet er sich an seinen Hornisten. Tra-ri, tra-ra! Das Signal klingt gebieterisch und erzwingt sich Gehorsam. Es wird von allen Hörnern der untergeordneten Kommandos wiederholt; die grellen, metallischen Klänge übertönen den Lärm des Vormarschs und dringen durch den Kanonendonner. Halten bedeutet Zurückgehen. Die Fahnen ziehen sich langsam zurück; die Reihen machen kehrt und folgen widerstrebend, ihre Verwundeten tragend; die Plänkler kehren um und sammeln ihre Toten ein.

Ach, viele, viele vergebens gefallen! Und jene tapfere Seele, deren sterbliche Hülle dort drüben liegt und sich so auffallend vom versengten Hügelhang abzeichnet – hätte ihr nicht das bittere Bewußtsein einer vergeblichen Aufopferung erspart bleiben können? Hätte eine einzige Ausnahme die fühllose Vollkommenheit des göttlichen, ewigen Schicksalsplans zu sehr angetastet?

Einer von den Vermißten

Jerome Searing, ein Gemeiner in der Armee General Shermans, die damals in und um Kennesaw Mountain in Georgia dem Feind gegenüberstand, wandte einer kleinen Gruppe von Offizieren, mit denen er leise gesprochen hatte, den Rücken, stieg über die niedrigen Erdbefestigungen und verschwand im Wald. Keiner der Soldaten in den Gräben hatte ihm ein Wort zugerufen, wie auch er ihnen nicht zugenickt hatte, als er sie passierte, doch alle, die ihn sahen, begriffen, daß der tapfere junge Mann mit einer gefährlichen Aufgabe betraut worden war. Obwohl Jerome Searing nur ein Gemeiner war, diente er nicht beim Fußvolk; er war zum Dienst beim Divisionshauptquartier abkommandiert worden und wurde in den Listen als Ordonnanz aufgeführt. ›Ordonnanz‹ ist eine Bezeichnung, die eine Unzahl Pflichten umfaßt. Eine Ordonnanz kann Melder oder Schreiber oder Offiziersbursche sein – alles mögliche. Er kann Dienste verrichten, die in den Armeebefehlen und Vorschriften überhaupt nicht vorgesehen sind und die ganz von seinen Fähigkeiten, von seiner Beliebtheit und vom Zufall abhängen. Der Gemeine Searing, ein unvergleichlicher Schütze, jung, waghalsig, intelligent und ohne Furcht, war Kundschafter. Der kommandierende General seiner Division gab sich nicht damit zufrieden, Befehle blindlings durchzuführen, ohne zu wissen, was an seiner Front vorging, auch dann nicht, wenn sein Kommando nicht selbständig operierte, sondern nur einen Teil des Frontabschnitts bildete; es genügte ihm ebensowenig, Nachrichten über sein *vis-à-vis* durch die üblichen Kanäle zu erhalten; er wollte mehr wissen als das, was er vom Korpskommandeur oder aus den Zusammenstößen von Vorposten und Plänklern erfuhr. Deshalb also Jerome Searing mit seinem ungewöhnlichen Wagemut, seiner Geländekenntnis, seinem scharfen Auge und seinen zuverlässigen Berichten. Beim heutigen Anlaß waren die Instruktionen einfach: er sollte sich so nah wie möglich an die feindlichen Linien heranpirschen und alles auskundschaften.

Nach wenigen Minuten hatte er die Vorpostenkette erreicht: dort lagen die Feldwachen in Zweier- und Vierergruppen hinter niedrigen Erdwällen, die aus der kleinen Bodensenkung, in der sie lagen, aufgeworfen worden waren, und ihre Gewehre ragten aus dem grünen Geäst hervor, mit dem sie ihre einfachen Verteidigungsstellungen getarnt hatten. Der Wald erstreckte sich ohne Unterbrechung so ernst und schweigend auf die Front zu, daß man sich nur mit Mühe vorstellen konnte, er sei von bewaffneten, umsichtigen und wachsamen Männern besetzt – ein Wald voll furchtbarer Möglichkeiten im Hinblick auf ein Gefecht. Nachdem Searing einen Augenblick in einem dieser Schützenlöcher verweilt hatte, um die Männer von seinem Vorhaben in Kenntnis zu setzen, kroch er verstohlen auf Händen und Knien weiter und war im dichten Unterholz bald den Blicken entschwunden.

»Den sehen wir nie wieder«, sagte einer der Soldaten. »Ich wünschte, ich hätte sein Gewehr! Hinterher knallen die Burschen ein paar von den Unsern damit ab!«

Searing kroch weiter und benutzte jede zufällige kleine Bodenwelle und jedes Gebüsch als Deckung. Sein Blick durchdrang alles, seine Ohren vernahmen den kleinsten Laut. Er atmete kaum, und wenn ein Zweig unter seinen Knien knackte, hielt er inne und schmiegte sich an den Boden. Es war ein langsames Vorankommen, aber es war nicht langweilig; durch die Gefahr wurde es aufregend, doch diese Aufregung war ihm äußerlich nicht anzumerken. Sein Puls war regelmäßig, und seine Nerven waren so ruhig, als versuchte er nur einen Spatz zu erwischen.

›Es scheint lange zu dauern‹, dachte er, ›aber sehr weit kann ich noch nicht gekommen sein. Ich lebe ja noch.‹

Er lächelte über seine Methode, die Entfernung abzuschätzen, und kroch weiter. Im nächsten Moment drückte er sich plötzlich an den Boden und lag unbeweglich da, eine Minute nach der andern. Durch einen schmalen Spalt im Buschwerk hatte er einen Blick auf einen kleinen gelben Lehmhaufen geworfen: es war eins von den feindlichen Schützenlöchern. Nach einem Weilchen hob er vorsichtig, Zoll für Zoll, seinen Kopf und stützte dann den Körper auf die seitwärts liegenden Hände, während er die ganze Zeit den Lehmhügel gespannt beobachtete. Gleich darauf stand er und schritt mit dem Gewehr in der Hand eilig vorwärts, ohne sich viel um Deckung zu kümmern. Einerlei, was für Anzeichen dasein mochten, er hatte sie richtig gedeutet: der Feind war weg.

Ehe er umkehrte und über eine so wichtige Meldung Bericht erstattete, wollte Searing jeden Zweifel ausschließen und drang deshalb über die Reihe der aufgegebenen Schützenlöcher vor. Er lief in dem jetzt lichteren Wald von Deckung zu Deckung und hielt scharf nach Nachzüglern Ausschau. Er gelangte an den Saum einer Pflanzung, eins von den vielen einsamen, verlassenen Gehöften der letzten Kriegsjahre; häßlich lag es da, von Brombeergestrüpp überwuchert, mit zerbrochenen Zäunen und trostlosen, leeren Gebäuden, die statt der Türen und Fenster nur noch öde Löcher aufwiesen. Nachdem Searing hinter der sicheren Abschirmung einer Gruppe junger Kiefern scharf Ausschau gehalten hatte, lief er flink über einen Acker und durch einen Obstgarten zu einem kleinen Schuppen, der etwas abseits von den andern Farmgebäuden auf einer leichten Anhöhe stand. Von dort meinte er einen großen Teil des Geländes in der Richtung überblicken zu können, in die sich seiner Ansicht nach der Feind zurückgezogen hatte. Der Schuppen, der ursprünglich aus einem einzigen Raum bestanden hatte, erhob sich auf vier Pfosten etwa zehn Fuß über dem Boden und war jetzt nicht viel mehr als ein Dach; der Fußboden war durchgesackt, die Balken und Dielen lagen kreuz und quer auf der Erde, oder sie hingen, nicht gänzlich aus der Verstrebung herausgerissen, in wirrem Durcheinander herunter. Auch die Stützpfosten standen nicht mehr gerade. Der ganze Bau sah aus, als würde er zusammenkrachen, wenn man ihn nur antippte.

Searing duckte sich in das Gewirr von Balken und Brettern und blickte über das offene Feld zwischen seinem Aussichtspunkt und einem etwa eine halbe Meile entfernten Ausläufer des Kenesaw-Gebirges. Auf einer Straße, die hinauf- und über den

Ausläufer hinwegführte, wimmelte es von Truppen, der Nachhut des zurückweichenden Feindes, dessen Gewehrläufe in der Morgensonne blitzten.

Searing hatte nun alles herausgefunden, was zu erfahren er hoffen durfte. Es war seine Pflicht, so rasch wie möglich zu seinem Kommando zurückzukehren und über seine Entdeckung Bericht zu erstatten. Doch die graue Kolonne der Konföderierten, die sich die Bergstraße hinaufmühte, wirkte merkwürdig verführerisch. Sein Gewehr – eine gewöhnliche Springfield-Flinte, jedoch mit Ringvisier und Stecher versehen – hätte ohne weiteres einundeinviertel Unzen Blei in die Kolonne gejagt. Das hätte wahrscheinlich die Dauer und den Ausgang des Krieges nicht beeinflußt, aber Töten gehört nun einmal zum Handwerk des Soldaten. Und wenn er ein guter Soldat ist, tut er es rein gewohnheitsmäßig. Searing spannte den Hahn und stellte den Stecher ein.

Doch es war von Anbeginn der Zeiten bestimmt, daß der Gemeine Searing an jenem strahlenden Sommermorgen niemanden ermorden sollte, und auch den Rückzug der Konföderierten sollte er nicht melden. Seit undenklichen Zeiten hatten sich in jenem wunderbaren Mosaik, von dem wir einige undeutlich erkennbare Teile mit dem Namen ›Weltgeschichte‹ belegen, gewisse Ereignisse so ineinander verwoben, daß sein Vorhaben die Harmonie des Musters zerstört hätte. Vor etwa fünfundzwanzig Jahren hatte eine höhere Macht, die mit der plangemäßen Ausführung der Arbeit betraut war, Vorkehrungen gegen ein derartiges Mißgeschick getroffen und in einem kleinen Dorf am Fuße der Karpaten die Geburt eines gewissen Knaben bewirkt, ihn sorgfältig großgezogen, seine Ausbildung überwacht, seine Sehnsucht auf eine militärische Laufbahn hingelenkt und zur festgesetzten Zeit einen Artillerieoffizier aus ihm gemacht. Durch das Zusammenwirken einer Unzahl günstiger Einflüsse und ihres Übergewichts über eine Unzahl hemmender Kräfte sollte dieser Offizier einen Verstoß gegen die Disziplin begehen und aus seinem Heimatland fliehen, um sich der Strafe zu entziehen. Er war (statt nach New York) nach New Orleans geleitet worden, wo ihn am Hafen ein Werbeoffizier erwartete. Er wurde angeworben und befördert, und alles wurde so geordnet, daß er jetzt eine Batterie der Konföderierten befehligte, die sich etwa zwei Meilen von der Stelle befand, wo Jerome Searing, der Kundschafter der Unionstruppen, seine Flinte spannte. Nichts war außer acht gelassen worden: bei jedem Schritt im Verlauf des Lebens dieser beiden Männer und im Leben ihrer Zeitgenossen und Vorfahren war stets das Rechte getan worden, um das gewünschte Ergebnis herbeizuführen. Wäre in dieser unermeßlichen Verkettung der Dinge etwas übersehen worden, dann hätte der Gemeine Searing vielleicht am heutigen Morgen auf die abziehenden Konföderierten geschossen und möglicherweise nicht getroffen. Dann ergab es sich aber, daß ein Artilleriehauptmann der Konföderierten, der während des Wartens auf den Marschbefehl nichts Besseres zu tun hatte, sich damit vergnügte, ein Feldgeschütz zu seiner Rechten auf ein Ziel zu richten, das er irrtümlich für einige auf einem Hügelkamm stehende Unionsoffiziere hielt, und zu feuern. Der Schuß flog hoch über sein Ziel hinaus.

Als Jerome Searing den Hahn an seinem Gewehr

spannte und mit dem Blick auf die fernen Konföderierten überlegte, wohin er zielen sollte, um am ehesten jemanden zu einer Witwe oder Waise oder einer kinderlosen Mutter zu machen – vielleicht gar alles auf einmal, denn der Gemeine Searing war nicht ohne einen gewissen Ehrgeiz, obwohl er eine Beförderung wiederholt abgelehnt hatte –, hörte er in der Luft ein Rauschen wie von den Flügeln eines großen Vogels, der sich auf seine Beute stürzt. Schneller, als er es begreifen konnte, wurde daraus ein heiseres, schreckliches Heulen, und das Geschoß, das die Ursache des Lärms war, fuhr aus heiterem Himmel auf ihn nieder und traf mit betäubendem Aufprall einen der Pfosten, die das Brettergewirr über ihm stützten, zerfetzte ihn zu Kleinholz und brachte den wackeligen Bau mit lautem Getöse und unter Wolken von Staub zum Einsturz!

Als Jerome Searing das Bewußtsein wiedererlangte, verstand er nicht sofort, was geschehen war. Es dauerte sogar einige Zeit, ehe er die Augen öffnete. Eine Weile glaubte er, er sei gestorben und begraben worden, und er versuchte sich an Einzelheiten der Begräbnisfeier zu erinnern. Er glaubte, daß seine Frau auf seinem Grabe kniete und mit ihrem Gewicht die Erdenlast auf seiner Brust noch vermehrte. Die Witwe und die Erde hatten dazu beigetragen, seinen Sarg einzudrücken. Wenn die Kinder sie nicht zum Nachhausegehen überredeten, würde er nicht viel länger atmen können. Er fühlte sich benachteiligt. ›Ich kann nicht mit ihr reden‹, dachte er, ›die Toten haben keine Stimme, und wenn ich meine Augen aufschlage, bekomme ich sie voll Erde.‹

Er öffnete die Augen. Über ihm dehnte sich, von

Baumwipfeln ringsum besäumt, ein weiter blauer Himmel. Ein paar Bäume im Vordergrund verschwanden hinter einem hohen braunen Wall mit zackigen Umrissen, den ein unordentlicher, verworrener Aufbau gerader Linien durchkreuzte; das Ganze schien unermeßlich weit weg zu sein – in so unvorstellbarer Ferne, daß es ihn ermüdete und er die Augen schloß. Im gleichen Augenblick verspürte er eine unerträgliche Helligkeit. In seinen Ohren sauste es wie das dumpfe, rhythmische Dröhnen einer fernen Brandung, die sich in aufeinanderfolgenden Wellen auf dem Strand überschlug, und aus dem Getöse heraus – scheinbar dazugehörig oder vielleicht auch jenseits, und unablässig davon begleitet – drangen deutlich die Worte: ›Jerome Searing, du bist gefangen, gefangen wie eine Ratte in der Falle, in der Falle, Falle, Falle!‹

Plötzlich brach eine tiefe Stille über ihn herein, eine undurchdringliche Finsternis und eine unendliche Ruhe, und Jerome Searing war sich völlig bewußt, daß er eine Ratte war, und ganz überzeugt, daß er in einer Falle steckte: er erinnerte sich an alles und war überhaupt nicht beunruhigt, sondern machte die Augen auf, um zu rekognoszieren, die Stärke seines Gegners festzustellen und seine Verteidigung zu planen.

Es hatte ihn in zurückgelehnter Haltung erwischt: sein Rücken wurde unbeweglich von einem starken Balken gestützt. Ein andrer Balken lag quer über seiner Brust, doch von dem konnte er ein wenig abrücken, so daß er ihn nicht mehr drückte, obwohl er sich nicht wegschieben ließ. Ein mit dem Balken rechtwinklig verbundener Pfosten drängte ihn links gegen einen Bretterhaufen und verkeilte ihm auf dieser Seite den Arm. Seine leicht gespreizten und lang ausgestreckten Beine waren bis zu den Knien hinauf von einem Trümmerwall bedeckt, der sich vor dem schmalen Ausblick auftürmte. Sein Kopf war so starr wie in einem Schraubstock fixiert: er konnte die Augen und das Kinn bewegen, aber weiter nichts. Nur sein rechter Arm war teilweise frei. »Du mußt uns hier heraushelfen!« sagte er zu ihm. Aber er konnte ihn weder unter dem schweren, quer auf seiner Brust liegenden Balken hervorziehen noch konnte er ihn vom Ellbogen abwärts mehr als sechs Zoll weit nach außen bewegen.

Searing war nicht ernstlich verletzt; er hatte auch keine Schmerzen. Der derbe Schlag auf den Kopf, den ein Stück Holz von dem zusammenbrechenden Pfosten getroffen hatte, und der gleichzeitig so heftige Nervenschock hatten ihn vorübergehend betäubt. Die Dauer seiner Bewußtlosigkeit einschließlich des Moments, in dem er wieder zu sich kam, hatte wahrscheinlich nicht mehr als ein paar Sekunden gewährt, denn die Staubwolke aus dem Trümmerhaufen hatte sich noch nicht ganz gesetzt, als er seine Lage sachlich zu beurteilen begann.

Mit seiner teilweise freien rechten Hand versuchte er jetzt, den Balken zu packen, der über seiner Brust, aber nicht völlig auf ihr lag. Es gelang ihm weder so noch so. Er konnte die Schulter nicht so weit hinunterdrücken, um den Ellbogen unter den Rand des Bretterhaufens zu stoßen, der seinen Knien am nächsten war, und weil ihm das nicht glückte, konnte er Hand und Unterarm nicht hochheben, um den Balken zu packen. Der mit dem Balken verbundene, nach unten und rückwärts abgewinkelte Stützpfosten hinderte ihn, etwas in jener Richtung zu unternehmen, und der Abstand zwischen dem Pfosten und seinem Körper war nicht halb so breit wie die Länge seines Unterarms. Offensichtlich konnte er mit der Hand weder unter noch über den Balken gelangen, ja die Hand konnte ihn überhaupt nicht berühren. Nachdem er sich selbst bewiesen hatte, wie unmöglich es war, ließ er davon ab und begann zu überlegen, wie er etwas von den Trümmern erreichen könnte, die sich auf seinen Beinen auftürmten.

Als er, um diese Frage zu entscheiden, den Trümmerhaufen überprüfte, wurde seine Aufmerksamkeit durch etwas gefesselt, das anscheinend ein blanker Metallring war. Es kam ihm zunächst so vor, als ob der Ring, dessen Durchmesser etwas mehr als einen halben Zoll betrug, eine schwarze Substanz umschlösse. Plötzlich begriff er, daß das Schwarze einfach das schattige Innere der ringförmigen Gewehrmündung war, die mitsamt seinem Gewehr aus dem Holzstoß ragte. Um mit Befriedigung festzustellen, daß es tatsächlich so war, brauchte er nicht viel Zeit – falls es überhaupt um Befriedigung ging. Wenn er das eine oder das andere Auge schloß, konnte er ein Stückchen den Lauf entlangsehen – bis dorthin wo er im Schutt steckte und seinem Blick entzogen war. Mit dem entsprechenden Auge konnte er die eine Seite des Laufs im anscheinend genau gleichen Winkel wie die andre Seite mit dem andern Auge sehen. Mit dem rechten Auge betrachtet, schien die Waffe auf eine Stelle links an seinem Kopf zu zielen, und umgekehrt. Es war unmöglich, von oben auf den

Lauf zu blicken, doch die leicht abgewinkelte Unterseite des Schafts konnte er sehen. Tatsächlich zielte die Waffe genau auf die Mitte seiner Stirn.

Als der Gemeine Searing diesen Umstand begriff und sich erinnerte, daß er kurz vor dem Mißgeschick, dessen Folge diese unangenehme Situation war, seine Flinte gespannt und den Stecher so eingestellt hatte, daß die leiseste Berührung den Schuß auslösen mußte, beschlich ihn ein unbehagliches Gefühl. Doch mit Furcht hatte es nichts zu tun: er war ein tapferer Soldat und mit dem Anblick von Gewehren und Kanonen aus dieser Perspektive genügend vertraut. Und jetzt erinnerte er sich beinah amüsiert an ein eigenes Erlebnis bei der Erstürmung der Missionary Ridge, wo er gesehen hatte, wie eine schwere Kanone eine Kartätschenladung nach der andern auf den Angreifer feuerte. Beim Erklimmen der Schießscharten hatte er einen Augenblick geglaubt, das Geschütz sei aus dem Gefecht gezogen worden, denn in der Öffnung hatte er nichts als einen ehernen Ring gesehen. Was es war, hatte er gerade noch rechtzeitig erkannt, um beiseitezuspringen, als die Kanone einen neuen Eisenhagel auf den von Angreifern wimmelnden Abhang schleuderte. Es ist einer der alltäglichsten Zwischenfälle im Leben eines Soldaten, Feuerwaffen die Stirn zu bieten, auch solchen, hinter denen feindselige Augen funkeln. Dafür ist ein Soldat da. Immerhin gefiel dem Gemeinen Searing die jetzige Situation nicht allzu sehr, und er wandte die Augen ab.

Nachdem er eine Zeitlang unnütz mit seiner rechten Hand herumgetastet hatte, machte er einen erfolglosen Versuch, seine Linke herauszuholen.

Dann versuchte er seinen Kopf zu befreien, dessen Unbeweglichkeit um so ärgerlicher war, als Searing nicht wußte, was ihn festhielt. Danach versuchte er seine Füße freizubekommen, aber während er zu diesem Zweck seine starken Beinmuskeln spielen ließ, fiel ihm ein, daß ein Rütteln am Trümmerhaufen, unter dem sie lagen, den Schuß aus seinem Gewehr auslösen konnte. Er konnte sich ohnehin nicht erklären, wieso die Flinte alles überstanden hatte, was ihr bisher zugestoßen war; verschiedene Beispiele kamen ihm in den Sinn. Besonders an einen Fall erinnerte er sich, als er in einer vorübergehenden Geistesabwesenheit einem andern Braven mit dem Gewehrkolben den Schädel eingeschlagen hatte und erst hinterher entdeckte, daß die Waffe, die er so emsig mit den Lauf in der Hand geschwungen hatte, geladen und entsichert und gespannt war – das Wissen um diesen Umstand hätte seinen Gegner zweifellos zu längerem Widerstand aufgemuntert. Er hatte immer gelächelt, wenn er sich an diesen Schnitzer aus seiner Dienstzeit als blutjunger Soldat erinnerte, doch jetzt war ihm nicht nach Lächeln zumute. Er heftete den Blick wieder auf die Gewehrmündung, und einen Moment glaubte er, sie habe sich bewegt: sie schien etwas näher zu sein.

Und wieder blickte er weg. Die Wipfel der fernen Bäume hinter der Pflanzung interessierten ihn: wie leicht und feingefiedert sie wirkten hatte er vorher gar nicht bemerkt, auch nicht, wie dunkelblau der Himmel war, sogar zwischen den Zweigen, deren Grün ihn aber etwas blasser erscheinen ließ. Über ihnen wirkte er fast schwarz. ›Mit dem Vorrücken des Tages wird es dir ungemütlich heiß werden‹, dachte er. ›Ich wüßte gern, in welche Himmelsrichtung ich schaue!‹

Nach den Schatten zu urteilen, die er sehen konnte, blickte sein Gesicht gen Norden. Also würde ihm die Sonne wenigstens nicht in die Augen scheinen ... und im Norden, stimmt, dort waren seine Frau und seine Kinder.

»Pah!« rief er laut. »Was haben die hiermit zu tun?«

Er schloß die Augen. ›Wenn ich nicht heraus soll, kann ich ebensogut schlafen. Die Rebellen sind weg, und ein paar von unsern Leuten streifen bestimmt bis hierher, um Proviant zu besorgen. Die werden mich finden.‹ Aber er schlief nicht. Allmählich spürte er Schmerzen hinter der Stirn: es war ein dumpfer, anfänglich kaum wahrnehmbarer Schmerz, der allmählich immer unangenehmer wurde. Schlug er die Augen auf, dann war der Schmerz weg, schloß er sie, dann tat es ihm wieder weh. »Zum Teufel!« sagte er gedankenlos und starrte wieder in den Himmel. Er hörte das Zwitschern der Vögel und den seltsam metallischen Ruf des Wiesenpiepers, der wie das Schwirren klirrender Degen klang. Er versank in heitere Jugenderinnerungen, spielte wieder mit Bruder und Schwester, sauste durch die Felder und schreckte mit seinem Geschrei seßhafte Lerchen auf, trat in den dahinterliegenden dunklen Wald und folgte mit zaghaften Schritten dem undeutlichen Pfad zum Geisterfelsen, bis er schließlich mit laut klopfendem Herzen vor der ›Höhle des Toten‹ stand, um ihr grausiges Geheimnis zu erforschen. Zum erstenmal beobachtete er, daß der Eingang zur verwunschenen Höhle von einem Metallring umschlossen war. Dann versank alles um ihn her, und er starrte wie zuvor auf den Lauf seines Gewehrs. Doch während es ihm vorhin nähergerückt schien, war es jetzt in unvorstellbare Fernen entrückt, dafür aber um so unheimlicher. Er schrie auf und, erschrocken über seine eigene Stimme – mit dem Anklang der Angst –, beschwindelte er sich selbst und stritt es mit den Worten ab: »Wenn ich nicht rufe, kann ich bis zum Jüngsten Tag hier liegen.«

Er unternahm jetzt keinen neuen Versuch, dem Auge des Gewehrlaufs auszuweichen. Wenn er seine Augen einen Moment abwandte, geschah es, um Beistand zu suchen (obwohl er auf keiner Seite der Ruine den Erdboden sehen konnte), und dann ließ er sie, dem gebieterischen Zwang folgend, wieder zurückschweifen. Wenn er sie schloß, so nur aus Mattigkeit, und sofort veranlaßte ihn der stechende Schmerz in der Stirn – eine drohende Ankündigung der Kugel –, die Augen wieder zu öffnen.

Für seine Nerven und sein Gehirn war die Anspannung zu heftig: die Natur erlöste ihn durch kurze Pausen, in denen er bewußtlos war. Als er einmal zu sich kam, spürte er in der Hand einen scharfen, stechenden Schmerz, und wenn er die Finger bog oder mit ihnen über die Handfläche fuhr, merkte er, daß sie naß und glitschig waren. Er konnte die Hand nicht sehen, aber er kannte das Gefühl: es war rinnendes Blut. In seinem Fieberwahn hatte er auf die zackigen Trümmerstücke gehämmert und sich Splitter hineingerissen. Er nahm sich vor, sein Los mannhafter zu ertragen. Er war ein schlichter, einfacher Soldat ohne Glauben und mit nicht viel Lebensweisheit; er konnte nicht wie ein Held sterben, nicht mit großen und weisen Abschiedsworten auf den Lippen, selbst wenn jemand dagewesen wäre, ihn zu hören. Aber er konnte dem Tod mit Schneid begegnen, ja das wollte er! Wenn er nur wüßte, *wann* der Schuß zu erwarten war !

Ein paar Ratten, die wahrscheinlich im Schuppen gehaust hatten, huschten und schusselten herum. Eine kletterte auf den Trümmerhaufen, in dem sein Gewehr steckte, eine zweite folgte, und dann noch eine. Searing besah sie sich zuerst gleichgültig, dann mit freundlichem Interesse; doch als ihm der Gedanke durch sein wirres Gehirn fuhr, sie könnten vielleicht den Abzug des Gewehrs berühren, verwünschte er sie und scheuchte sie fluchend weg. »Das ist nichts für euch!« schrie er.

Die Ratten liefen weg; später würden sie zurückkehren, über sein Gesicht herfallen, die Nase benagen und ihm die Kehle durchbeißen – er wußte es, aber er hoffte, bis dahin schon tot zu sein.

Nichts vermochte jetzt seinen Blick von dem Metallring mit dem schwarzen Loch in der Mitte abzulenken. Sein Kopf schmerzte rasend und unablässig. Er spürte, wie der Schmerz sich allmählich tiefer und tiefer in sein Gehirn bohrte, bis dem Vordringen durch das Holz, auf dem sein Hinterkopf ruhte, Einhalt geboten wurde. Zeitweise war es ganz unerträglich: dann begann seine aufgerissene Hand wieder auf die Splitter zu hämmern, um den gräßlichen Schmerz im Kopf auszugleichen. Mit langsamer, regelmäßiger Beharrlichkeit schien er bei jedem Pulsschlag wiederzukehren, und manchmal schrie er auf und glaubte die verhängnisvolle Kugel schon zu spüren. Er hatte keine Gedanken mehr für Heimat, Frau und Kinder, für Vaterland und Ruhm. Alle Erinnerungsbilder waren ausgelöscht. Die Welt war nicht mehr vorhanden, keine Spur war übriggeblieben. Hier in diesem Wirrwarr von Balken und Brettern ist das ganze Universum. Hier ist die Zeit unsterblich, und jeder Schmerz ist ewiges Leben. Die Pulsschläge zählen Ewigkeiten ab.

Jerome Searing, ein Vorbild an Tapferkeit, ein furchtbarer Gegner und ein starker, entschlossener Kriegsheld, war so bleich wie ein Gespenst. Sein Unterkiefer war herabgesunken, die Augen waren weit aufgerissen, und er zitterte am ganzen Leibe. Sein Körper war in kalten Schweiß gebadet, und er schrie vor Angst. Er war nicht wahnsinnig: er war außer sich vor Entsetzen.

Als er mit der aufgerissenen und blutenden Hand umhertastete, konnte er schließlich eine Latte pakken, zog daran und spürte, daß sie nachgab. Sie lag parallel zu seinem Körper, und wenn er den Ellbogen so weit krümmte, wie es der beschränkte Raum zuließ, konnte er sie jedesmal ein paar Zoll näherziehen. Endlich hatte er sie völlig aus dem Schutt gelöst, der seine Beine bedeckte, und er konnte sie in ganzer Länge vom Boden abheben. Glühende Hoffnung überflutete ihn: vielleicht konnte er sie weit genug hinauf- oder vielmehr zurückstemmen, das eine Ende anheben und das Gewehr damit beiseitestoßen, oder, falls das Gewehr zu fest verkeilt war, die Latte so plazieren, daß sie die Kugel ablenkte. Mit dieser Absicht schob er die Latte Zoll um Zoll zurück und wagte kaum zu atmen, damit er bei seinem Vorhaben nicht etwa selber alles vereitelte. Weniger denn je konnte er die Augen von seinem Gewehr abwenden, das sich jetzt vielleicht beeilen würde, die ihm entgehende Gelegenheit noch auszunützen. Etwas war immerhin schon gewonnen: dank der Konzentration seiner Gedanken auf diesen Versuch einer Selbstverteidigung spürte er den Schmerz in seinem Kopf nicht mehr so stark und hörte auf, immer wieder zusammenzuzucken. Doch er war immer von Todesangst erfüllt, und seine Zähne klapperten wie Kastagnetten.

Auf einmal gehorchte die Latte nicht mehr dem sanft drängenden Zug seiner Hand. Er zerrte, zerrte mit aller Kraft an ihr und änderte ihre Längsrichtung, so weit er konnte, aber sie war auf ein sperriges Hindernis hinter ihm gestoßen, und das vordere Ende war noch zu weit weg, um den Holzstoß abzutragen und die Gewehrmündung zu erreichen. Tatsächlich reichte sie beinah bis zum Abzugsbügel, den sein rechtes Auge nur undeutlich ausmachen konnte, weil er noch von Schutt bedeckt war. Er versuchte, die Latte mit der Hand zu zerbrechen, fand jedoch keinen Ansatzpunkt. Angesichts dieser Niederlage kehrte das Entsetzen mit zehnfacher Gewalt zurück. Die schwarze Gewehrmündung schien ihn zur Strafe für seine Auflehnung mit einem sofortigen, grausamen Tod zu bedrohen. Die vermeintliche Spur, die das Geschoß in seinem Kopf hinterlassen würde, schmerzte noch heftiger und qualvoller. Er begann wieder zu zittern.

Plötzlich war er gefaßt. Das Zittern ließ nach. Er biß die Zähne zusammen und runzelte die Stirn. Er hatte noch nicht alle Möglichkeiten der Selbstverteidigung ausprobiert; ein neuer Plan war ihm in den Sinn gekommen – noch ein Schlachtplan. Er hob das vordere Ende der Latte und stieß sie sorgfältig durch den

Trümmerhaufen weiter vor und neben das Gewehr, bis sie gegen den Abzugsbügel drückte. Dann bewegte er das Ende langsam nach außen, bis er fühlen konnte, daß der Bügel frei lag, und nun schloß er die Augen und stieß mit aller Kraft gegen den Abzug. Es gab keinen Knall: der Schuß war schon losgegangen, als ihm das Gewehr beim Einsturz des Schuppens aus der Hand gefallen war. Aber es tat seine Pflicht.

Leutnant Adrian Searing hatte das Kommando über die Vorpostenkette an jenem Frontabschnitt, den sein Bruder Jerome in Ausführung seines Auftrags passiert hatte. Er saß aufmerksam lauschend in seiner Brustwehr hinter der Front. Nicht das leiseste Geräusch entging ihm; all und jedes wurde von seinen angespannten Sinnen eifrig vermerkt: ein Vogelruf, das Keckern eines Eichhörnchens und das Rauschen des Windes in den Kiefern. Plötzlich hörte er unmittelbar vor seinem Abschnitt ein schwaches Poltern – wie das aus weiter Ferne herzugetragene Krachen eines einstürzenden Bauwerks. Der Leutnant blickte unwillkürlich auf seine Uhr. Sechs Uhr und achtzehn Minuten. Im gleichen Augenblick trat von rückwärts ein Offizier auf ihn zu und salutierte.

»Der Oberst«, sagte er, »beauftragt Sie, Ihre Postenkette vorzuverlegen und mit dem Feind Fühlung zu nehmen, falls Sie ihn finden. Wenn nicht, dann rücken Sie weiter vor, bis der Befehl zum Haltmachen eintrifft. Es besteht Grund zu der Annahme, daß der Feind sich abgesetzt hat.«

Der Leutnant nickte und sagte nichts. Der andere Offizier zog sich zurück. Kurz darauf waren die Mannschaften, die von ihren Unteroffizieren mit leiser Stimme Befehle erhalten hatten, aus ihren Schützenlöchern ausgeschwärmt und rückten mit zusammengebissenen Zähnen und klopfenden Herzen in Schützenlinie weiter vor.

Die Vorpostenkette schwärmt durch die Pflanzung und hält aufs Gebirge zu. Die Soldaten ziehen auf beiden Seiten an dem zusammengeschossenen Schuppen vorbei und bemerken nichts. In der Nachhut folgt in einigem Abstand ihr Kommandeur. Er wirft einen neugierigen Blick auf die Trümmer und sieht, unter Brettern und Balken halb begraben, eine Leiche. Sie ist so mit Staub bedeckt, daß die Uniform wie das Grau der Konföderierten erscheint. Das Gesicht ist gelblichweiß; die Wangen sind eingefallen, und die Schläfen sind ebenfalls eingesunken: scharfe Kanten ragen an ihnen hervor, so daß die Stirn abstoßend schmal aussieht; die leicht angehobene Oberlippe läßt die weißen, fest zusammengebissenen Zähne sehen. Vom Tau ist das Haar feucht und schwer, und das Gesicht ist so naß wie ringsumher das betaute Gras. Das Gewehr kann der Offizier von seinem Standort aus nicht sehen; der Mann wurde offenbar von dem einstürzenden Schuppen erschlagen.

»Seit einer Woche tot«, sagte der Offizier sachlich, ging weiter und zog gedankenlos seine Uhr, wie um sich sein Zeitgefühl bestätigen zu lassen. Sechs Uhr und vierzig Minuten.

Bei Resaca gefallen

Der beste Soldat unsres Stabes war Leutnant Herman Brayle, einer der beiden Adjutanten. Ich erinnere mich nicht, wo ihn der General aufgelesen hatte – wahrscheinlich bei irgendeinem Ohioregiment. Niemand von uns kannte ihn von früher her, und das wäre auch seltsam gewesen, denn keine zwei von uns stammten aus dem gleichen Staat, nicht einmal aus benachbarten Staaten. Der General schien der Ansicht, daß eine Position in unserm Stab eine Auszeichnung sei, die mit Bedacht verliehen werden müsse, damit keine internen Eifersüchteleien entstehen und den Zusammenhalt jenes Landesteils gefährden könnten, der noch ein Ganzes war. Er wollte nicht einmal Offiziere aus seinen eigenen Truppen wählen, sondern erhielt sie durch irgendwelche Manipulationen im Armeehauptquartier von anderen Brigaden. Unter solchen Umständen mußten die Leistungen eines Mannes natürlich ganz hervorragend sein, wenn seine Familie und seine Jugendfreunde davon erfahren sollten, denn die ›Ruhmesposaune‹ war ohnehin durch ihre Schwatzhaftigkeit etwas heiser geworden.

Leutnant Brayle war über sechs Fuß groß und tadellos gebaut; er hatte das helle Haar und die graublauen Augen, die von Männern mit solchen Eigenschaften gewöhnlich für einen hohen Grad von Verwegenheit gehalten werden. Da er meistens eine Paradeuniform trug, besonders in der Schlacht, wenn die Offiziere sich mit einer weniger prunkvollen Kleidung begnügen, war er eine sehr auffallende und hervorstechende Erscheinung. Und im übrigen besaß er die Manieren eines Gentleman, den Kopf eines Gelehrten und den Mut eines Löwen. Er war etwa dreißig Jahre alt.

Wir alle mochten Brayle bald ebensosehr wie wir ihn bewunderten, deshalb stellten wir beim Scharmützel am Stone's River mit aufrichtiger Besorgnis fest, daß er eine höchst verwerfliche und unsoldatische Eigenschaft besaß: er bildete sich etwas auf seinen Mut ein. Ob unsre Truppen nun in den offenen Baumwollfeldern oder im Zederndickicht oder hinter dem Bahndamm kämpften – er ging während all dem Hin und Her und den Wechselfällen jenes scheußlichen Treffens nicht ein einzigesmal in Deckung, es sei denn auf ausdrücklichen Befehl des Generals, der aber, was das betrifft, meistens an anderes zu denken hatte als an das Leben seiner Stabsoffiziere oder seiner Leute.

Bei jedem darauffolgenden Gefecht verhielt Brayle sich ebenso, wenn er bei uns war. Wie eine Reiterstatue pflegte er im dicksten Kugel- und Kartätschenhagel an den exponiertesten Stellen auf seinem Pferd zu sitzen – wenn die Pflicht ihm eigentlich zu gehen gebot, aber zu bleiben erlaubte –, obwohl er sich ohne Bedenken und mit einem eindeutigen Übergewicht für seinen Ruf als vernünftiger Mensch in soviel Sicherheit hätte begeben können, wie sie während der kurzen Einsatzpausen auf einem Schlachtfeld möglich ist.

Wenn er zu Fuß kämpfte, weil ihm die Notwendigkeit oder die Ehrerbietung vor seinem abgesessenen Kommandeur oder den Kameraden dazu zwang, benahm er sich ebenso. Dann konnte er wie ein Felsen im Freien stehenbleiben, auch wenn sowohl Offiziere wie Mannschaften Deckung gesucht hatten. Während Männer von unantastbarer Furchtlosigkeit, die älter an Jahren und länger im Dienst als er waren und höher im Rang standen, pflichtgemäß hinter einer Hügelkuppe ihr Leben schützten, das für ihr Vaterland unendlich wertvoll war, stand dieser Mensch genauso tatenlos auf dem Hügelkamm und blickte in die Richtung des heftigsten Feuers.

Wenn Schlachten auf offenem Gelände ausgefochten werden, kommt es häufig vor, daß sich die vordersten Linien der beiden Gegner, die einander oft stundenlang nur einen Steinwurf weit gegenüberliegen, so nah an den Boden schmiegen, als wären sie in ihn verliebt. Auch die Frontoffiziere preßten sich auf ihren vorgeschriebenen Plätzen nicht weniger platt hin, und die Stabsoffiziere, deren Pferde entweder alle tot oder hinter die Front geschickt wurden, duckten sich unter dem höllischen Baldachin aus zischendem Blei und heulendem Eisen, ohne einen Gedanken an persönliche Würde zu vergeuden.

Unter solchen Umständen ist das Leben eines Offiziers im Brigadestab nicht gerade rosig, hauptsächlich wegen seiner gefährdeten Stellung und der nervenaufreibenden, ewig wechselnden Situationen, denen er ausgesetzt ist. Aus einer verhältnismäßig sicheren Situation (aus der ein Zivilist zwar ein Entkommen als wahres Wunder bezeichnen würde), kann der Stabsoffizier mit einem Befehl zum Kommandeur eines Regiments geschickt werden, das sich in der vordersten Linie eingegraben hat – zu einem Manne also, der ihm nicht gleich auffällt und der ohne allerlei Herumsuchen zwischen Leuten, die andere Sorgen im Kopf haben, nicht immer leicht zu finden ist, noch dazu in einem Getöse, wo man sich mit Fragen und Antworten nur in der Zeichensprache verständigen kann. In solchen Fällen ist es üblich, den Kopf einzuziehen und in scharfem Tempo loszupreschen, ein Gegenstand lebhaften Interesses von ein paar tausend Scharfschützen. Und bei der Rückkehr – ja eben, die Rückkehr kommt seltener vor.

Brayle verfuhr anders. Er überließ sein Pferd – das er liebte – der Obhut seiner Ordonnanz und begab sich seelenruhig zu Fuß auf seinen gefahrvollen Botengang, ohne sich je zu ducken – eine prachtvolle Gestalt, die durch die Uniform noch hervorgehoben wurde und die Blicke magnetisch auf sich zog. Wir beobachteten ihn mit angehaltenem Atem und pochendem Herzen. Ja, bei einem ähnlichen Anlaß war einer der Unsrigen, der heftig stotterte, so von seinen Gefühlen überwältigt, daß er mir zurief: »Ich w-w-wette zwei D-d-dollar mit Ihnen, d-d-daß sie ihn u-u-umlegen, b-b-bevor er b-b-bis zum G-graben k-k-kommt!«

Ich nahm die rohe Wette nicht an. Ich war derselben Ansicht.

Ich will dem Andenken eines tapferen Mannes Gerechtigkeit widerfahren lassen; in all diesen sinnlosen Gefährdungen seines Lebens lag weder offene Prahlerei, noch brüstete er sich hinterher damit. In den wenigen Fällen, in denen einige von uns gewagt hatten, ihm Vorhaltungen zu machen, hatte

Brayle nur liebenswürdig gelächelt und eine nichtssagende Antwort gegeben, was uns nicht gerade zu einer Fortsetzung des Gesprächs ermutigte. Einmal sagte er: »Captain, wenn ich je Pech haben sollte, weil ich Ihren Rat vergaß, dann wird mein letzter Augenblick hoffentlich vom Klang Ihrer lieben Stimme aufgeheitert werden, die mir die Segensworte ins Ohr haucht: ›Hab's Ihnen ja gleich gesagt!‹«

Wir lachten den Captain aus – warum eigentlich, das hätten wir wohl selbst nicht erklären können –, und als er am gleichen Nachmittag aus dem Hinterhalt von Schüssen zerfetzt wurde, blieb Brayle eine Zeitlang bei dem Toten und legte ihm mit unnötiger Sorgfalt die Glieder zurecht – mitten auf einer Landstraße, über die der Kartätschenhagel hinwegfegte. Es ist leicht, derlei Dinge zu verurteilen, und nicht sehr schwer, sich ihre Nachahmung zu versagen, aber es ist unmöglich, sie nicht zu respektieren, und Brayle war wegen seiner Schwäche, die sich so heldenhaft äußerte, um nichts weniger beliebt. Wir wünschten, er wäre nicht so töricht gewesen, aber er machte so weiter bis zum Ende. Manchmal wurde er schwer verwundet, aber immer kehrte er fast völlig wiederhergestellt in den Dienst zurück. Natürlich mußte es einmal so kommen: wer das Gesetz der Wahrscheinlichkeit nicht beachtet, fordert einen Gegner heraus, der selten unterliegt. Es geschah bei Resaca im Staat Georgia während einer Truppenbewegung, deren Ergebnis die Einnahme von Atlanta war. Längs einer leichten Anhöhe vor unsrer Brigade verliefen die feindlichen Verschanzungen über freies Feld. An den beiden Enden des offenen Geländes lagen wir im Wald dicht am Feind, konnten aber nicht hoffen, das freie Gelände vor Anbruch der Nacht zu besetzen, wenn die Dunkelheit uns erlauben würde, uns wie Maulwürfe einzugraben und Erdwälle aufzuschütten. Unsre Front war im Waldrand, eine Viertelmeile weit weg. Wir bildeten ungefähr einen Halbkreis, dessen Bogensehne die befestigte Frontlinie des Feindes war.

»Leutnant Brayle, sagen Sie Oberst Ward, er soll sich so nah heranarbeiten, wie er Deckung findet, und nicht viel Munition mit unnötiger Schießerei vergeuden. Ihr Pferd können Sie hierlassen!«

Als der General diesen Befehl erteilte, waren wir am Saum des Waldes, dicht beim rechten Ende des Bogens. Oberst Ward lag am linken Ende. Der Wink, sein Pferd nicht mitzunehmen, bedeutete selbstverständlich, daß Brayle den längeren Weg durch den von unsern Mannschaften besetzten Wald nehmen sollte. Im Grunde war die Bemerkung überflüssig, denn es war völlig ausgeschlossen, die Botschaft auf dem kürzeren Weg zu überbringen. Doch noch ehe jemand dazwischentreten konnte, war Brayle bereits in leichtem Galopp aufs Feld hinausgeritten, und aus den feindlichen Stellungen krachte wilder Beschuß.

»Haltet den verdammten Narren zurück!« rief der General.

Ein Gemeiner aus der Eskorte, der mehr Ehrgeiz als Verstand hatte, preschte hinterdrein und lag schon nach den ersten zehn Yards tot neben seinem toten Pferd – auf dem Felde der Ehre.

Brayle war außer Rufweite und galoppierte elegant und in weniger als zweihundert Yards Abstand an der feindlichen Front entlang. Wie ein Bild war er anzusehen! Der Hut war ihm vom Kopf geweht oder hinuntergeschossen worden, und sein langes blondes Haar hob und senkte sich im Takt zu jedem Schritt seines Pferdes. Er saß aufrecht im Sattel und hielt die Zügel locker in der linken Hand, während seine Rechte nachlässig herunterhing. Ein gelegentlicher Blick auf sein hübsches Profil, wenn er den Kopf hierhin und dorthin wandte, bewies uns, daß sein Interesse an den Vorgängen nicht affektiert, sondern völlig natürlich war. Die Szene war äußerst dramatisch, aber nicht im mindesten theatralisch. Gewehrsalven spien ihn nacheinander gehässig an, sobald er auf Schußweite herankam, und unsre eigene Linie am Waldrand brach laut und sichtbar in Deckfeuer aus. Unsre Leute nahmen nicht länger Rücksicht auf sich oder auf ihre Befehle: sie sprangen hoch, schwärmten ins Freie und schickten einen massiven Kugelvorhang auf die flammende Kuppe der feindlichen Befestigungen, die ihnen eine todbringende Antwort in ihre ungedeckten Gruppen schickten. Die Artillerie griff auf beiden Seiten in den Kampf ein, begleitete das Knattern und Brüllen mit tiefen, die Erde erschütternden Explosionen und zerriß die Luft mit kreischenden Kartätschengewittern, die auf unsrer Seite die Bäume zersplitterten und mit Blut bespritzten, während unsre Geschosse den Rauch der feindlichen Geschütze mit ganzen Wolken von Sand und Staub aus der feindlichen Brustwehr verdunkelten.

Nur einen Augenblick hatte meine Aufmerksamkeit dem allgemeinen Kampfgeschehen gegolten, doch als ich jetzt die noch nicht verdunkelte Schneise zwischen den beiden Ungewittern entlangblickte, sah ich Brayle, den Anlaß des Gemetzels. Von beiden Fronten her unsichtbar, und gleichermaßen von Freund und Feind verwünscht, stand er unbeweglich mitten im Schußfeld und hatte das Gesicht dem Feind zugekehrt. Etwas weiter weg lag sein Pferd. Ich sah sofort, was ihn aufgehalten hatte.

Als Landvermesser hatte ich in aller Frühe eine eilige Prüfung des Geländes vorgenommen und erinnerte mich jetzt, daß sich an jener Stelle eine tiefe und gewundene Runse befand, die sich von der feindlichen Front aus durch das halbe Feld zog und im allgemeinen rechtwinklig zu ihr verlief. Von unserm Standort aus war sie nicht sichtbar, und Brayle hatte offenbar nichts von ihrem Vorhandensein gewußt. Sie war eindeutig unpassierbar. Ihre vorspringenden Ecken hätten ihm völlige Sicherheit geboten, wenn er sich entschlossen hätte, dankbar in das für ihn bereitete Wunder hineinzuspringen. Vorwärts konnte er nicht, zurück wollte er nicht: so stand er da und war auf den Tod gefaßt. Und der ließ nicht lange auf sich warten.

Durch einen rätselhaften Zufall wurde das Feuer fast im gleichen Augenblick eingestellt, als er umsank; ein paar vereinzelte Schüsse, die noch in längeren Abständen kamen, betonten nur die Stille. Es war ganz so, als hätten beide Seiten das sinnlose Verbrechen plötzlich bereut. Vier von unsern Krankenträgern, die hinter einem Sergeanten mit weißer Fahne hergingen, zogen bald darauf unangefochten über das Feld und hielten geradenwegs auf Brayles Leichnam zu. Mehrere konföderierte Offiziere und Soldaten kamen ihnen entgegen, und barhäuptig halfen sie ihnen, die geheiligte Last aufzuheben. Während der Gefallene zu unsrer Stellung getragen wurde, hörten wir hinter der feindlichen Verschanzung gedämpften Trommel- und Pfeifenklang – eine Totenklage. Ein großmütiger Feind ehrte einen Tapferen.

Unter den Effekten des Toten war eine beschmutzte Brieftasche aus Juchtenleder. Bei der Verteilung der Andenken an unsern Freund, die der General angeordnet hatte, fiel sie mir zu.

Als ich ein Jahr nach Beendigung des Krieges auf dem Wege nach Kalifornien war, öffnete ich die Brieftasche wieder und untersuchte sie gedankenlos. In einem nicht beachteten Fach fand ich einen Brief ohne Umschlag oder Adresse. Er war von einer Frau geschrieben und begann mit einer liebevollen Anrede, aber nicht mit einem Namen.

Der Brief war datiert: ›San Francisco, Kal., 9. Juli 1862.‹ Die Unterschrift lautete ›Darling‹ in Anführungszeichen. Mitten im Text erschien übrigens der volle Name der Schreiberin: Marian Mendenhall.

Der Brief verriet Bildung und eine gute Herkunft, doch es war ein ungewöhnlicher Liebesbrief – falls ein Liebesbrief gewöhnlich sein kann. Es stand nicht viel darin, aber immerhin etwas, nämlich das hier: ›Mr. Winters, den ich ewig dafür verabscheuen werde, hat herumerzählt, daß er sah, wie Du Dich in einer Schlacht in Virginia, wo er verwundet wurde, hinter einen Baum geduckt hättest. Ich vermute, daß er Dich in meinen Augen herabsetzen will, denn er weiß, daß er es könnte, wenn ich ihm die Geschichte glaubte. Ich könnte es ertragen, wenn man mir vom Soldatentod meines Liebsten berichtet, aber nicht von seiner Feigheit.‹ Das waren die Worte, die an einem sonnigen Nachmittag in ferner Gegend hundert Männer töteten. Und da spricht man vom schwachen Geschlecht! Eines Abends suchte ich Miss Mendenhall auf, um ihr den Brief zurückzugeben. Ich hatte mir auch vorgenommen, ihr zu erzählen, was sie ungewollt getan hatte. Ich fand sie in einer eleganten Wohnung auf Rincon Hill. Sie war schön und gut erzogen, mit einem Wort: bezaubernd.

»Sie haben Leutnant Herman Brayle gekannt«, begann ich etwas unvermittelt. »Sicher wissen Sie, daß er gefallen ist. Unter seinen Sachen befand sich dieser Brief von Ihnen. Ich kam her, um ihn wieder in Ihre Hände zu legen.« Mechanisch griff sie nach dem Brief, überflog ihn mit zunehmender Röte, sah dann lächelnd zu mir auf und sagte: »Es ist sehr liebenswürdig von Ihnen, obwohl es bestimmt kaum der Mühe wert ist.« Plötzlich zuckte sie zusammen und wurde blaß. »Der Fleck hier«, sagte sie, »ist das … ist das etwa …?«

»Verzeihung, Madam«, antwortete ich, »es ist das Blut des treuesten und tapfersten Herzens, das je geschlagen hat!«

Hastig schleuderte sie den Brief ins lodernde Feuer. »Uh! Ich kann kein Blut sehen!« rief sie. »Wie ist er gestorben?« Ich war unwillkürlich aufgesprungen, um das Blatt Papier zu retten, und stand jetzt schräg hinter ihr. Während sie die Frage stellte, drehte sie das Gesicht herum und hob es etwas in die Höhe. Der Flammenschein des brennenden Briefs spiegelte sich in ihren Augen und überhauchte ihr Gesicht mit dem gleichen Rot, wie ihn der Fleck auf dem Brief aufwies. Noch nie hatte ich etwas so Schönes gesehen wie dieses abscheuliche Geschöpf.

»Er wurde von einer Schlange gebissen«, erwiderte ich.

Das Gefecht am Coulter-Paß

»Glauben Sie, Oberst, daß Ihr tapferer Coulter hier drin gern eine von seinen Kanonen aufstellen würde?«

Offenbar meinte er es nicht ganz ernst; es war bestimmt nicht der Ort, an dem ein Artillerist, sei er noch so tapfer, gern ein Geschütz aufgestellt hätte. Der Oberst dachte, sein Divisionskommandeur wolle vielleicht auf ein kürzlich zwischen ihnen geführtes Gespräch anspielen, als er den Mut Hauptmann Coulters zu sehr gerühmt hatte.

»Coulter würde überall ein Geschütz aufstellen«, entgegnete er warmherzig, »falls es in Schußweite dieser Leute dort wäre«, und er deutete in die Richtung des Feindes.

»Es ist die einzige Stelle«, sagte der General. Also hatte er es doch ernst gemeint. Er sprach von einer Vertiefung, einer Kerbe im Grat eines steilen Hügels. Es war ein Engpaß, durch den eine Chaussee führte, die nach einem gewundenen Anstieg durch lichten Wald hier oben ihren höchsten Punkt erreichte und dann in einem ähnlichen, obwohl weniger steilen Abstieg zum Feind hinunterführte. Eine Meile zur Rechten und zur Linken erstreckte sich der Grat, der für Artillerie nicht zugängig war. Er war von der Infanterie der Unionstruppen besetzt, die dicht hinter dem scharfen Grat lagen und anscheinend vom Luftdruck dort festgehalten wurden. Nur im Engpaß war Platz für ein Geschütz, und der war kaum breit genug für die Straße. Von den Konföderierten wurde dieser Punkt durch zwei Batterien beherrscht, die etwa eine halbe Meile entfernt auf einer etwas tieferen Anhöhe jenseits eines Creeks aufgestellt waren. Alle Kanonen bis auf eine waren durch die Bäume eines Obstgartens getarnt, und diese eine – es schien recht herausfordernd – stand auf einer offenen Rasenfläche unmittelbar vor einem ziemlich imposanten Gebäude, dem Wohnhaus des Plantagenbesitzers. Trotz der exponierten Stellung war das Geschütz sicher genug, aber nur, weil es den Unionstruppen verboten war, zu schießen.

Der Coulter-Paß – wie er später genannt wurde – war an diesem sonnigen Nachmittag nicht gerade der geeignete Platz, wo jemand ›gern eine Kanone aufgestellt hätte‹.

Drei oder vier tote Pferde lagen hier und dort auf der Straße, drei oder vier tote Soldaten lagen in einer ordentlichen Reihe etwas weiter weg vom Straßenrand, hügelab auf der einen Seite. Bis auf einen, der ein Quartiermeister war, waren es Kavalleristen, die zur Vorhut der Unionstruppen gehörten. Der kommandierende Divisionsgeneral und der Oberst, der die Brigade befehligte, waren mit Stab und Eskorte in den Engpaß geritten, um einen Blick auf die feindlichen Kanonen zu werfen – die sich sofort durch geballte Rauchwolken eingenebelt hatten. Es war nicht gerade nutzbringend, Geschütze zu beobachten, die den Trick von Tintenfischen anwandten, daher hatte die Rekognoszierung nicht viel Zeit in Anspruch genommen. Als sie beendet war – ein wenig weiter rückwärts von der Stelle, wo sie begonnen hatte –, fand das schon teilweise berichtete Gespräch statt.

»Es ist die einzige Stelle, um an sie heranzukommen«, wiederholte der General nachdenklich.

Der Oberst sah ernst aus. »Es ist nur Platz für eine einzige Kanone, General – eine gegen zwölf!«

»Das stimmt – nur eine auf einmal«, sagte der General mit einer Art Lächeln, das aber doch kein ganz richtiges Lächeln war. »Immerhin – Ihr tapferer Coulter ersetzt schon allein eine ganze Batterie!«

Der ironische Ton war jetzt unmißverständlich. Der Oberst ärgerte sich darüber, aber er wußte nicht, was er erwidern sollte. Der Geist militärischer Subordination hält nichts vom Widerspruch und erst recht nichts von Mißbilligung.

In diesem Augenblick kam ein junger Artillerieoffizier, von seinem Hornisten begleitet, langsam die Straße heraufgeritten. Es war Hauptmann Coulter. Er konnte nicht älter als dreiundzwanzig Jahre sein. Er war mittelgroß, aber sehr schlank und wendig; seine Art, auf dem Pferd zu sitzen, hatte etwas von einem Zivilisten. Sein Gesicht war von einem merkwürdig andern Typ als dem der übrigen Leute um ihn her: es war schmal, mit kühner Nase, grauen Augen und einem kleinen blonden Schnurrbart und ziemlich struppigen Haaren von der gleichen Farbe. Seine Kleidung war ausgesprochen vernachlässigt. Die Mütze war abgetragen und hatte einen etwas schiefen Schirm; der Waffenrock war nur bis zum Degenkoppel zugeknöpft und ließ sehr viel von dem weißen Hemd sehen, das in Anbetracht der Dauer des Feldzugs leidlich sauber war. Doch die Nachlässigkeit sprach einzig aus seiner Kleidung und aus seiner Haltung; sein Gesicht drückte das höchste Interesse an seiner Umgebung aus. Die grauen Augen, die das Gelände hin und wieder wie Scheinwerfer zu durchbohren schienen, waren meistens auf das Stück Himmel über dem Engpaß geheftet; in jener Richtung gab es bis zu seiner Ankunft auf dem höchsten Punkt der Straße nichts zu sehen. Als er an seinem Divisionskommandeur und seinem Brigadekommandeur vorbeikam, salutierte er mechanisch und wollte weiterreiten. Der Oberst hieß ihn stehenbleiben.

»Hauptmann Coulter«, sagte er, »der Feind hat drüben auf der Anhöhe zwölf Geschütze. Wenn ich den General recht verstehe, wünscht er, daß Sie ein Geschütz heraufbringen und sie angreifen.«

Ein eisiges Schweigen folgte. Der General blickte ausdruckslos auf ein fernes Regiment, das langsam und wie eine zerfetzte und schmutzige Wolke blauen Rauchs durch schwieriges Unterholz den Hügel hinaufschwärmte. Der Hauptmann schien den General nicht bemerkt zu haben. Langsam und mit sichtlicher Mühe fragte er: »Meinen Sie die nächste Anhöhe, Sir? Stehen die Geschütze in der Nähe des Hauses?«

»Oh, Sie sind schon einmal die Straße entlanggekommen! Gleich beim Haus!«

»Und ist es – ist es notwendig, sie zu beschießen? Ist der Befehl unerläßlich?«

Seine Stimme klang heiser und gebrochen. Er war auffallend blaß geworden. Der Oberst war erstaunt und gekränkt. Er warf einen scheuen Blick auf den Kommandeur. Doch in dessen beherrschtem Gesicht regte sich nichts; es war hart wie Bronze. Eine Sekunde darauf ritt der General fort, hinter ihm sein Stab und seine Eskorte. Der Oberst fühlte sich so gedemütigt und gekränkt, daß er Befehl geben wollte, Hauptmann Coulter in Arrest zu bringen, doch letzterer gab schon seinem Hornisten ein paar leise Anweisungen, salutierte und ritt sofort in den Engpaß hinein, wo er sich alsbald mit dem Fernglas vor Augen auf dem höchsten Punkt der Landstraße in scharfen Umrissen gegen den Himmel abhob. Der Hornist war den Steilhang hinuntergejagt und in einem Gehölz verschwunden. Gleich darauf hörte man sein Horn durch die Zedern singen, und nach unglaublich kurzer Zeit kam ein einzelnes Geschütz mit Munitionswagen, von sechs Pferden gezogen und mit der vollen Bemannung an Kanonieren den Steilhang heraufgerumpelt und -gepoltert, wurde noch in Deckung abgeprotzt und von Hand zwischen den toten Pferden auf die gefährliche Stelle gerollt. Eine Geste des Hauptmanns, ein paar erstaunlich flinke Griffe der Männer beim Laden, und fast noch bevor für die Truppen längs des Weges das Rattern der Räder verstummt war, schnellte schon eine dicke weiße Wolke über den Abhang hinaus – und mit einem ohrenbetäubenden Knall hatte das Gefecht am Coulter-Paß begonnen.

Es ist nicht unsre Absicht, in allen Einzelheiten über den Verlauf und die Nebenumstände des grauenhaften Kampfes zu berichten – eines Kampfes ohne Wechselfälle, dessen Schwankungen sich nur in verschiedenen Graden der Verzweiflung äußerten. Fast im gleichen Augenblick, als Hauptmann Coulters Kanone ihre herausfordernde Wolke ausstieß, kamen schon zwölf antwortende Wolken aus den Bäumen der Plantage heraufgerollt, und ein tiefer, vielfacher Knall donnerte wie ein ununterbrochenes Echo hintennach. Von da an bis zum Ende fochten die Kanoniere der Unionstruppen ihren aussichtslosen Kampf in einer Atmosphäre wildgewordenen Eisens, dessen Gedanken Blitze und dessen Taten der Tod waren.

Der Oberst war nicht gesonnen, die Plackerei, bei der er nicht mithelfen konnte, und das Gemetzel, dem er nicht Einhalt gebieten durfte, mit anzusehen, deshalb stieg er eine Viertelmeile weiter links auf einen Punkt der Anhöhe, von wo der Engpaß selbst nicht sichtbar war, aus dem jedoch hintereinander Rauchwolken emporwirbelten – dem Krater eines Vulkans in brüllender Tätigkeit gleichend. Mit seinem Glas beobachtete er die Kanonen der Feinde und stellte, soweit er es konnte, die Wirkungen von Coulters Angriff fest – falls es überhaupt noch Coulter war, der das Kommando hatte. Er sah, daß die Unionskanoniere die getarnten Batterien des Feindes unbeachtet ließen und statt dessen ihre ganze Aufmerksamkeit auf die eine Kanone konzentrierten, die ohne Deckung auf dem Rasen vor dem Haus stand. Über und neben diesem verwegenen Geschütz krepierten die Geschosse in Abständen von nur wenigen Sekunden. Manche schlugen ins Haus ein, was man an den dünnen Rauchfaden erkennen konnte, die aus dem zerschmetterten Dach aufstiegen. Auch niedergestreckte Männer und Pferde waren deutlich sichtbar.

»Wenn unsre Männer schon mit einer einzigen Kanone so gute Arbeit verrichten«, sagte der Oberst zu einem Adjutanten, der ihm zufällig am nächsten stand, »dann müssen sie unter dem Beschuß von zwölf Kanonen verteufelt zu leiden haben. Gehen Sie hinunter und übermitteln Sie dem Kommandanten unsrer Kanone mein Kompliment zu der Präzision seines Feuers!«

Dann wandte er sich an seinen Ersten Adjutanten und fragte ihn: »Ist es Ihnen auch aufgefallen, wie verdammt abgeneigt Coulter war, den Befehl auszuführen?«

»Ja, Sir.«

»Dann sprechen Sie bitte nicht darüber! Ich glaube nicht, daß dem General daran liegen wird, ihn nachträglich zur Verantwortung zu ziehen. Wahrscheinlich hat er genug damit zu tun, eine Erklärung für sein eigenes Vorgehen und die ungewöhnliche Art abzugeben, die Nachhut eines sich zurückziehenden Feindes zu beschäftigen.«

Ein junger Offizier klomm atemlos den Abhang hinauf und näherte sich. Fast bevor er salutiert hatte, keuchte er schon: »Oberst Harmon hat mir aufgetragen, Ihnen zu melden, daß die feindlichen Geschütze in Schußweite unsrer Gewehre und größtenteils von mehreren Punkten des Grates einzusehen sind!«

Der Brigadekommandeur sah ihn an, ohne mit seiner Miene das leiseste Interesse zu verraten. »Ich weiß es«, sagte er ruhig.

Der junge Adjutant war sichtlich verwirrt. »Oberst Harmon hätte gern die Erlaubnis, die Kanonen zum Schweigen zu bringen«, stammelte er.

»Ich auch«, erwiderte der Oberst im gleichen Tonfall wie vorher. »Richten Sie Oberst Harmon meine Empfehlung aus und sagen Sie ihm, der Befehl des Generals, daß die Infanterie nicht schießen soll, sei noch nicht aufgehoben!«

Der Adjutant salutierte und ging. Der Oberst bohrte seinen Absatz in den Boden, drehte sich um und blickte wieder auf die feindlichen Geschütze.

»Ich weiß nicht, ob ich es überhaupt erwähnen

soll, Sir, aber etwas stimmt nicht bei der ganzen Sache!« sagte der Erste Adjutant. »Wußten Sie, daß Hauptmann Coulter aus den Südstaaten stammt?«

»Nein! Tatsächlich?«

»Ich habe gehört, daß die Division, die der General damals kommandierte, in der Nachbarschaft von Coulters Besitzung lag, ja wochenlang dort kampierte.«

»Still!« unterbrach ihn der Oberst mit einer abwehrenden Handbewegung. »Hören Sie es auch?«

Was er hörte, war das Verstummen der Unionskanone. Der Stab, die Ordonnanzen, die Infanterie hinter dem Grat – alle hatten es ›gehört‹ und blickten gespannt in die Richtung des Kraters, aus dem kein Rauch mehr aufstieg, ausgenommen ein paar vereinzelte Wölkchen von feindlichen Granaten. Dann erklang das Geschmetter eines Horns und ein gedämpftes Räderrasseln, und eine Minute darauf ertönten die scharfen Explosionen mit verdoppelter Geschwindigkeit. Die zusammengeschossene Kanone war durch eine neue ersetzt worden.

»Ja«, nahm der Adjutant seine Erzählung wieder auf, »der General machte Bekanntschaft mit der Familie Coulter. Es kam zu Scherereien – die genauen Einzelheiten weiß ich nicht –, jedenfalls hing es mit Coulters Frau zusammen. Sie ist eine glühende Sezessionistin, wie ja alle im Süden, ausgenommen Coulter selbst, aber sie ist eine gute Ehefrau und eine hochgebildete Dame. Es kam zu einer Beschwerde beim Armeehauptquartier. Der General wurde zu einer anderen Division versetzt. Seltsam, daß Coulters Batterie später der gleichen Division zugeteilt wurde!«

Der Oberst hatte sich von dem Felsblock erhoben, auf dem sie gesessen hatten. Seine Augen blitzten vor aufrichtiger Empörung.

»Hören Sie mal, Morrison«, rief er und blickte seinem schwatzhaften Stabsoffizier streng ins Gesicht, »haben Sie die Geschichte von einem Gentleman oder von einem Lügner?«

»Ich möchte nichts darüber sagen, woher ich sie erfuhr, falls es nicht unumgänglich ist« – er lief rot an –, »aber ich kann mit meinem Leben dafür bürgen, daß sie im wesentlichen wahr ist!«

Der Oberst wandte sich zu einer kleinen Gruppe von Offizieren um, die etwas abseits standen. »Leutnant Williams!« rief er.

Einer von den Offizieren löste sich aus der Gruppe, kam herbeigeeilt, salutierte und sagte: »Verzeihung, Sir, ich dachte, man hätte Sie benachrichtigt. Williams ist gefallen – bei der Kanone unten. Was wünschen Sie, Sir?«

Leutnant Williams war der Adjutant gewesen, der das Vergnügen gehabt hatte, Hauptmann Coulter die Komplimente seines Brigadekommandeurs zu überbringen.

»Gehen Sie hinunter und veranlassen Sie den sofortigen Rückzug der Kanone! Nein – ich werde selbst gehen!«

In halsbrecherischer Eile stürzte er durch Dornengestrüpp und über Felsblöcke den Abhang hinunter, hinter ihm in aufgeregter Unordnung sein kleines Gefolge. Am Fuß des Abhangs bestiegen sie ihre wartenden Tiere, ritten in lebhaftem Trab die Straße entlang und erreichten hinter einer Biegung den Engpaß. Das Bild, das sich ihnen bot, war grauenhaft!

Im Engpaß, der für eine einzelne Kanone kaum

breit genug war, türmten sich die Trümmer von nicht weniger als vier Kanonen. Sie hatten nur das Verstummen der letzten kampfunfähigen Kanone bemerkt – es waren nicht genug Männer da, um sie rasch mit einer andern zu vertauschen. Die Überreste lagen zu beiden Seiten der Landstraße; es war den Männern gelungen, einen Zwischenraum freizuhalten, durch den jetzt das fünfte Geschütz feuerte. Und die Männer? Sie sahen aus wie Dämonen aus der Hölle. Keiner trug einen Helm, alle waren bis zum Gürtel nackt, ihre stinkende Haut war vom Pulver geschwärzt und mit Blutspritzern übersät. Sie arbeiteten wie die Wahnwitzigen mit Ansetzer und Kartusche, Brechstange und Abzugsleine. Nach jedem Rückstoß stemmten sie ihre geschwollenen Schultern und blutenden Hände gegen die Räder und hievten das schwere Geschütz auf seinen Platz zurück. Kommandos gab es keine: in dieser grausigen Umgebung von heulenden Abschüssen, explodierenden Granaten, kreischenden Eisenstücken und fliegenden Holzsplittern hätte man kein Kommando gehört. Falls Offiziere da waren, konnte man sie nicht erkennen: alle arbeiteten gemeinsam – jeder, solange er noch lebte –, und sie verständigten sich durch Blicke. Sowie das Rohr ausgewischt war, wurde es geladen, war es geladen, dann wurde gezielt und gefeuert. Der Oberst konnte eine in seiner militärischen Laufbahn neue Beobachtung machen: die Kanone blutete aus der Mündung! Wegen vorübergehenden Wassermangels hatte der Mann, der das Rohr auswischte, seinen Schwamm in die Blutlache eines gefallenen Kameraden getaucht. Während des ganzen Geschehens gab es keine Uneinigkeit: das Gebot des Augenblicks drängte sich eindeutig auf. Wenn jemand fiel, schien ein andrer, der eine Spur sauberer aussah, aus dem Erdboden zu steigen, um in die Fußstapfen des Toten zu treten, bis auch er fiel.

Bei den zusammengeschossenen Geschützen lagen die zusammengeschossenen Männer, teils längs der Trümmer, teils unter und teils auf ihnen. Und weiter straßab krochen in gespenstiger Prozession all jene, die sich noch fortbewegen konnten. Der Oberst, der seine Kavalkade aus Mitgefühl weggeschickt hatte, mußte über die hinwegreiten, die gänzlich tot waren, sonst hätte er die noch Lebenden niedergeritten. In diese Hölle hinein verfolgte er unerschüttert seinen Weg, ritt zur Kanone und klopfte in der Verfinsterung nach dem letzten Abschuß dem Mann auf die Wange, der noch den Ansetzer hielt, aber auf der Stelle umfiel, weil er sich getroffen glaubte. Um seinen Platz einzunehmen, sprang jemand wie ein Teufel aus der siebenten Hölle aus dem Rauch hervor, hielt aber inne und starrte den berittenen Offizier mit Blicken wie aus einer andern Welt an. Seine Zähne blitzten hinter rußgeschwärzten Lippen; seine wilden, weit aufgerissenen Augen glühten wie Kohlen unter der blutigen Stirn. Der Oberst machte eine gebieterische Geste und deutete nach rückwärts. Der schwarze Teufel verbeugte sich zum Zeichen des Gehorsams. Es war Hauptmann Coulter.

Gleichzeitig mit der Geste des Obersten senkte sich Schweigen auf den ganzen Kampfplatz. Die Prozession der Geschosse strömte nicht mehr in diesen Engpaß des Todes, denn auch der Feind hatte zu feuern aufgehört. Die feindliche Armee war schon vor Stunden abgezogen, und der Kommandeur der Nachhut, der seine Position gefährlich lange gehalten hatte, weil er hoffte, er könne das Feuer der Unionstruppen zum Schweigen bringen, hatte seltsamerweise im gleichen Augenblick das Feuer eingestellt. »Ich dachte gar nicht, daß meine Befehlsgewalt so weit reicht«, bemerkte der Oberst halb zu sich und ritt an den Grat vor, um zu sehen, was wirklich ausgerichtet worden war.

Eine Stunde später biwakierte seine Brigade auf feindlichem Grund und Boden, und ein paar Herzugelaufene betrachteten mit einiger Scheu – wie die Gläubigen die Reliquien eines Heiligen anstarren – mehrere lang hingestreckte Pferdeleiber und drei zusammengeschossene und unbrauchbar gemachte Kanonen. Die Gefallenen waren weggetragen worden, ihre zerfetzten und zerschmetterten Körper hätten eine zu große Genugtuung geboten.

Der Oberst quartierte sich und seine Umgebung natürlich im Wohnhaus ein. Es war etwas beschädigt, aber es war besser als ein Lager unter freiem Himmel. Die Möbel waren herumgeschleudert worden und zerbrochen. Wände und Decken waren stellenweise weggeschossen, und überall hing ein zäher Pulvergeruch. Die Betten, die Wandschränke mit den Frauenkleidern und die Geschirrschränke waren nicht stark beschädigt. Die neuen Untermieter für eine Nacht machten es sich bequem, und daß Coulters Batterie so gut wie vernichtet war, lieferte einen interessanten Gesprächsstoff.

Während des Abendessens schob sich eine Ordonnanz der Eskorte ins Speisezimmer und bat um Erlaubnis, mit dem Oberst zu sprechen.

»Was gibt's, Barbour?« fragte der Oberst freundlich, da er die Bitte mit angehört hatte.

»Im Keller stimmt etwas nicht, Sir. Ich weiß nicht, was es ist, aber es muß jemand dort sein. Ich habe unten ein bißchen herumgestöbert...«

»Ich werde hinuntergehen und nachsehen«, sagte ein Stabsoffizier und stand auf.

»Ich auch«, sagte der Oberst. »Die andern sollen hierbleiben. Gehen Sie voraus, Barbour!«

Sie nahmen eine Kerze vom Tisch und stiegen die Kellertreppe hinunter, die Ordonnanz in sichtlicher Aufregung. Die Kerze warf nur einen schwachen Lichtschimmer, doch als sie weiter vordrangen, ließ ihr begrenzter Lichtkreis eine menschliche Gestalt sehen: sie saß mit angezogenen Knien und tief vornübergebeugtem Kopf auf dem Boden vor der schwarzen Steinmauer, an der sie jetzt entlanggingen. Das Gesicht, das sie im Profil hätten sehen sollen, war nicht zu erblicken, denn der Mann hatte sich so weit vorgebeugt, daß sein langes Haar das Gesicht verdeckte, und der viel dunklere Bart hing, so seltsam es klingen mag, in üppigem Gewirr herunter und streifte noch den Boden neben ihm. Unwillkürlich blieben sie stehen; dann nahm der Oberst die Kerze aus der Hand der Ordonnanz, näherte sich dem Mann und betrachtete ihn aufmerksam. Der lange dunkle Bart war in Wirklichkeit das Haar einer Frau, einer Toten. Mit den Armen umklammerte die Tote ein totes Kind. Und beide wurden von den Armen des Mannes umschlungen, der sie an seine Brust und an seine Lippen drückte. Im Haar der Toten klebte Blut; blutig war auch das Haar des Mannes. Ein paar Schritt weiter weg lag neben einer unregelmäßigen Vertiefung im gestampften Lehmfußboden des Kellers – dem frischen Einschlag eines konvexen Eisenstücks, dessen zackige Ränder sichtbar waren – der Fuß eines Kindes.

Der Oberst hielt die Kerze so hoch er konnte. Der Fußboden des darüberliegenden Zimmers war durchgebrochen, und überall hingen die Splitter herab.

»Diese Kasematte ist nicht bombensicher«, sagte der Oberst ernst. Er merkte gar nicht, wie gedankenlos seine Feststellung war.

Ein Weilchen standen sie schweigend vor der Gruppe; der Stabsoffizier dachte an sein unbeendetes Abendessen, die Ordonnanz überlegte, was wohl in den Fässern auf der andern Seite des Kellers sein mochte. Plötzlich hob der Mann, den sie für tot gehalten hatten, den Kopf und blickte ihnen ruhig ins Gesicht. Seine Haut war kohlschwarz; die Wangen waren scheinbar mit unregelmäßigen weißlichen Schlangenlinien tätowiert, die von den Augen abwärts liefen. Auch die Lippen waren weißlich, wie die eines Negers auf der Bühne.

Auf seiner Stirn war Blut.

Der Stabsoffizier trat einen Schritt zurück, die Ordonnanz zwei Schritte.

»Was tun Sie hier, guter Freund?« fragte der Oberst unerschrocken.

»Das Haus gehört mir, Sir«, kam die höfliche Antwort.

»Ihnen? Ach so, ich verstehe. Und die da?«

»Meine Frau und mein Kind. Ich bin Hauptmann Coulter.«

Der Gnadenstoß

Die Schlacht war heftig und erbittert gewesen, das bestätigten alle Sinne. Schlachtgeruch hing noch in der Luft. Jetzt war alles vorüber; es blieb nichts weiter zu tun, als den Verwundeten beizustehen und die Toten zu begraben – ›ein bißchen aufzuräumen‹, wie der Witzbold einer Totengräberkolonne es nannte. Es gab reichlich aufzuräumen. So weit man durch den Wald und zwischen den zersplitterten Bäumen hindurchschauen konnte, lagen Leichen von Menschen und Pferden. Zwischen ihnen bewegten sich die Krankenträger, sammelten die wenigen ein, die noch ein Lebenszeichen von sich gaben, und trugen sie fort. Die meisten Verwundeten waren an Vernachlässigung gestorben, weil das Recht, ihren Bedürfnissen abzuhelfen, umstritten war. Eine Armee-Vorschrift besagt, daß die Verwundeten warten müssen; am besten sorge man für sie, wenn man die Schlacht gewinne. Es muß zugegeben werden, daß der Sieg für einen Mann, der der Wartung bedarf, ein ausgesprochener Vorteil ist, aber nicht viele bleiben am Leben, um ihn zu nutzen.

Die Toten wurden in Gruppen von einem Dutzend oder bis zu zwanzig eingesammelt und in Reihen Seite an Seite niedergelegt, während die Gräber ausgehoben wurden, die sie aufnehmen sollten. Manche fand man an Stellen, die von den Sammelplätzen zu weit entfernt waren, und sie wurden begraben, wo sie lagen. Man bemühte sich nicht groß um Identifizierung, obwohl in den meisten Fällen die Namen der siegreichen Toten bekannt waren und in Listen aufgeführt wurden, denn die Totengräberkolonne war abkommandiert worden, auf dem gleichen Feld Nachlese zu halten, das sie abzuernten geholfen hatten. Die Gefallenen des Feindes mußten sich damit zufriedengeben, gezählt zu werden. Doch das ward ihnen reichlich zuteil: viele von ihnen wurden doppelt und dreifach gezählt, und die Gesamtsumme, die hinterher im dienstlichen Bericht des siegreichen Kommandeurs erschien, bezeichnete eher eine Hoffnung als das wahre Ergebnis.

Ein kleines Stück von der Stelle entfernt, wo die Totengräberkolonne ihr ›Leichenbiwak‹ eingerichtet hatte, stand ein Mann in der Uniform eines Unionsoffiziers an einen Baum gelehnt. Von den Füßen bis zum Hals hinauf sprach aus seiner Haltung eine Müdigkeit, die sich ausruhte; doch den Kopf wandte er unruhig von einer Seite auf die andre, denn sein Geist war offenbar noch nicht zur Ruhe gekommen. Vielleicht war er unsicher, in welcher Richtung er weitergehen sollte; es war unwahrscheinlich, daß er sich hier lange aufhalten würde, denn schon streiften die niedrigen Strahlen der untergehenden Sonne zwischen die Baumlücken hindurch, und die müden Soldaten machten Schluß mit ihrem Tagespensum. Er würde wohl kaum hier übernachten wollen – so ganz allein mit den Toten. Nach einer Schlacht erfragen mindestens neun von zehn Männern den Weg zu irgendeinem Truppenteil – als ob das jemand wüßte! Der Offizier hier hatte sich bestimmt verirrt. Nachdem er sich einen Augenblick ausgeruht hatte, würde er sich vermutlich einer der heimkehrenden Totengräberkolonnen anschließen.

Doch dann waren alle fort, und er ging geradenwegs in den Wald hinein, dem roten Abendhimmel entgegen, dessen Glanz sein Gesicht wie mit Blut übergoß. Die zuversichtliche Miene, mit der er jetzt ausschritt, bewies, daß er auf bekanntem Gelände war; er hatte sich zurechtgefunden. Die Toten rechts und links von ihm blieben unbeachtet, als er weiterging. Auch ein gelegentliches leises Stöhnen blieb unbeachtet, das irgendein schwer getroffener armer Wicht ausstieß, den die Krankenträger nicht gefunden hatten und der nun eine unbehagliche Nacht unter dem Sternenhimmel verbringen mußte, einzig seinen Durst als Gefährten. Denn was hätte der Offizier auch tun können, da er weder ein Arzt war noch Wasser bei sich hatte? Der Offizier war Hauptmann Downing Madwell von einem Massachusetts-Infanterieregiment, ein mutiger und kluger Offizier, und ein ehrenwerter Mann.

In seinem Regiment waren zwei Brüder namens Halcrow, Caffal und Creede Halcrow. Caffal Halcrow war Sergeant in Hauptmann Madwells Kompanie, und diese beiden Männer, der Sergeant und der Hauptmann, waren gute Freunde. So weit es der Rangunterschied, die Verschiedenartigkeit ihrer Pflichten und die Beachtung soldatischer Disziplin zuließen, waren die beiden meistens zusammen. Sie kannten sich nämlich von klein auf und waren zusammen aufgewachsen. Eine Herzensbindung zerreißt nicht so leicht. Caffal Halcrow fand keinerlei Geschmack am Soldatenleben, es entsprach auch nicht seiner Veranlagung, aber der Gedanke einer Trennung von seinem Freund war ihm schmerzlich, deshalb trat er in die Kompanie ein, in welcher Madwell als Leutnant stand. Jeder von ihnen war zwei Stufen im Rang aufgerückt, aber zwischen dem höchststehenden und dem rangniedrigsten Offizier ist die Kluft tief und breit, und die alte Beziehung wurde nur mit Mühe aufrechterhalten und war anders.

Creede Halcrow, der Bruder Caffals, war Major im gleichen Regiment – ein zynischer, finsterer Mann. Zwischen ihm und Hauptmann Madwell bestand eine instinktive Abneigung, die durch die Verhältnisse genährt wurde und sich zu einer greifbaren Feindseligkeit ausgewachsen hatte. Wäre nicht der dämpfende Einfluß ihrer beiderseitigen Beziehung zu Caffal gewesen, dann hätten sich die beiden Vaterlandsverteidiger bestimmt angestrengt, ihr Land der Dienste des andern zu berauben.

Am Morgen – zu Beginn der Schlacht – hatte das Regiment eine Meile von der Hauptarmee entfernt Vorpostendienst zu verrichten. Sie wurden angegriffen und beinah im Wald umzingelt, behaupteten sich aber hartnäckig. Während einer kurzen Pause im Kampf ritt Major Halcrow auf Hauptmann Madwell zu. Sie salutierten steif und förmlich, und der Major sagte: »Der Oberst wünscht, daß Sie mit Ihrer Kompanie an das obere Ende der Schlucht vorstoßen und die Stellung halten, bis Sie abberufen werden. Ich brauche Sie wohl kaum über die Gefahren des Unternehmens aufzuklären, aber wenn Sie wollen, könnte ich das Kommando vermutlich auf Ihren Oberleutnant übertragen. Ich wurde jedoch nicht ermächtigt, diesen Austausch vorzunehmen: es ist nur mein eigener, nicht dienstlicher Vorschlag!«

Auf diese tödliche Beleidigung erwiderte Hauptmann Madwell kühl: »Sir, ich lade Sie ein, das Unternehmen zu begleiten! Ein berittener Offizier wäre fraglos ein gut sichtbares Ziel, und ich bin schon lange der Ansicht, daß es besser wäre, wenn Sie tot wären!«

Auf die Kunst schlagfertiger Erwiderungen verstand man sich in militärischen Kreisen bereits im Jahre 1862.

Eine halbe Stunde später wurde Hauptmann Madwells Kompanie aus ihrer Stellung am oberen Ende der Schlucht mit einem Verlust von einem Drittel ihrer Mannschaft vertrieben. Unter den Gefallenen befand sich Sergeant Halcrow. Das Regiment wurde bald danach auf die Hauptstellung zurückgedrängt und war gegen Ende der Schlacht meilenweit weg. Jetzt stand der Hauptmann vor seinem Untergebenen und Freund.

Sergeant Halcrow war tödlich verwundet. Seine Uniform war in Unordnung geraten: sie wurde anscheinend mit Gewalt auseinandergezerrt, denn der Bauch war bloßgelegt. Ein paar Knöpfe von der Jacke waren abgesprungen und fanden sich neben ihm auf dem Boden; Fetzen anderer Kleidungsstücke lagen ringsum zerstreut. Sein ledernes Koppel war verschwunden und offenbar unter ihm weggezogen worden, während er dalag. Ein großer Bluterguß war nicht festzustellen. Die einzige sichtbare Wunde war eine breite, zackige Öffnung im Bauch. Sie war von Erde und welken Blättern beschmutzt. Bei all seiner Erfahrung hatte Hauptmann Madwell noch nie eine derartige Wunde gesehen. Er konnte sich nicht vorstellen, wie sie entstanden war, konnte sich auch nicht die Begleitumstände erklären – die so seltsam zerrissene Kleidung, das verschwundene Koppel und die Besudelung der blassen Haut. Er kniete hin, um es gründlicher zu untersuchen. Als er sich wieder erhob, ließ er seinen Blick in verschiedenen Richtungen umherschweifen, als suche er einen verborgenen Feind. Fünfzig Yards entfernt erblickte er auf der Kuppe eines niedrigen, spärlich bewachsenen Hügels mehrere dunkle Tiere, die zwischen den Gefallenen umherliefen – eine Schweineherde! Das eine Tier hatte ihm den Rücken zugekehrt, und die Schultern ragten kräftig in die Höhe. Seine Vorderfüße hatte es auf einen menschlichen Körper gestemmt; der geduckte Kopf war nicht zu sehen. Die Borsten seines Rückgrats hoben sich schwarz gegen den roten Abendhimmel ab. Hauptmann Madwell wandte den Blick ab und heftete ihn wieder auf das Ding zu seinen Füßen, das sein Freund gewesen war.

Der Mann, der die so ungeheuerliche Verstümmelung erlitten hatte, lebte noch. Von Zeit zu Zeit bewegte er die Glieder; er stöhnte mit jedem Atemzug. Er starrte ausdruckslos ins Gesicht seines Freundes, und wenn er berührt wurde, schrie er. In seiner unermeßlichen Qual hatte er die Erde, auf der er lag, aufgerissen; seine verkrampften Hände waren voller Laub und Erde und Zweigstückchen. Es war ihm nicht möglich, sich in Worten zu äußern; man konnte nicht wissen, ob er für etwas anderes als die Schmerzen empfänglich war. Der Ausdruck in seinem Gesicht war ein Flehen, und seine Augen bettelten. Um was?

Sein Gesichtsausdruck war unmißverständlich;

der Hauptmann hatte ihn zu häufig in den Augen von Männern gesehen, deren Lippen noch die Kraft gehabt hatten, eine Bitte um schnellen Tod zu formulieren. Dieser sich windende Rest Sterblichkeit, dieses Sinnbild und Zeichen glühendster Empfindung, dieses Kunstwerk aus Mann und Tier, dieser demütige und unheroische Prometheus erflehte bewußt oder unbewußt von all und jedem, von allem, was Nicht-Ich war, das Gnadengeschenk der Auslöschung. An Erde und Himmel gleichermaßen, an die Bäume, an den Mann, an alles, was in Gefühl oder Bewußtheit Form angenommen hatte, richtete das unmenschliche Leiden seine stumme Bitte.

Ja, um was? Um das, was wir selbst dem geringsten Geschöpf gewähren, das keinen Verstand hat, es zu erbitten, und was wir nur den Unseligen unsrer eigenen Rasse versagen: den Segen der Erlösung, den Ritus höchsten Erbarmens, den Gnadenstoß.

Hauptmann Madwell sprach den Namen seines Freundes aus. Er wiederholte ihn immer von neuem, ohne Wirkung, bis ihm sein Gefühl die Worte abwürgte. Seine Tränen fielen auf das leichenblasse Antlitz unterhalb seines eigenen Gesichts. Vor lauter Tränen sah er nichts weiter als ein verschwommenes, sich bewegendes Ding, doch das Stöhnen war deutlicher denn zuvor und wurde in kürzeren Abständen von heftigen Schreien unterbrochen. Er wandte sich ab, schlug sich mit der Hand an die Stirn und ging ein paar Schritte zurück. Die Schweine erblickten ihn und warfen ihre roten Rüssel auf, betrachteten ihn eine Sekunde lang mißtrauisch und rasten dann mit rauhem, einstimmigem Grunzen außer Sicht. Ein Pferd, dessen Vorderbein von einer

Granate zersplittert worden war, hob den Kopf und wieherte mitleiderregend. Madwell trat vor und zog seinen Revolver, feuerte einen Schuß zwischen die Augen des armen Tieres und beobachtete seinen Todeskampf, der wider Erwarten heftig war und lange anhielt; doch endlich lag es still. Die verzerrten Muskeln der Lippen, welche die Zähne in einem grausigen Grinsen entblößt hatten, entspannten sich; das gerade, saubere Profil nahm einen Ausdruck tiefer, friedvoller Stille an.

Auf der fernen, leicht bewaldeten Kuppe im Westen war jetzt der Saum des Sonnenuntergangsfeuers beinah heruntergebrannt. Das Licht auf den Stämmen der Bäume war zu einem zarten Grau verblaßt; in ihren Wipfeln hingen Schatten, die großen, zur Ruhe gekommenen Vögeln glichen. Die Nacht nahte, und endlose Meilen heimgesuchter Waldungen dehnten sich zwischen Hauptmann Madwell und seinem Lager. Doch er stand neben dem toten Tier und hatte anscheinend allen Sinn für seine Umgebung verloren. Die Blicke hatte er auf den Boden zu seinen Füßen geheftet, die Rechte hielt noch immer die Pistole. Auf einmal hob er das Gesicht, wandte es seinem sterbenden Freund zu und kehrte rasch an dessen Seite zurück. Er ließ sich auf ein Knie nieder, spannte den Hahn, hielt die Mündung an die Schläfe des Mannes, wandte die Augen weg und drückte ab. Der Knall blieb aus! Er hatte seine letzte Patrone für das Pferd verschossen.

Der Dulder stöhnte, und seine Lippen zuckten krampfhaft. Der Schaum, der von ihnen niederrann, ließ eine Spur Blut sehen.

Hauptmann Madwell erhob sich und zog sein

Schwert aus der Scheide. Vom Griff bis zur Spitze strich er mit den Fingern seiner linken Hand über die Schneide. Er hielt es gerade vor sich hin, wie um seine Nerven zu prüfen. Die Klinge zitterte nicht; der Strahl trüben Abendscheins wurde ruhig und verläßlich reflektiert. Er bückte sich und riß mit der linken Hand das Hemd des Sterbenden beiseite, richtete sich auf und stellte die Spitze des Schwertes genau über das Herz. Diesmal wandte er den Blick nicht ab. Er umklammerte den Griff mit beiden Händen und stieß mit aller Kraft und seinem ganzen Gewicht zu. Die Klinge drang in den Körper des Mannes ein – und durch den Körper in die Erde. Hauptmann Madwell wäre beinah auf das Werk seiner Hände gefallen. Der Sterbende zog die Knie an; gleichzeitig warf er den rechten Arm über die Brust und packte das Schwert so fest, daß die Knöchel seiner Hand sichtlich weiß wurden. Durch ein heftiges, aber vergebliches Bemühen, die Klinge herauszuziehen, wurde die Wunde vergrößert; ein Rinnsal Blut schoß hervor und schlängelte sich über die unordentliche Kleidung. Im gleichen Augenblick traten drei Männer schweigend hinter der Gruppe junger Bäumchen hervor, die ihr Näherkommen verheimlicht hatten. Zwei von ihnen waren Krankenwärter; sie trugen eine Bahre.

Der dritte war Major Creede Halcrow.

Parker Adderson, Philosoph

»Ihr Name, Gefangener?«

»Da ich ihn morgen früh bei Tagesanbruch verlieren soll, lohnt es sich kaum, ihn zu verschweigen. Parker Adderson.«

»Dienstgrad?«

»Ein ziemlich bescheidener. Offiziere sind zu wertvoll, um ihr Leben für die gefährliche Arbeit eines Spions aufs Spiel zu setzen. Ich bin Sergeant.«

»In welchem Regiment?«

»Da müssen Sie mich entschuldigen: meine Antwort könnte Sie möglicherweise auf eine Vermutung bringen, welche Truppen Ihnen gegenüberstehen. Ich bin hinter Ihre Linien vorgedrungen, um derartige Kenntnisse herauszufinden, nicht aber, um Sie von mir zu geben.«

»Sie sind nicht ohne Witz.«

»Wenn Sie Geduld haben und bis morgen warten, werden Sie mich höchst langweilig finden.«

»Woher wissen Sie, daß Sie morgen früh sterben?«

»Bei Spionen, die nachts gefangen werden, ist das so üblich. Es ist eine der nettesten Gepflogenheiten dieses Berufs.«

Der General sah von der Würde, die einem Konföderierten-Offizier von hohem Rang und Namen angemessen war, so weit ab, daß er lächelte. Doch niemand, der in seiner Gewalt war und nicht in seiner Gunst stand, hätte dieses äußerliche und sichtbare Zeichen seiner Zustimmung für ein glückliches Omen gehalten. Es war weder herzlich noch aufmunternd; es sprang nicht auf die andern Personen über, die es sahen – weder auf den gefangenen Spion, der es verursacht hatte, noch auf den bewaffneten Posten, der ihn ins Zelt gebracht hatte und jetzt abseits stand und im gelben Kerzenschimmer seinen Gefangenen beobachtete. Lächeln gehörte nicht zu den Pflichten dieses Kriegers; er war zu einem andern Zweck abkommandiert worden. Das Gespräch wurde wieder aufgenommen; es war seiner Art nach ein Verhör wegen eines Kapitalverbrechens.

»Sie geben also zu, daß Sie ein Spion sind und daß Sie, in die Uniform eines konföderierten Soldaten verkleidet – wie Sie es noch sind – in mein Lager kamen, um sich heimlich Informationen betreffs der Zahl und Verfassung meiner Truppen zu verschaffen?«

»Vor allem betreffs der Zahl; über die Verfassung Ihrer Truppen bin ich bereits im Bild: sie sind verdrossen.«

Des Generals Gesicht hellte sich abermals auf; der Posten, der eine strengere Auffassung von seiner Verantwortlichkeit hatte, blickte betont finster drein und nahm eine noch steifere Haltung an. Der Spion ließ seinen grauen Schlapphut um seinen Finger kreiseln und warf einen lässigen Blick auf seine Umgebung. Sie war äußerst einfach. Das Zelt war ein gewöhnliches Steilwandzelt, maß ungefähr acht auf zehn Fuß und wurde von einer einzigen Talgkerze erhellt, die in einer Bajonett-Tülle steckte; das Bajonett war in einen Tisch aus Kiefernholz gespießt, an dem der jetzt emsig schreibende General saß. Seinen unfreiwilligen Gast hatte er anscheinend vergessen. Ein alter Flickenteppich bedeckte den Lehmboden; ein noch älterer Lederkoffer, ein zweiter Stuhl und zusammengerollte Wolldecken waren alles, was das Zelt sonst noch enthielt. Unter General Claverings Kommando hatten sich konföderierte Einfachheit und jegliches Fehlen an Pomp und Aufwand bis zum höchsten Grad entwickelt. An einem langen Nagel, der in den Eingangspfosten geschlagen war, hingen ein Lederkoppel mit einem langen Säbel, eine Pistole im Halfter und seltsamerweise ein Hirschfänger. Diese höchst unsoldatische Waffe war, wie der General zu erklären pflegte, ein Andenken an seine friedliche Zivilistenzeit.

Es war eine stürmische Nacht. Der Regen ergoß sich in Sturzbächen und mit jenem dumpfen Trommeln, das jedem Zeltbewohner vertraut ist, auf die Zeltplache. Wenn die Böen heulend dagegen stießen, zitterte und schwankte das zerbrechliche Gebilde und zerrte an den Pflöcken und Seilen, die es festhielten.

Der General beendete sein Schreiben, faltete das halbe Blatt Papier zusammen und sagte zum Soldaten, der Adderson gebracht hatte: »Hier, Tassman, geben Sie das meinem Adjutanten, und dann kommen Sie wieder her!«

»Und der Gefangene, Sir?« fragte der Soldat salutierend und warf einen forschenden Blick auf den Unglücklichen.

»Tun Sie, was ich gesagt habe« , entgegnete der General schroff.

Der Soldat nahm das Schreiben, duckte sich und verließ das Zelt. General Clavering wandte dem Spion der Unionstruppen sein hübsches Gesicht zu, blickte ihm in die Augen und sagte nicht unfreundlich: »Eine üble Nacht, junger Mann!«

»Für mich jedenfalls!«

»Können Sie sich denken, was ich geschrieben habe?«

»Bestimmt etwas Lesenswertes! Vielleicht liegt es an meiner Eitelkeit, wenn ich zu vermuten wage, daß ich darin erwähnt wurde?«

»Ja. Es ist der Wortlaut eines Befehls, der den Truppen bei der *reveille* verlesen werden soll; er betrifft Ihre Hinrichtung. Außerdem ein paar Anweisungen für den Kommandeur der Feldgendarmerie über Einzelheiten, die bei der Sache zu beachten sind.«

»Ich hoffe, Sir, daß das Schauspiel geschickt inszeniert wird, da ich selbst zugegen sein werde?«

»Möchten Sie selbst irgendwelche Vorbereitungen treffen? Wünschen Sie den Beistand eines Feldkaplans?«

»Auch wenn ich ihm einen Teil seiner Ruhe raube, könnte ich doch schwerlich für mich eine längere herausschlagen!«

»Großer Gott, Mann! Wollen Sie tatsächlich mit lauter Witzen auf den Lippen in den Tod gehen? Wissen Sie nicht, daß der Tod eine ernste Sache ist?«

»Wie kann ich das wissen? In meinem ganzen Leben bin ich noch nicht tot gewesen. Ich habe immer gehört, daß der Tod eine ernste Sache ist, aber nie von jemandem, der es am eigenen Leibe erfahren hat.«

Der General schwieg eine Weile; der Mann interessierte ihn, ja er machte ihm vielleicht Spaß: es war ein Typ, der ihm noch nicht begegnet war.

»Der Tod«, erwiderte er, »ist zumindest ein Verlust – ein Verlust des Glücks, das wir unser eigen nennen, und der Gelegenheit zu noch mehr Glück.«

»Ein Verlust, der uns nie zu Bewußtsein kommt, kann mit Fassung ertragen und deshalb ohne Furcht erwartet werden. Sie müssen doch bemerkt haben, Sir, daß keiner von all den Toten, mit denen Sie voll soldatischer Genugtuung Ihren Pfad bestreuen, Anzeichen von Bedauern aufwies.«

»Wenn das Totsein kein bedauerlicher Zustand ist, so scheint doch das Hinübergehen in diesen Zustand – das eigentliche Sterben – ausgesprochen unangenehm für denjenigen zu sein, der sein Empfindungsvermögen noch nicht verloren hat.«

»Schmerzen sind bestimmt unangenehm. Ich ertrage sie nie ohne stärkeres oder schwächeres Unbehagen. Und wer am längsten lebt, ist ihnen am längsten ausgesetzt. Was Sie als Sterben bezeichnen, ist einfach der letzte Schmerz – ein eigentliches ›Sterben‹ gibt es nicht. Nehmen Sie zum Beispiel an, ich versuchte zu fliehen. Sie heben den Revolver, den Sie so höflich in ihrem Schoß versteckt halten, und...«

Der General errötete wie ein junges Mädchen, dann lachte er leise und zeigte seine blendend weißen Zähne, neigte den hübschen Kopf und sagte nichts. Der Spion fuhr fort: »...Sie schießen, und ich habe etwas im Leibe, was ich nicht geschluckt hatte. Ich falle, aber ich bin nicht tot. Nach einer halbstündigen Agonie bin ich tot. Doch in jedem einzelnen Moment dieser halben Stunde war ich entweder lebendig oder tot. Ein Zwischenstadium gibt es nicht. Wenn ich morgen früh gehängt werde, wird es ebenso sein: solange ich bei Bewußtsein bin, lebe ich; wenn ich tot bin, habe ich kein Bewußtsein mehr. Die Natur scheint es ganz in meinem Interesse geregelt zu haben – genau wie ich es selbst geregelt hätte. Es ist so einfach«, schloß er lächelnd, »daß es sich kaum lohnt, gehängt zu werden.«

Auf den Schluß seiner Erklärung folgte eine lange Pause. Der General saß tatenlos da und blickte dem Mann ins Gesicht, jedoch anscheinend ohne zu beachten, was gesagt worden war. Es schien, als hielten seine Augen Wache über den Gefangenen, während sich sein Geist mit andern Dingen befaßte. Kurz darauf atmete er lang und tief und schauderte zusammen – wie jemand, der aus einem furchtbaren Traum erwacht, und rief: »Der Tod ist etwas Grauenhafes!« Es kam fast unhörbar von ihm, dem Mann des Todes.

»Er war grauenhaft für unsere barbarischen Vorfahren«, sagte der Spion ernst, »weil Sie nicht genug Intelligenz besaßen, das Wissen um den Tod von seinen physischen Manifestationen zu trennen – wie es etwa auf einer noch niedrigeren Intelligenzstufe, der Affen zum Beispiel, unmöglich sein mag, sich ein Haus ohne Bewohner vorzustellen, so daß sie beim Anblick einer zerfallenen Hütte einen leidenden Bewohner zu sehen glauben. Uns ist der Tod grauenhaft, weil wir diese Denkweise geerbt haben und diese Vorstellung durch wilde und phantastische Theorien von einer andern Welt erhärten – wie ja auch Ortsnamen oft Legenden entstehen lassen, die sie erklären, und wie ein unvernünftiges Verhalten zu Weltanschauungen führt, die es rechtfertigen. Sie können mich hängen, Sir, doch damit endet Ihre Macht des Bösen. Zum Himmel können Sie mich nicht verurteilen.«

Der General schien es nicht gehört zu haben. Das Gerede des Spions hatte seinen Gedanken nur eine ungewohnte Richtung gegeben, dort aber folgten sie ihrem eigenen Willen und kamen zu eigenen Schlüssen. Der Sturm hatte nachgelassen, und etwas vom feierlichen Ernst der Nacht hatte sich seinen Überlegungen mitgeteilt und ihnen den düsteren Anflug einer übernatürlichen Furcht verliehen. Vielleicht spielte eine Vorahnung mit hinein. »Ich möchte nicht gern sterben«, sagte er, »nicht heute nacht.« Er wurde – falls er überhaupt hatte weitersprechen wollen – durch den Eintritt eines Stabsoffiziers unterbrochen. Es war Hauptmann Hasterlick, der Kommandeur der Feldgendarmerie. Das brachte ihn wieder zu sich; der geistesabwesende Zug verschwand aus seinem Gesicht.

»Hauptmann«, sagte er und nickte dem salutierenden Offizier zu, »der Mann da ist ein Yankee-Spion. Er wurde innerhalb unserer Front gefangengenommen, als er belastende Aufzeichnungen auf sich trug. Er hat gestanden. Wie ist das Wetter?«

»Der Sturm hat sich verzogen, Sir, und der Mond scheint.«

»Gut! Nehmen Sie ein paar Schützen, führen Sie ihn sofort auf den Appellplatz und lassen Sie ihn erschießen!«

Ein lauter Schrei entrang sich den Lippen des Spions. Er schoß mit ausgestrecktem Hals vor und ballte die Fäuste: »Großer Gott!« schrie er heiser und fast unverständlich. »Das können Sie nicht im Ernst meinen? Vergessen Sie denn – daß ich erst morgen früh sterben soll?«

»Von morgen früh habe ich nichts gesagt«, erwiderte der General kalt. »Das war eine Annahme Ihrerseits. Sie sterben jetzt!«

»Aber ich bitte Sie – ich flehe Sie an – erinnern Sie sich doch: ich soll gehenkt werden. Es erfordert Zeit, den Galgen aufzurichten – zwei Stunden – eine Stunde! Spione werden gehenkt – das steht mir nach dem Kriegsrecht zu! Um Himmelswillen, Sir, bedenken Sie, wie kurz...«

»Führen Sie meinen Befehl aus, Hauptmann!«

Der Offizier zog seinen Säbel, heftete den Blick auf den Gefangenen und deutete stumm auf die Zeltklappe. Der Gefangene zauderte. Der Offizier packte ihn beim Kragen und schob ihn sanft weiter. Als der Verzweifelte in die Nähe des Pfostens kam, sprang er darauf zu, ergriff mit katzenartiger Behendigkeit den Hirschfänger, riß das Messer aus der Scheide und stieß den Hauptmann beiseite; mit der Wut eines Wahnsinnigen stürzte er sich auf den General, schleuderte ihn zu Boden und warf sich in voller Länge auf ihn. Der Tisch kippte um, die Kerze erlosch, und sie kämpften blindlings im Dunkeln. Der Hauptmann sprang seinem Vorgesetzten zu Hilfe und flog dabei selbst auf die Kämpfenden. Aus dem Durcheinander von Gliedern und Leibern drangen Flüche und unverständliche Wut- und Schmerzensschreie; das Zelt knickte über ihnen zusammen, und unter den hinderlichen und einhüllenden Zeltbahnen ging der Kampf weiter. Als der Gemeine Tassman von seinem Auftrag zurückkehrte und die Situation dumpf erfaßte, warf er sein Gewehr hin, packte auf gut Glück einen Zipfel der zappelnden Zeltbahn und versuchte vergebens, sie von den darunterliegenden Männern wegzuziehen. Die Wache, die davor auf und ab ging, wagte aber nicht, den Posten zu verlassen, selbst wenn der Himmel einfiele, und feuerte ihr Gewehr ab.

Der Schuß alarmierte das Lager. Die Trommelwirbel riefen zum Appell und die Hornsignale zum Besammeln: sie holten Scharen halb bekleideter Männer in den Mondschein hinaus. Im Laufen kleideten sie sich fertig an und nahmen unter den scharfen Kommandos ihrer Offiziere Aufstellung. Das war gut, denn angetretene Mannschaften hat man unter Kontrolle: sie standen Gewehr bei Fuß, während der Stab des Generals und seine Eskorte Ordnung in die Verwirrung brachten, das zusammengestürzte Zelt hochhoben und die atemlosen, blutenden Akteure des seltsamen Streits voneinander trennten.

Buchstäblich atemlos war einer von ihnen: der Hauptmann war tot. Der Griff des Hirschfängers ragte aus seiner Kehle und war unter dem Kinn so hintenübergedrückt, daß sich das Ende unter dem Kiefer verklemmt hatte. Der Hand, die den Stoß geführt hatte, war es nicht mehr gelungen, die Waffe herauszuziehen. Die Hand des Toten umklammerte seinen Säbel mit so festem Griff, daß keine Kraft der Lebenden ihn lösen konnte. Die Klinge war bis zum Heft hinauf rot.

Als man den General auf die Füße stellte, sank er stöhnend wieder zu Boden und wurde ohnmächtig. Außer ein paar Quetschungen hatte er auch Säbelwunden davongetragen – einen Stich in den Oberschenkel – der andre hatte die Schulter durchbohrt.

Der Spion hatte am wenigsten Schaden genommen. Abgesehen von einem gebrochenen Arm hatte er nur Verwundungen, wie man sie auch bei einem gewöhnlichen Zweikampf mit naturgegebenen Waffen davonträgt. Doch er war verstört und schien kaum zu begreifen, was sich abgespielt hatte. Er schreckte vor jedem zurück, der sich um ihn bemühen wollte, kauerte auf dem Boden und stieß unverständliche Vorwürfe aus. Sein Gesicht, das von Hieben geschwollen und von Blutspritzern gerötet war, glomm trotzdem weiß unter dem zerzausten Haar hervor – weiß wie das einer Leiche.

»Der Mann ist nicht verrückt«, sagte der Militärarzt, der die Verbände vorbereitete und dabei auf eine Frage antwortete. »Er ist vor Angst außer sich. Wer und was ist er überhaupt?«

Der Gemeine Tassman fing an, alles zu erklären. Es war der große Augenblick seines Lebens; er ließ nichts aus, das irgendwie die Wichtigkeit seiner eigenen Person im Zusammenhang mit den nächtlichen Ereignissen hervorheben konnte. Als er seinen Bericht beendet hatte und noch einmal von vorn beginnen wollte, schenkte ihm niemand Beachtung.

Der General hatte jetzt das Bewußtsein zurückerlangt. Er richtete sich auf die Ellbogen auf und blickte sich um; als er den unter Bewachung neben einem Campfeuer kauernden Spion sah, sagte er kurz: »Führt den Mann auf den Appellplatz und erschießt ihn!«

»Der General phantasiert«, sagte ein in der Nähe stehender Offizier.

»Aber nein, er phantasiert *nicht,*« widersprach der Adjutant. »Ich habe einen schriftlichen Befehl von ihm erhalten; den gleichen Befehl hat er Hasterlick erteilt« – er deutete mit der Hand auf den toten Offizier –, »und bei Gott, er soll ausgeführt werden!«

Zehn Minuten drauf wurde der im Mondschein kniende Sergeant Parker Adderson von der Unionsarmee, ein Philosoph und Witzbold, der stotternd um sein Leben bettelte, von zwanzig Mann erschossen. Als die Salve in der scharfen Mitternachtsluft verhallte, öffnete General Clavering, der bleich und still im roten Schein des Lagerfeuers lag, seine großen blauen Augen, blickte liebenswürdig auf die Umstehenden und sagte: »Wie still alles ist!«

Der Wundarzt warf dem Adjutanten einen ernsten, bedeutungsvollen Blick zu. Die Augen des Patienten schlossen sich langsam, und so lag er ein paar Sekunden da; dann breitete sich ein Lächeln von unsäglicher Milde über sein Gesicht, und er sagte leise: »Das muß wohl der Tod sein.«

Und so verschied er.

Ein Vorposten-Gefecht

1. Betrifft den Wunsch, lieber tot zu sein

Zwei Männer saßen in ein Gespräch vertieft. Der eine war der Gouverneur des Staates. Man schrieb das Jahr 1861. Der Krieg war im Gange, und der Gouverneur hatte sich bereits einen Namen gemacht, weil er alle Machtmittel und Hilfsquellen des Staates mit Klugheit und Eifer in den Dienst der Union stellte.

»Was? Sie auch?« rief der Gouverneur offensichtlich überrascht. »Sie wollen auch zum Militär? Dann muß das Pfeifen und Trommeln wahrhaftig eine tiefgreifende Änderung Ihrer Ansichten bewirkt haben. In meiner Eigenschaft als Aushebungsbeamter sollte ich vermutlich nicht wählerisch sein, aber...« Seine Stimme klang etwas ironisch: »Haben Sie vergessen, daß Sie den Fahneneid schwören müssen?«

»Ich habe weder meine Ansichten noch meine Sympathien geändert«, erwiderte sein Gegenüber ruhig. »Während meine Sympathien, wie Sie sich liebenswürdigerweise erinnern, dem Süden gehören, habe ich nie bezweifelt, daß der Norden im Recht ist. Den Tatsachen und dem Gefühl nach bin ich Südstaatler, aber in wichtigen Belangen ist es meine Gewohnheit, mich in meinem Tun vom Verstand und nicht vom Gefühl leiten zu lassen.«

Der Gouverneur pochte nachdenklich mit einem Bleistift auf seinen Schreibtisch; er antwortete nicht umgehend. Nach einer Weile sagte er: »Ich habe gehört, daß es in der Welt alle möglichen Menschen gibt, deshalb vermute ich, daß auch solche wie die von Ihnen erwähnten existieren: sicher glauben Sie, zu denen zu gehören. Ich kenne Sie nun schon lange, aber – verzeihen Sie mir bitte – ich glaube es nicht.«

»Soll das heißen, daß mein Gesuch abgewiesen wird?«

»Ja – falls Sie meine Überzeugung nicht widerlegen können, daß Ihre Sympathien für die Südstaaten Sie bis zu einem gewissen Grade ungeeignet machen. Ich zweifle nicht an Ihrem guten Glauben, und ich weiß, daß Sie dank Ihrer Intelligenz und Ihrer besonderen Ausbildung hervorragend für die Aufgaben eines Offiziers geeignet sind. Wie Sie sagten, sind Sie aufgrund Ihrer Ansichten der Sache der Union ergeben. Doch ich ziehe einen Mann vor, der mit seinem Herzen dabei ist. Wenn Männer kämpfen, setzen sie sich mit dem Herzen ein.«

»Verzeihung, Sir«, sagte der jüngere Mann mit einem Lächeln, das eher Wissen als Wärme ausstrahlte: »Ich habe noch etwas anzubieten: eine Qualifikation, von der ich gehofft hatte, ich müsse sie nicht erwähnen. Ein großer Militärexperte hat eine einfache Richtlinie aufgestellt, wie man ein guter Soldat sein kann: ›Bemühe dich stets, dein Leben hinzugeben!‹ Mit diesem Ziel wünsche ich ins Heer einzutreten. Ich bin vielleicht kein besonderer Patriot, aber ich wäre gerne tot.«

Der Gouverneur blickte ihn ziemlich scharf und dann ein wenig kühl an. »Da gibt es eine einfachere und ehrlichere Methode«, sagte er.

»In meiner Familie ist so etwas nicht der Brauch, Sir – kein Armisted hat je dergleichen getan.«

Eine lange Pause folgte, und die beiden Männer sahen einander nicht an. Plötzlich hob der Gouverneur den Blick von seinem Bleistift, mit dem er wieder zu pochen begonnen hatte, und fragte: »Wer ist sie?«

»Meine Frau.«

Der Gouverneur warf den Bleistift in den Schreibtisch, stand auf und ging zwei-, dreimal durchs Zimmer. Dann wandte er sich an Armisted, der ebenfalls aufgestanden war, blickte ihn noch kühler an und fragte: »Aber der Mann – wäre es nicht besser, daß er – könnte das Land nicht leichter ihn erübrigen, als daß es auf Sie verzichtet? Oder sind die Armisteds gegen den Ehrenkodex?«

Offenbar konnten die Armisteds Beleidigungen nicht gut vertragen: das Gesicht des jüngeren Mannes wurde rot und dann bleich, doch er beherrschte sich, um seine Absicht zu erreichen.

»Der Name des Mannes ist mir nicht bekannt«, sagte er ziemlich ruhig. »Dann bitte ich um Verzeihung«, entgegnete der Gouverneur und zeigte dabei noch weniger sichtliches Bedauern, als es diese Worte im allgemeinen ausdrücken. Nach kurzem Nachdenken fuhr er fort: »Morgen schicke ich Ihnen ein Hauptmannspatent für das zehnte Infanterieregiment, das jetzt in Nashville in Tennessee liegt. Guten Abend!«

»Guten Abend, Sir! Besten Dank!«

Als der Gouverneur allein war, blieb er eine Weile unbeweglich stehen und lehnte sich gegen seinen Schreibtisch. Dann zuckte er mit der Schulter, als müsse er eine Last abschütteln. »Das ist eine üble Geschichte«, sagte er.

Er setzte sich an seinen Lesetisch vor dem Kamin, nahm das zunächstliegende Buch in die Hand und schlug es gedankenverloren auf. Sein Blick fiel auf folgenden Satz: »Wenn Gott eine untreue Frau in die Zwangslage versetzte, über ihren Mann Lügen zu verbreiten, um ihre Sünden zu rechtfertigen, verlieh Er in Seiner Güte den Männern die Dummheit, ihr zu glauben.«

Er sah sich den Titel des Buches an; er lautete: *Ein Dummkopf von Gottes Gnaden.*

Er schleuderte das Buch ins Feuer.

2. Wie man sagt, was des Hörens wert ist

Der am zweiten Kampftag bei Pittsburg besiegte Feind hatte sich widerstrebend auf seine Ausgangsstellung bei Corinth zurückgezogen. Wegen offenkundiger Unfähigkeit war Grant, dessen geschlagene Armee dank Buells militärischer Rührigkeit und Geschicklichkeit vor der Vernichtung und Gefangennahme bewahrt geblieben war, seines Kommandos enthoben worden, das aber trotzdem nicht auf Buell, sondern auf Halleck übertragen wurde, einen trägen, unentschlossenen Theoretiker, der seine Fähigkeiten noch nicht unter Beweis gestellt hatte. Durch ein dreißig Meilen breites Wald- und Sumpfgebiet rückten seine Truppen – die immer wieder in Gefechtsformation ausschwärmten, um den Plagegeistern feindlicher Vorposten Widerstand zu leisten, und die sich immer wieder gegen Kolonnen eingruben, die niemals kamen – gegen einen Feind vor, der es darauf absah, bei der leisesten Annäherung wie ein Gespenst beim ersten Hahnenschrei zu verschwinden. Es war ein Feldzug, der aus Ausfällen und blindem Alarm, aus Erkundungsvorstößen und Rückzügen, aus Meinungsverschiedenheiten und Gegenbefehlen bestand. Wochenlang fesselte diese hochwichtige Farce die allgemeine Aufmerksamkeit und lockte vornehme Zivilisten vom Schauplatz ihres politischen Ehrgeizes, um zu besichtigen, was sie ungestraft von den Schrecknissen des Krieges sehen konnten. Unter ihnen befand sich auch unser Freund, der Gouverneur. Im Hauptquartier der Armee und in den Camps der Truppen aus seinem Staat war er eine bekannte Figur, und stets war er in Begleitung von mehreren protzig berittenen, makellos gekleideten und heroisch zylinderbehüteten Angehörigen seines persönlichen Stabes. Wie aus einer verzauberten Welt kamen sie und erinnerten an friedliche Länder jenseits eines Meeres von Kampf und Streit. Wenn sie vorüberritten, blickte manch ein schmutzverkrusteter Soldat aus dem Graben auf, stützte sich auf seinen Spaten und schickte ihnen hörbare Flüche nach, um anzudeuten, was er von ihrem unpassenden Prunk im Vergleich zu seinem rauhen Soldatenhandwerk hielt.

»Ich glaube, Sir«, sagte General Masterson eines Tages zum Gouverneur, nahm eine zwanglose Haltung an und warf – seine Lieblingsstellung – ein Bein quer über den Sattelknopf, »an Ihrer Stelle würde ich in dieser Richtung nicht weiterreiten! Vor uns haben wir nichts als eine Vorpostenkette liegen. Das ist, glaube ich, auch der Grund, weshalb mir befohlen wurde, hier die Belagerungsgeschütze aufzufahren: wenn unsere Plänkler vertrieben werden, wird der Feind vor Enttäuschung sterben, weil er die Geschütze nicht wegschleppen kann – sie sind ein bißchen schwer!«

Es besteht aller Grund zu der Befürchtung, daß diese derbe Art von Soldatenhumor nicht wie sanfter Himmelstau auf die Stelle unter dem seidenen Zivilistenhut niederrieselte. Doch die Würde des Gouverneurs ließ es nicht zu, davon Kenntnis zu nehmen.

»Wie ich hörte«, sagte er ernst, »liegen dort vorne einige meiner Landsleute, eine Kompanie vom zehnten Regiment, befehligt von Hauptmann Armisted. Ich würde ihn gern begrüßen, wenn Sie nichts dagegen haben.«

»Er ist es wert, begrüßt zu werden! Aber weiter vorn kommt ein ›übles Stück Dschungel‹, und ich würde empfehlen, Ihr Pferd und (mit einem Blick auf das Gefolge des Gouverneurs) andere Behinderungen hierzulassen.«

Der Gouverneur drang allein und zu Fuß vor. Nach einer halben Stunde hatte er sich durch verfitztes Unterholz gearbeitet, das den morastigen Boden überzog, und betrat festeres, offenes Gelände. Hier stieß er auf eine halbe Kompanie Infanterie, die hinter einer Reihe von zusammengesetzten Gewehrpyramiden lagerte. Die Männer hatten ihre gesamte Ausrüstung umgeschnallt: Koppel und Patronentaschen, Brotbeutel und Feldflaschen. Manche lagen, fest schlafend, in voller Länge auf dem dürren Laub; andere schwatzten in kleinen Gruppen über dies und das; ein paar spielten Karten; keiner war weit von den zusammengesetzten Gewehren entfernt. Für das Auge des Zivilisten war es ein Bild voller Sorglosigkeit, Planlosigkeit und Gleichgültigkeit; einem Soldaten aber wären Erwartung und Alarmbereitschaft aufgefallen.

Ein wenig abseits saß ein Offizier, bewaffnet und

im Drillichanzug, auf einem umgefallenen Baumstamm; er bemerkte den sich nähernden Besucher, auf den jetzt ein Sergeant zutrat, der sich aus einer der Gruppen erhoben hatte.

»Ich möchte Hauptmann Armisted sprechen«, sagte der Gouverneur.

Der Soldat musterte ihn scharf, sagte nichts und zeigte auf den Offizier; er nahm ein Gewehr aus einer Pyramide und begleitete den Gouverneur. »Der Mann wünscht Sie zu sprechen, Sir«, sagte der Sergeant und salutierte. Der Offizier stand auf.

Nur ein scharfes Auge hätte ihn erkennen können. Sein noch vor wenigen Monaten braunes Haar zeigte weiße Strähnen; das von der Witterung gebräunte Gesicht wies Furchen auf, wie sie eigentlich das Alter mit sich bringt. Eine lange, fahle Narbe quer auf der Stirn rührte von einem Säbelhieb her; die eine Wange war von einer Schußverletzung verzerrt und verzogen. Nur eine treue Unionistin hätte den Mann anziehend gefunden.

»Armisted – Hauptmann Armisted«, sagte der Gouverneur und streckte seine Hand aus, »kennen Sie mich nicht mehr?«

»Ich kenne Sie, Sir, und grüße Sie – als den Gouverneur meines Staates!« Er hob die rechte Hand auf Augenhöhe und ließ sie sinken. Im Kodex militärischer Etikette ist so etwas wie ein Händedruck nicht vorgesehen. Der Zivilist zog seine Hand zurück. Wenn er überrascht oder verärgert war, verriet sein Gesicht jedenfalls nichts davon.

»Es ist die Hand, die Ihr Offizierspatent unterzeichnet hat«, sagte er.

»Und es ist die Hand…«

Der Satz wurde nicht beendet. Von der Front her kam ein scharfer Schuß, dann noch einer und noch einer. Eine Kugel pfiff durch den Wald und schlug in einen nahen Baum. Die Soldaten sprangen vom Boden auf und waren schon hinter der Reihe ihrer Gewehrpyramiden angetreten, noch ehe die helle, klare Stimme des Hauptmanns das Kommando »Achtung!« beendet hatte. Wieder, und jetzt durch den Lärm knatternden Gewehrfeuers drang die kräftige, zielbewußt intonierende Kommandostimme: »Gewehr – auf!«, worauf das Rasseln der aufgeklappten Bajonette folgte.

Die Kugeln des unsichtbaren Feindes kamen nun in rascher, dichter Folge, obwohl meistens ohne Durchschlagskraft und mit jenem heiseren Ton, der darauf schließen ließ, daß sie durch Zweige behindert und auf ihrer Flugbahn abgelenkt wurden. Zwei oder drei Mann der Schützenreihe waren schon getroffen und umgesunken. Ein paar Verwundete aus der vordersten Plänklerkette kamen schwerfällig aus dem Dickicht gehinkt; die meisten blieben nicht stehen, sondern setzten mit bleichem Gesicht und zusammengebissenen Zähnen ihren Weg zu den rückwärtigen Stellungen fort.

Plötzlich ertönte weiter vorn ein tiefer, kreischender Schuß, auf den das erschreckende Sausen einer Granate folgte, die, über die Köpfe hinwegfliegend, am Rande eines Dickichts explodierte und das welke Laub in Brand steckte. Das Getöse wurde übertönt durch mehrere langsam und monoton ausgestoßene Kommandos des Hauptmanns, die ohne besondere Wichtigkeit und Betonung wie die Rufe eines Vogels hoch in den Lüften melodisch und geruhsam wie ein Abendlied unter dem Erntemond über allem zu schweben schienen. Die unerfahrenen Soldaten, die kaum ein Jahr Ausbildung hinter sich hatten, waren mit den beruhigenden Klängen in Augenblicken unmittelbarer Gefahr bereits vertraut, überließen sich ihrer Faszination und befolgten die Anweisungen mit der Ruhe und Genauigkeit von Veteranen. Sogar der vornehme Zivilist, der hinter seinem Baum zwischen Stolz und Entsetzen schwankte, war für den Zauber und die Überzeugungskraft der Stimme empfänglich. Er fühlte sich in seiner Standhaftigkeit bestärkt und riß erst aus, als die Plänkler auf den Befehl hin, sich bei den Reservetruppen zu versammeln, wie gehetzte Hasen aus dem Wald hervorbrachen und sich, keuchend und dankbar für die Atempause, links von der strammen kleinen Schützenlinie formierten.

3. Vom Kampf eines Mannes, der nicht mit dem Herzen dabei war

Auf seinem Rückzug kämpfte sich der Gouverneur, den fliehenden Verwundeten folgend, tapfer über das ›üble Stück Dschungel‹ zur rückwärtigen Stellung durch. Er war völlig außer Atem und ein wenig verwirrt. Bis auf einen vereinzelten Gewehrschuß war hinter ihm kein Kampfgetöse zu hören; der Gegner sammelte sich zu einem neuen Vorstoß gegen einen Feind, über dessen Stärke und Taktik er im Zweifel war. Der Flüchtende hatte das Gefühl, daß er wahrscheinlich seinem Lande erhalten bliebe, und konnte das Walten der Vorsehung deshalb nur billigen; doch als er auf etwas offenem Gelände über einen schmalen Graben sprang, unterlief dem Walten der Vorsehung ein kleines Mißgeschick, und er verstauchte sich den Fuß. Er war nicht imstande, seine Flucht fortzusetzen, und nach mehreren vergeblichen Bemühungen, die ihm unerträgliche Schmerzen verursachten, setzte er sich auf die Erde, um seine nicht gerade heldenmäßige Invalidität zu hätscheln und die militärische Situation zu mißbilligen.

Eine lebhafte Fronttätigkeit setzte wieder ein, und verirrte Kugeln flitzten und sangen an ihm vorbei. Dann prasselten zwei saubere, unmißverständliche Salven los, auf die ein anhaltendes Knattern folgte; dazwischen hörte er die Schreie und die Hurrarufe der Kämpfenden, übertönt vom Krachen der Geschütze. Das alles verriet ihm, daß Armisteds kleines Kommando in bitterer Bedrängnis war und im Nahkampf stand. Die Verwundeten, die er überholt hatte, begannen auf beiden Seiten an ihm vorbeizuströmen; ihre Zahl hatte sich durch neuen Aderlaß an der Front sichtlich vermehrt. Einzeln und zu zweien und dreien, manchmal gefährlicher verwundete Kameraden stützend, aber sein Flehen um Hilfe nicht beachtend, drangen sie durchs Unterholz und verschwanden. Das Gewehrfeuer wurde zunehmend lauter und deutlicher, und bald folgten auf die verwundeten Flüchtlinge Männer mit festerem Schritt, die sich gelegentlich umdrehten und ihr Gewehr abfeuerten, um dann ihren Rückzug verbissen fortzusetzen und im Gehen neu zu laden. Zwei oder drei sah er fallen und unbeweglich liegenbleiben. Einer von ihnen hatte noch soviel Kraft, um einen kläglichen Versuch zu unternehmen und sich in Deckung zu schleppen. Ein vorübergehender Kamerad machte neben ihm halt, um zu schießen, schätzte mit einem einzigen Blick die Schwere der Verwundung des armen Teufels ab und ging widerstrebend weiter, wobei er eine neue Patrone in seine Waffe schob.

Das alles war nicht der Krieg, der Glanz und Ruhm verhieß. Selbst in seiner Bedrängnis und Gefahr mußte der hilflose Zivilist unwillkürlich einen Vergleich mit den prachtvollen Paraden und Truppenbesichtigungen anstellen, die ihm zu Ehren abgehalten worden waren – mit prunkenden Uniformen und Musik, mit Fahnen und Paradeschritt. Nein, das hier war häßlich und ekelerregend, und alles, was künstlerisch war in seinem Wesen, empörte sich dagegen und fand es brutal und geschmacklos. »Puh«, stöhnte er schaudernd, »es ist widerlich! Wo bleibt da die Poesie? Wo die hehren Gefühle, die Hingabe, das Heldentum, die…«

Von einem Punkt in der Nähe, aus der Richtung des nachdrängenden Feindes, erklangen die klaren, zuversichtlich intonierenden Befehle Hauptmann Armisteds.

»Ru-he, Leute! Ru-he! Halt! Gebt Feu-er!«

Im allgemeinen Aufruhr war das Knattern von weniger als zwanzig Gewehren gut zu unterscheiden, und dann wieder die durchdringende Falsettstimme: »En-de Feu-er! Kehrt – um … marsch!«

In wenigen Augenblicken waren die restlichen Soldaten langsam am Gouverneur vorbeigezogen, alle – in der Richtung des Rückzugs gesehen – zu seiner Rechten und in Abständen von einem halben Dutzend Schritten auseinandergefächert. Auf der äußersten Linken, und ein paar Schritt hinter ihm, kam der Hauptmann. Der Zivilist rief ihn laut bei seinem Namen, aber er hörte nicht. Jetzt brach eine Schar grau-uniformierter Verfolger aus der Deckung hervor und hielt direkt auf die Stelle zu, wo der Gouverneur lag. Eine Eigenart in der Bodenbeschaffenheit war die Ursache, daß sie alle diesem Punkt zustrebten, und ihre Reihe hatte sich zusammengeballt. In einem letzten Ringen um Leben und Freiheit versuchte der Gouverneur aufzustehen, und als der Hauptmann sich umblickte, gewahrte er ihn. Sofort intonierte er mit der gleichen langsamen Präzision wie zuvor seine Kommandos: »Al-le Plänk-ler halt!« Die Männer blieben stehen und machten vorschriftsmäßig Front zum Feind.

»Auf-schließen – rechts!« Und sie kamen angelaufen, pflanzten das Seitengewehr auf und richteten sich locker nach dem Mann am Ende der Reihe aus.

»Vor-wärts marsch! Rettet euern Gouverneur! Lauf-schritt, marschmarsch!«

Nur ein Mann befolgte den erstaunlichen Befehl *nicht:* er war tot. Unter Hurrarufen sprangen sie die zwanzig oder dreißig Schritte vor, die zwischen ihnen und ihrem Ziel lagen. Da der Hauptmann eine kürzere Entfernung zurückzulegen hatte, kam er als erster an – gleichzeitig mit dem Feind! Ein halbes Dutzend hastige Schüsse wurden auf ihn abgefeuert, und der vorderste Mann, ein Kerl von riesiger Statur, barhäuptig und mit nacktem Oberkörper, holte mit dem Gewehrkolben zu einem tückischen Schlag gegen Armisteds Kopf aus. Der Hauptmann parierte den Hieb auf Kosten eines gebrochenen Arms und stieß dem Riesen seinen Säbel bis zum Heft in die Brust. Während der Mann hinfiel, wurde dem

Hauptmann die Waffe aus der Hand gerissen, und ehe er seinen Revolver aus dem Koppel ziehen konnte, sprang ein andrer Mann wie ein Tiger auf ihn zu, umklammerte mit beiden Händen seine Kehle und warf ihn rücklings auf den am Boden liegenden Gouverneur, der noch immer aufzustehen versuchte. Ein Sergeant der Unionstruppen spießte den Angreifer auf sein Bajonett und befreite den Hauptmann von dem tödlichen Zugriff, indem er die Fäuste des Mannes mit Fußtritten traktierte. Als der Hauptmann sich aufrichtete, befand er sich hinter seinen Leuten, die über ihn hinweg und um ihn herum vordrangen und wütend auf die zahlenmäßig überlegenen, aber dicht geballten Gegner einstachen. Auf beiden Seiten waren fast alle Gewehre ohne Munition, und im Gedränge war weder Zeit noch Platz, um nachzuladen. Die Konföderierten waren im Nachteil, weil die meisten von ihnen keine Bajonette hatten; aber sie schlugen mit den Kolben drein, und ein Gewehrkolben ist eine furchtbare Waffe. Das Kampfgetöse ähnelte daher dem von sich bekämpfenden Bullen, deren Hörner ineinander verzahnt sind: immer wieder hörte man das Krachen eines zerschmetterten Schädels oder einen Fluch und ein Ächzen, wenn die Mündung eines Gewehrs gegen den Bauch stieß, den ein Bajonett durchbohrt hatte. Als einer seiner Leute fiel, konnte Hauptmann Armisted durch die so entstandene Lücke springen: sein linker Arm baumelte herab, mit der Rechten feuerte er seinen aufgeladenen Revolver hintereinander und mit furchtbarer Wirkung mitten in das graue Gedränge hinein, doch über die Leiber der Gefallenen wurden die Überlebenden der vordersten Linie von ihren nachdrängenden Kameraden vorwärtsgestoßen, bis sie sich den unermüdlichen Bajonetten gegenübersahen. Aber sie sahen sich nicht mehr gar so vielen Bajonetten gegenüber: alles in allem nur einem kläglichen halben Dutzend. Noch ein paar Minuten dieses Gemetzels, ein kurzer Ringkampf, und alles würde vorbeisein.

Plötzlich hörte man rechts und links lebhaftes Schießen: eine neue Plänklerreihe der Unionisten stürmte im Laufschritt vorwärts und trieb jene Gruppe der Konföderierten vor sich her, die abgetrennt worden waren, weil sie das Vorrücken des Zentrums aufgehalten hatten. Und hinter den frischen, lärmenden Kämpfern konnte man in einer Entfernung von zwei- bis dreihundert Yards zwischen den Bäumen undeutlich eine geordnete Schlachtreihe ausmachen!

Ehe sich die ›Grauen‹ zurückzogen, machten sie instinktiv einen wütenden Angriff auf die Handvoll Gegner und rannten sie durch den bloßen Aufprall über den Haufen. Da sie im Gedränge nicht von der Waffe Gebrauch machen konnten, zertrampelten sie die paar Feinde, zerstampften ihnen Leiber und Gliedmaßen, Hals und Gesicht, und kehrten dann mit blutigen Füßen über ihre eigenen Toten zurück, um sich dem fluchtartigen Rückzug der andern anzuschließen. Damit war der Zwischenfall beendet.

4. Die Großen ehren die Großen

Der Gouverneur, der bewußtlos gewesen war, schlug die Augen auf, blickte sich um und erinnerte sich allmählich wieder an die Ereignisse des Tages.

Ein Mann in Majorsuniform kniete neben ihm, es war ein Stabsarzt. Die Zivilisten aus dem Stab des Gouverneurs standen in kleinen Gruppen herum; ihre Gesichter drückten begreifliche Sorge hinsichtlich ihrer Ämter aus. Ein wenig abseits wandte sich General Masterson an einen andern Offizier und gestikulierte mit seiner Zigarre. »Es war die schönste Schlacht, die jemals geschlagen wurde, weiß Gott, Sir, es war großartig!« sagte er.

Von der Schönheit und Größe des Kampfes zeugte eine ordentlich ausgerichtete Reihe von Toten sowie eine Reihe von Verwundeten, die weniger ordentlich, unruhig und halb nackt, aber schmuck bandagiert dalagen.

»Wie fühlen Sie sich, Sir?« fragte der Arzt. »Ich kann keine Wunde finden!«

»Ich glaube nicht, daß mir etwas fehlt«, antwortete der Patient und setzte sich auf. »Es ist nur der dumme Knöchel!«

Der Stabsarzt widmete seine ganze Aufmerksamkeit dem Knöchel und schnitt den Stiefel auf. Aller Augen folgten dem Messer.

Als das Bein von der Stelle bewegt wurde, trat ein zusammengefaltetes Blatt Papier zutage. Der Patient hob es auf und öffnete es nachlässig. Es war ein drei Monate alter Brief, mit ›Julia‹ unterzeichnet. Als er seinen Namen darin entdeckte, las er den Brief. Es war nichts Bemerkenswertes – nichts als das Geständnis einer schwachen Frau, die sich zu einer sinnlosen Sünde bekannte: die Reue einer treulosen, von ihrem Verführer verlassenen Ehefrau. Der Brief war aus Hauptmann Armisteds Tasche gefallen; der Leser steckte ihn gelassen in seine eigene Tasche.

Ein Adjutant ritt heran und stieg ab. Er schritt auf den Gouverneur zu und salutierte.

»Sir«, sagte er, »ich bedaure, Sie als Verwundeten anzutreffen; der Kommandierende General ist noch nicht im Bilde. Er läßt Ihnen seine Komplimente übermitteln und hat mich beauftragt, Ihnen mitzuteilen, daß er Ihnen zu Ehren für morgen eine große Parade der Reserve-Camps anberaumt hat. Ich erlaube mir hinzuzufügen, daß der Wagen des Generals Ihnen zur Verfügung steht, falls Sie teilzunehmen imstande sind.«

»Würden Sie dem Kommandierenden General bitte ausrichten, daß ich über seine Liebenswürdigkeit tief gerührt bin. Wenn Sie sich noch ein paar Augenblicke gedulden, können Sie ihm eine definitive Antwort überbringen.«

Er lächelte strahlend, und mit einem Blick auf den Arzt und seine Begleitung fuhr er fort: »Gegenwärtig befinde ich mich noch – wenn Sie die Anspielung auf die Schrecken des Friedens gestatten – ›in den Händen meiner Freunde‹.«

Der Humor der Großen ist ansteckend: alle, die es gehört hatten, lachten.

»Wo ist Hauptmann Armisted?« fragte der Gouverneur nicht ohne ein gewisses Interesse.

Der Stabsarzt blickte von seiner Arbeit auf und wies schweigend auf den zunächst liegenden Leichnam in der Reihe der Toten, dessen Gesicht taktvoll mit einem Taschentuch bedeckt war. Es war so nah, daß der große Mann es mit seiner Hand hätte erreichen können, aber das tat er nicht.

Vielleicht fürchtete er, die Wunden könnten wieder zu bluten anfangen.

Die Geschichte eines Gewissens

1.

Hauptmann Parrol Hartroy stand am Außenposten seiner Feldwache und sprach in gedämpftem Ton mit der Wache. Dieser Außenposten befand sich an einer Landstraße, die das Lager des Hauptmanns weiter rückwärts in zwei Teile schnitt. Das Lager war von diesem Punkt aus nicht zu sehen. Der Offizier erteilte dem Soldaten anscheinend bestimmte Instruktionen – vielleicht erkundigte er sich auch nur, ob weiter vorn alles ruhig sei. Während die beiden dastanden und miteinander redeten, kam aus der Richtung des Lagers ein Mann auf sie zu, der sich gleichmütig eins pfiff und sofort vom Wachsoldaten angehalten wurde. Er war offenbar ein Zivilist, ein großgewachsener Mann, und einfach gekleidet: er trug das hausgemachte, gelblichgraue Zeug, das ›Graunuß‹* hieß und in den späteren Tagen der Konföderation die einzige Kleidung der Leute bildete. Auf dem Kopf hatte er einen ehemals weißen Schlapphut, unter dem ein Wust struppiger Haare herunterhing, die anscheinend weder mit einer Schere noch mit einem Kamm Bekanntschaft gemacht hatten. Das Gesicht des Mannes war ziemlich auffallend: es hatte eine breite Stirn, eine gebogene Nase und hohle Wangen; der Mund war in dem dunklen Vollbart, der ebenso ungepflegt wie das Haar schien, nicht zu sehen. Die Augen waren groß und besaßen jene Ruhe und Sicherheit und stete Aufmerksamkeit, die so häufig eine beträchtliche Intelligenz und ei-

* Spitzname für die Soldaten der Südstaaten

nen Willen kennzeichnen, der sich nicht leicht von seinem Vorhaben abbringen läßt – so behaupten es jedenfalls die Physiognomiker, die selbst solche Augen besitzen. Im ganzen gesehen war es ein Mann, den man kaum übersehen konnte und dem nichts entging. Er trug einen frisch im Wald geschnittenen Stock, und seine abgetragenen, rindsledernen Stiefel waren mit weißem Staub bedeckt. »Zeigen Sie Ihren Paß!« sagte der Unionssoldat vielleicht ein bißchen herrischer, als er es für nötig gehalten hätte, wäre es nicht unter den Augen seines Vorgesetzten gewesen, der mit verschränkten Armen vom Straßenrand aus zusah.

»Hab' gedacht, Sie erinnern sich an mich, General«, sagte der Wanderer und förderte ein Blatt Papier aus der Jackentasche zutage. In seinem Tonfall lag etwas – vielleicht eine leise Andeutung von Ironie – was die übertriebene Rangerhöhung, mit der er das Hindernis bedachte, weniger angenehm für den wackeren Krieger machte, als es Beförderungen im allgemeinen sind. »Ihr müßt's ja wohl ziemlich genaunehmen, schätz' ich«, fügte er in versöhnlicherem Ton hinzu, als wollte er es halbwegs entschuldigen, daß er aufgehalten wurde.

Nachdem der Soldat, der dabei sein Gewehr auf den Boden stützte, den Paß geprüft hatte, händigte er das Papier ohne ein Wort aus, schulterte seine Waffe und kehrte zu seinem Kommandeur zurück. Der Zivilist ging mitten auf dem Fahrdamm weiter, und als er ein paar Yards weit in das Gebiet der Konföderierten eingedrungen war, begann er wieder zu pfeifen und geriet bald außer Sicht, weil die Straße dort eine Biegung machte und in einen lichten Wald führte. Plötzlich ließ der Offizier die verschränkten Arme sinken, zog seinen Revolver aus dem Koppel und rannte in der gleichen Richtung davon, während der Wachsoldat starr vor Staunen auf seinem Posten zurückblieb. Nachdem er den verschiedenen sichtbaren Naturerscheinungen gelobt hatte, daß ihn der Teufel holen könne, setzte der Brave wieder die stumpfsinnige Miene auf, die für eine zielbewußte militärische Wachsamkeit als zweckdienlich gilt.

2.

Hauptmann Hartroy führte ein unabhängiges Kommando. Es war das Kommando eines Stabsoffiziers, auf einen Frontoffizier übertragen, der aus dem Mannschaftsstand befördert worden war, wo er bis zu seiner ›Entdeckung‹ in aller Stille seinen Dienst getan hatte. Seine vorgeschobene Stellung war ganz besonders gefahrvoll; ihre Verteidigung brachte eine schwere Verantwortung mit sich, und man hatte ihm wohlweislich dem eigenen Ermessen überlassene Vollmachten gegeben, was wegen der großen Entfernung von der Hauptarmee, wegen der prekären Natur seiner Verbindungslinien und wegen der gesetzwidrigen Art, mit der die irregulären Truppen des Feindes die Gegend verunsicherten, um so nötiger war. Er hatte sein kleines Lager, das ein Dorf mit einem halben Dutzend Häusern und einem ländlichen Kramladen umfaßte, stark befestigt und eine beträchtliche Menge an Vorräten angelegt. Ein paar einheimische Zivilisten, deren Ergebenheit bekannt war und mit denen Handel zu treiben wünschenswert war, hatte er, weil er manchmal auf verschiedenen Gebieten von ihren Diensten Gebrauch machte, Passierscheine ausgestellt, die ihnen innerhalb seiner Stellung Freizügigkeit gewährten. Es ist klar, daß ein Mißbrauch dieses Vorrechts zugunsten des Feindes ernste Folgen nach sich ziehen konnte. Hauptmann Hartroy hatte einen Befehl erlassen, daß jeder, der den Passierschein mißbrauchte, kurzerhand erschossen würde. Während die Wache den Passierschein des Zivilisten prüfte, hatte der Hauptmann den Mann schärfer ins Auge gefaßt. Sein Äußeres kam ihm bekannt vor, und zuerst hatte er nicht bezweifelt, daß er ihm selber den Paß ausgestellt hatte, mit dem sich der Posten zufrieden zeigte. Erst als der Mann außer Sicht- und Hörweite war, offenbarte ihm ein Erinnerungsblitz dessen Identität. Mit soldatischer Entschlossenheit hatte er daraufhin gehandelt.

3.

Für jeden, außer für einen besonders selbstsicheren Menschen, muß das jähe Auftauchen eines Offiziers der militärischen Streitmächte in einer einschüchternden Uniform, der in der einen Hand seinen Säbel und in der andern einen entsicherten Revolver trägt und in wilder Verfolgung angestürmt kommt, bestimmt in hohem Grade beunruhigend sein, doch auf den Mann, dem in diesem Falle die Verfolgung galt, schien es keine andre Wirkung zu haben, als ihn in seiner Gelassenheit noch etwas zu bestärken. Er hätte ohne weiteres in den Wald zur Rechten oder zur Linken entkommen können, wählte jedoch eine andere Art seines Verhaltens: er drehte sich um, blickte ruhig auf den Hauptmann und sagte, als er vor ihm stand: »Ich schätze, Nachbar, daß Sie mir was sagen wollen, das Sie vergessen haben. Was kann's sein?«

Doch der ›Nachbar‹ antwortete nicht, sondern befaßte sich mit dem wenig nachbarlichen Tun, ihn mit einer entsicherten Pistole zu stellen.

»Ergeben Sie sich«, sagte der Hauptmann so ruhig, wie es seine leichte Atemlosigkeit nach dem anstrengenden Lauf zuließ, »oder ich schieße!« Im Ton seiner Aufforderung lag keine Drohung – die lag nur in der Tatsache und im Mittel, sie zu erzwingen. Auch in den kalten grauen Augen, die über den Lauf der Waffe blickten, lag etwas nicht gerade Beruhigendes. Eine Sekunde später standen die beiden Männer schweigend da und sahen sich an; dann zog der Zivilist ohne ein Anzeichen von Furcht und mit derselben scheinbaren Gleichgültigkeit, mit der er dem weniger bedrohlichen Verlangen des Postens nachgekommen war, langsam das Dokument aus der Tasche, das den bescheideneren Funktionär zufriedengestellt hatte, und reichte es hin, indem er sagte: »Ich schätze, der Paß hier ist von Mister Hartroy...«

»Der Paß ist gefälscht«, unterbrach ihn der Offizier. »Ich bin Hauptmann Hartroy – und Sie sind Dramer Brune.«

Es hätte eines scharfen Auges bedurft, um das leichte Blaßwerden des Zivilisten zu bemerken, und das einzige andre Anzeichen, das die Bedeutung dieser Worte für ihn bestätigte, war ein vorsätzliches Entkrampfen von Daumen und Zeigefinger, die das ehrenrührige Papier festhielten, das nun unbeobachtet auf die Straße sank, von einem Lufthauch weitergeweht wurde und dann staubbedeckt liegenblieb – wie gedemütigt für die Lüge, die es enthielt. Gleich darauf sagte der Zivilist, der noch immer ungerührt in die Pistolenmündung blickte: »Ja, ich bin Dramer Brune, ein Spion der Konföderierten, und Ihr Gefangener. Wie Sie gleich entdecken werden, trage ich auf mir einen Plan Ihres Forts und seiner Bestückung, eine Übersicht über die Verteilung Ihrer Mannschaft und deren Anzahl und eine Landkarte der Zugänge, die auch die Position all Ihrer Außenposten zeigt. Mein Leben liegt selbstverständlich ganz in Ihrer Hand, aber wenn Sie bereit sind, mir die Schande zu ersparen, vor Ihrer Pistolenmündung ins Lager zu marschieren, dann verspreche ich Ihnen, daß ich weder Widerstand leisten noch fliehen noch Einwände erheben, sondern mich jeder Strafe unterwerfen werde, die über mich verhängt wird.« Der Offizier ließ seine Pistole sinken, sicherte sie und steckte sie an ihren Platz in seinem Koppel. Brune trat einen Schritt vor und streckte seine Hand aus.

»Das ist die Hand eines Verräters und eines Spions«, sagte der Offizier kalt und nahm sie nicht. Der andre verbeugte sich.

»Kommen Sie jetzt«, sagte der Hauptmann. »Wir wollen ins Lager gehen. Sie sollen nicht vor morgen früh sterben.«

Er wandte seinem Gefangenen den Rücken, und die beiden mysteriösen Gestalten gingen den gleichen Weg zurück und kamen bald am Wachtposten vorbei, der sein simples Verständnis der Sachlage durch unnötiges und übertriebenes Salutieren vor seinem Kommandeur bekundete.

4.

Früh am Morgen, der auf diese Begebenheit folgte, saßen die beiden Männer, der Häscher und der Erwischte, im Zelt des ersteren. Auf dem Tisch, der zwischen ihnen stand, lagen unter einer Anzahl von dienstlichen und privaten Briefen, die der Hauptmann in der Nacht geschrieben hatte, die belastenden Papiere, welche man im Besitz des Spions gefunden hatte. Letzterer hatte die Nacht in einem anstoßenden Zelt unbewacht durchgeschlafen. Jetzt rauchten beide, nachdem sie gefrühstückt hatten.

»Mr. Brune«, sagte Hauptmann Hartroy, »Sie verstehen wahrscheinlich nicht, wieso ich Sie in Ihrer Verkleidung erkannt habe, und auch nicht, woher ich Ihren Namen weiß.«

»Ich habe nichts unternommen, um es in Erfahrung zu bringen, Sir«, entgegnete der Gefangene mit ruhiger Würde.

»Trotzdem möchte ich gern, daß Sie es wissen – falls die Sache Sie nicht kränkt. Wie Sie sehen werden, geht meine Kenntnis Ihrer Person auf den Herbst 1861 zurück. Zu jener Zeit dienten Sie als Gemeiner in einem Ohio-Regiment und waren ein tapferer und vertrauenswürdiger Soldat. Zu meiner Überraschung und zum Kummer Ihrer Kameraden desertierten Sie und gingen zum Feind über. Bald darauf wurden Sie während eines Scharmützels gefangengenommen, erkannt, vor ein Kriegsgericht gestellt und zum Tode durch Erschießen verurteilt. Während Sie die Vollstreckung des Urteils erwarteten, hatte man Sie ohne Fesseln in einen Güterwagen gesperrt, der auf einem Nebengeleise der Bahn stand.«

»Ja, in Grafton in Virginia«, bestätigte Brune und streifte mit dem kleinen Finger der Hand, in der er eine Zigarre hielt, die Asche ab, blickte aber nicht auf.

»Ja, in Grafton in Virginia«, wiederholte der Hauptmann. »In einer dunklen und stürmischen Nacht wurde ein Soldat, der gerade von einem langen, ermüdenden Marsch zurückgekehrt war, zu Ihrer Bewachung abkommandiert. Mit geladenem Gewehr und aufgepflanztem Bajonett saß er im Waggon auf einer Cracker-Box neben der Tür. Sie saßen in einer Ecke, und er hatte Befehl, Sie zu erschießen, falls Sie versuchen sollten, aufzustehen.«

»Falls ich aber darum bitten sollte, aufstehen zu dürfen, konnte er den wachthabenden Unteroffizier rufen.«

»Stimmt. Und während die langen, stillen Stunden verstrichen, gab der Soldat dem Gebot der Natur nach: er setzte sich selber der Todesstrafe aus, als er in Ausübung seiner Pflicht einschlief.«

»Und das haben Sie getan!«

»Wie? Erkennen Sie mich? Haben Sie die ganze Zeit gewußt, wer ich bin?«

Der Hauptmann war aufgestanden und ging sichtlich erregt in seinem Zelt hin und her. Sein Gesicht war rot geworden, und die grauen Augen hatten den kalten, erbarmungslosen Ausdruck verloren, den sie gehabt hatten, als Brune sie über dem Lauf des Revolvers sah. Sie waren wunderbar weich geworden.

Mit seiner gewohnten Gelassenheit erwiderte der Spion: »Ich habe Sie im Moment erkannt, als Sie mir gegenübertraten und verlangten, daß ich mich ergebe. In Anbetracht der Umstände hätte es sich kaum gepaßt, an jene Nacht zu erinnern. Ich mag ein Verräter sein, und bestimmt bin ich ein Spion, aber ich möchte nicht gern als ein um Gnade Flehender erscheinen.«

Der Hauptmann war stehengeblieben und blickte seinen Gefangenen an. Als er wieder sprach, hatte seine Stimme einen seltsam heiseren Klang. »Einerlei, Mr. Brune, wer Sie sind und was Ihr Gewissen Ihnen zu sein gestattet – Sie haben mir das Leben gerettet, und zwar, wie Sie damals glauben mußten, auf Kosten Ihres eigenen Lebens. Bis gestern, als Sie von meinem Posten kontrolliert wurden, hielt ich Sie für tot und glaubte, Sie hätten das Schicksal erlitten, dem Sie dank meiner eigenen Pflichtverletzung leicht hätten entgehen können. Sie brauchten nur aus dem Waggon zu springen und mich dem Exekutionskommando zu überlassen. Sie zeigten ein wahrhaft göttliches Erbarmen. Sie bemitleideten mich in meiner Müdigkeit. Sie ließen mich schlafen und wachten über mir, und als die Stunde der Ablösung näherrückte und mein Verbrechen entdeckt worden wäre, weckten Sie mich sanft auf. Ja, Brune, das war gütig, das war groß, das…«

Dem Hauptmann versagte die Stimme; die Tränen rannen ihm übers Gesicht und glänzten auf seinem Bart und auf seiner Brust. Er setzte sich wieder an den Tisch, vergrub das Gesicht in den Händen und schluchzte. Sonst war alles still.

Plötzlich hörte man das helle Geschmetter eines Signalhorns, das zum Sammeln blies. Der Hauptmann schreckte zusammen und hob sein tränenfeuchtes Gesicht; es war jetzt totenbleich. Von draußen hörte man die Geräusche der im Sonnenschein antretenden Mannschaften, die Stimmen der Sergeanten, die Appell hielten, und das Pochen der Trommler, die ihre Trommeln straff spannten. Der Hauptmann ergriff wieder das Wort: »Ich hätte meinen Fehler bekennen und von Ihrer Hochherzigkeit berichten sollen: vielleicht hätte es Ihre Begnadigung erwirkt. Hundertmal entschloß ich mich, es zu tun, aber die Beschämung hinderte mich daran. Außerdem war Ihre Strafe gerecht und angemessen. Ach, Gott verzeih mir, ich sagte nichts, und bald danach wurde mein Regiment nach Tennessee verlegt, und ich hörte nie wieder von Ihnen.«

»Es war alles in Ordnung, Sir«, sagte Brune ohne sichtliche Rührung. »Ich entfloh und kehrte zu meiner Fahne zurück – zur Fahne der Konföderierten. Ich möchte nur noch erwähnen, daß ich, ehe ich damals desertierte, um Entlassung wegen veränderter Einstellung gebeten hatte. Statt meinem Gesuch nachzugeben, wurde ich bestraft.«

»Ach, aber wenn ich die Strafe für mein Verbrechen auf mich genommen hätte und wenn Sie mir nicht so hochherzig das Leben geschenkt hätten, das ich ohne Dankbarkeit hinnahm, dann wären Sie jetzt von neuem in den Schatten des drohenden Todes geraten.«

Der Gefangene zuckte leicht zusammen, und eine leise Besorgnis flog über sein Gesicht. Man hätte auch meinen können, daß er erstaunt war. Im gleichen Augenblick erschien der Adjutant in der Zeltöffnung und salutierte. »Das Bataillon ist angetreten, Sir«, sagte er.

Hauptmann Hartroy hatte seine Fassung zurückerlangt. Er wandte sich an den Offizier und sagte: »Gehen Sie zu Hauptmann Graham und richten Sie ihm aus, er solle das Kommando über das Bataillon übernehmen und es außerhalb der Befestigung aufmarschieren lassen. Der Mann hier ist ein Deserteur und ein Spion; er soll in Gegenwart der Truppe erschossen werden. Er wird ohne Fesseln und unbewacht mit Ihnen gehen.«

Während der Adjutant am Eingang wartete, verbeugten sich die beiden Männer im Zelt feierlich voreinander, und Brune zog sich sofort zurück. Eine halbe Stunde später erschrak der Koch, ein alter Neger, der als einziger außer dem Kommandeur im Lager geblieben war, so heftig beim Loskrachen einer Musketensalve, daß er den Kessel fallen ließ, den er gerade vom Feuer hob. Doch trotz seiner Bestürzung und trotz des Gezischs, das der Inhalt des Kessels auf der Glut hervorrief, hätte er eigentlich auch den aus größerer Nähe abgefeuerten Pistolenschuß hören müssen, mit dem Hauptmann Hartroy auf ein Leben verzichtete, das er guten Gewissens nicht länger ertragen konnte.

Gemäß den Anweisungen eines kurzen Briefes, den er dem Offizier hinterließ, welcher an seine Stelle im Kommando rückte, wurde er ebenso wie der Spion ohne militärische Ehren begraben, und im ernsten Schatten des Berges, der nichts mehr vom Krieg weiß, schlafen die beiden geborgen in längst vergessenen Gräbern.

Ein sonderbarer Offizier

1. *Von den Geboten der Höflichkeit*

»Hauptmann Ransome, es ist Ihnen nicht gestattet, irgend etwas zu *wissen*. Es genügt völlig, daß Sie meinen Befehl ausführen, den ich mir zu wiederholen erlaube: wenn Sie die geringste Truppenbewegung vor Ihrer Front bemerken, eröffnen Sie das Feuer, und wenn Sie angegriffen werden, halten Sie die Stellung, so lange Sie können. Drücke ich mich verständlich aus, Sir?«

»Nichts könnte klarer sein! Leutnant Price«, wandte er sich an einen Offizier seiner Batterie, der noch rechtzeitig genug herangeritten war, um den Befehl ebenfalls zu hören, »es ist doch klar, was der General meint, nicht wahr?«

»Völlig klar!«

Der Leutnant ritt zu seinem Gefechtsstand. General Cameron und der Batterieführer sahen sich, im Sattel sitzend, einen Augenblick schweigend an. Es blieb nichts mehr zu sagen; offenbar war schon zuviel gesagt worden. Dann nickte der Vorgesetzte des Hauptmanns kühl mit dem Kopf und wandte sein Pferd, um wegzureiten. Der Batterieführer grüßte ernst und überaus förmlich. Wer mit den Finessen militärischer Umgangsformen vertraut war, hätte gefunden, daß der Hauptmann durch sein Verhalten beglaubigte, wie sehr er sich durch den soeben erhaltenen Rüffel betroffen fühlte. Es gehört zu den wichtigsten Geboten der Höflichkeit, seinen Ärger spüren zu lassen.

Nachdem der General seinen Stab und seine

Eskorte erreicht hatte, die etwas abseits auf ihn wartete, ritt die ganze Kavalkade nach rechts, fort von den Geschützen, und verschwand im Nebel. Hauptmann Ransome blieb allein zurück – schweigend und unbeweglich, wie ein Reiterstandbild. Der sich von Sekunde zu Sekunde verdichtende graue Nebel zog sich wie ein sichtbares Verhängnis um ihn zusammen.

2. *Unter welchen Umständen man nicht erschossen werden möchte*

Die Gefechtstätigkeit des voraufgegangenen Tages war planlos und zaudernd gewesen. Wo es zu Zusammenstößen gekommen war, hatte der Pulverqualm in blauen Schleiern zwischen den Zweigen der Bäume gehangen, bis ihn der niederströmende Regen in nichts aufgelöst hatte. Die Räder der Geschütze am Munitionswagen schnitten tiefe, zerrissene Furchen in die aufgeweichte Erde, und die Bewegungen der Infanterie wurden durch den Schlamm behindert, der an den Stiefeln der Soldaten klebte, während sie sich in durchnäßter Kleidung und mit Gewehren, die von den Umhängen der Mäntel nur unzulänglich geschützt waren, auf gewundenem Vormarsch durch tropfnasse Wälder und überschwemmte Felder schleppten. Berittene Offiziere, deren Köpfe aus schwarzen Gummi-Umhängen hervorschauten, die wie Ritterrüstungen glitzerten, bahnten sich einzeln oder in lockeren Gruppen zwischen den Mannschaften hindurch ihren Weg, wobei sie sich scheinbar ziellos hierhin und dorthin wandten und ihnen von niemandem außer sich selbst Beachtung zuteil wurde. Hier und da trug ein Toter in lehmbesudelter Uniform, dessen Gesicht von einer Decke verhüllt war oder gelb und lehmig in den Regen starrte, mit seinem entmutigenden Anblick zur ohnehin trübseligen Szene bei und fügte zum allgemeinen Unbehagen noch eine besondere Niedergedrücktheit hinzu. Diese menschlichen Wracks sahen sehr abstoßend aus – überhaupt nicht wie Helden –, und niemand lief Gefahr, sich von ihrem patriotischen Beispiel anstecken zu lassen. Gefallen auf dem Felde der Ehre – ja! Aber das Feld der Ehre war so abscheulich naß – und das war ein kleiner Unterschied!

Zu dem allerseits erwarteten größeren Gefecht kam es nicht; keiner der kleinen Vorteile, die sich bald für diese und bald für jene Seite bei vereinzelten und zufälligen Zusammenstößen ergaben, wurde ausgenutzt. Angriffe, ohne jeden Schwung unternommen, riefen flauen Widerstand hervor, der sich mit der bloßen Abwehr begnügte. Befehle wurden, rein mechanisch gehorchend, befolgt, und nicht einer tat mehr als seine Pflicht. »Die Armee ist heute feige«, sagte General Cameron, der Kommandant einer Unionsbrigade, zu seinem Stabsadjutanten.

»Die Armee friert«, erwiderte der Angeredete, »und – hm – verzichtet auf eine Ähnlichkeit mit dem da!«

Er zeigte auf einen Gefallenen, der in einer seichten Pfütze gelben Wassers lag und dessen Gesicht und Uniform von Hufen und Rädern mit Schlamm bespritzt war.

Die Lustlosigkeit der Armee schien sich auf die Waffen übertragen zu haben. Das Knattern der Gewehre klang matt und verachtenswert. Es war ohne Bedeutung und erregte bei den noch nicht beteiligten Truppen der Front und bei den wartenden Reserven kaum irgendwelche Aufmerksamkeit und Kampfbereitschaft. Selbst aus geringer Entfernung hörte sich das Geschützfeuer schwächlich an: es fehlte an Anreiz und Resonanz, fast, als wären die Kanonen nicht scharf, sondern nur mit Kartuschen geladen. Und so zog sich der Tag sinnlos bis zu seinem Ende hin, und auf eine unbehagliche Nacht folgte ein Tag voll banger Befürchtungen.

Eine Armee hat Persönlichkeit. Abgesehen von den individuellen Gedanken und Gefühlen ihrer einzelnen Glieder denkt und empfindet sie als ein Ganzes. Und dieses weite, allumfassende Bewußtsein birgt eine tiefere Weisheit als die bloße Summe all dessen, was sie weiß. An jenem trüben Morgen hatte das große, primitive Lebewesen, welches auf dem Grund eines weißen Nebelmeers zwischen Bäumen herumtastete, die wie Seetang wirkten, eine dumpfe Ahnung, daß es nicht zum Besten stand und daß des gestrigen Tages Hin und Her nur zu einer fehlerhaften Verwendung seiner einzelnen Gliedmaßen und zu einer blinden Zersplitterung seiner Kraft geführt hatte. Die Mannschaften fühlten sich unsicher und sprachen untereinander über taktische Fehler, soweit ihr spärlicher militärischer Wortschatz sie zu benennen vermochte. Stabs- und Frontoffiziere standen in Gruppen und sprachen fachkundiger, wenn auch nicht klarer, über ihre Befürchtungen. Brigade- und Divisionskommandeure sorgten sich um die Verbindungen nach rechts und nach links, schickten Stabsoffiziere mit Erkundungsaufträgen los und schoben Plänklerlinien leise und vorsichtig in das verdächtige Gebiet zwischen dem Bekannten und Unbekannten vor. An einigen Punkten der vordersten Linie bauten die Truppen offensichtlich aus eigenem Antrieb Verteidigungsstellungen, wo es sich ohne den leisen Spaten und die laute Axt machen ließ.

Eine dieser Stellungen wurde von Hauptmann Ransomes aus sechs Geschützen bestehender Batterie gehalten. Seine Leute, die stets mit Schanzzeug versehen waren, hatten die ganze Nacht hindurch fleißig gearbeitet, und jetzt stießen seine Kanonen ihre schwarzen Mündungen aus den Schießscharten einer wirklich gewaltigen Feldschanze hervor. Sie krönte eine leichte Anhöhe, die frei von Unterholz war und auf unbekannte Distanz einen unbehinderten Beschuß des Vorgeländes gewährte. Eine bessere Stellung hätte man kaum wählen können. Sie besaß den Vorzug, den Hauptmann Ransome mit seiner Vorliebe für den Kompaß rasch bemerkt hatte: sie blickte nach Norden, und wie er wußte, blickte die Hauptfront der Armee nach Osten. Tatsächlich war jener Frontabschnitt ›refüsiert‹, das heißt, vom Feinde weg und nach rückwärts gebogen. Das bedeutete, daß Hauptmann Ransomes Batterie irgendwo an der linken Flanke der Armee lag, denn eine in Schlachtlinie aufgestellte Armee nimmt, falls das Gelände es erlaubt, ihre Flanken zurück, da sie ihre verwundbaren Punkte sind. Hauptmann Ransome schien auch wirklich die äußerste Linke der Front zu halten, denn in jener Richtung waren keine Truppen außer seinen eigenen zu sehen. Unmittelbar hinter seinen Geschützen hatte das Gespräch zwischen ihm und seinem Brigadekommandeur stattgefunden, dessen Schluß schon eingangs geschildert wurde.

3. *Wie man ohne Noten mit Kanonen musiziert*

Hauptmann Ransome saß unbeweglich und schweigend auf seinem Pferd. Ein paar Yards entfernt standen seine Leute bei ihren Geschützen. Irgendwo – das heißt, überall im Umkreis von nur wenigen Meilen – lagen hunderttausend Mann, Freunde und Feinde. Doch er war allein. Der Nebel isolierte ihn so vollständig, als wäre er im Herzen einer Wüste. Seine Welt war ein kleiner Kreis nasser und zertrampelter Erde rings um die Hufe seines Pferdes. In diesem geisterhaften Bereich war von seinen Kameraden nichts zu sehen und zu hören. Solche Verhältnisse regen zum Nachdenken an, und Hauptmann Ransome dachte nach.

Seine klaren, hübschen Gesichtszüge verrieten nichts von der Art seiner Gedanken. Seine Miene war so undurchdringlich wie die einer Sphinx. Wozu hätte sein Mienenspiel auch etwas ausdrücken sollen, das zu beobachten niemand da war. Beim Geräusch von Schritten wandte er sein Gesicht in die Richtung, aus der es kam: einer seiner Sergeanten, der infolge der trügerischen Verzerrung durch den Nebel wie ein Riese wirkte, kam auf ihn zu. Als er in der Nähe auf seine natürliche Größe herabgemindert und deutlich zu sehen war, grüßte er und nahm Haltung an.

»Was gibt's, Morris?« fragte der Offizier und erwiderte den Gruß seines Untergebenen.

»Leutnant Price läßt Ihnen ausrichten, Sir, daß

der größte Teil der Infanterie zurückgezogen worden ist. Wir haben nicht genügend Deckung.«

»Ja, ich weiß es.«

»Ich soll Ihnen sagen, daß ein paar von unsern Leuten hundert Yards über die Stellungen vorgedrungen sind und berichtet haben, daß unsre Front nicht durch Vorposten abgesichert ist.«

»Ja.«

»Sie waren so weit vorn, daß sie den Feind gehört haben.«

»Ja.«

»Sie konnten das Räderrasseln der Artillerie und die Kommandos von Offizieren hören.«

» Ja.«

»Der Feind rückt auf unsre Stellungen vor.«

Hauptmann Ransome, der noch immer hinter seine Stellung geblickt hatte, dorthin, wo der Nebel den Brigadekommandeur und dessen Kavalkade verschluckt hatte, wandte sein Pferd nach der andern Seite. Dann saß er wieder unbeweglich da.

»Wer sind die Leute, die das ausgekundschaftet haben?« fragte er, ohne den Sergeanten anzuschauen. Seine Augen blickten geradenwegs in den Nebel hinein.

»Unteroffizier Hassman und Kanonier Manning.«

Hauptmann Ransome schwieg einen Augenblick. Eine leichte Blässe überzog sein Gesicht, die Umrisse seiner Lippen verzogen sich, als er sie leise zusammenpreßte, aber um diese Veränderung zu bemerken, hätte es eines genaueren Beobachters bedurft, als Sergeant Morris es war. Ransomes Stimme klang unverändert.

»Sergeant, übermitteln Sie Leutnant Price mein

Kompliment und den Befehl, mit allen Geschützen das Feuer zu eröffnen. Kartätschen.«

Der Sergeant grüßte und verschwand im Nebel.

4. *General Masterson tritt auf*

Auf der Suche nach seinem Divisionskommandeur war General Cameron mit seiner Eskorte fast eine Meile weit die Frontlinie rechts von Ransomes Batterie entlanggeritten und hatte dann erfahren, daß sich der Divisionskommandeur auf die Suche nach dem Korpskommandeur begeben habe. Wie es schien, hielt jeder nach seinem unmittelbaren Vorgesetzten Ausschau – ein übles Zeichen. Es bedeutete, daß niemand sich ganz sicher fühlte. Daher ritt General Cameron noch eine halbe Meile weiter, wo er zufällig auf den zurückkehrenden Divisionskommandeur General Masterson stieß.

»Ah, Cameron«, sagte der ranghöhere Offizier, zügelte sein Pferd und warf sein rechtes Bein unmilitärisch über den Sattelknopf, »was ist los? Hoffentlich haben Sie eine gute Stellung für Ihre Batterie gefunden – falls überhaupt bei dem Nebel ein Unterschied gemacht werden kann.«

»Ja, Sir«, erwiderte der andere und hielt sich dabei, wie es sich für einen weniger hohen Rang geziemte, an eine würdigere Ausdrucksweise, »meine Batterie ist sehr gut plaziert. Ich wünschte, ich könnte sagen, daß sie auch einen guten Batterieführer hat!«

»Was Sie nicht sagen! Ransome? Ich halte ihn für einen tüchtigen Burschen. Wir von der Armee sollten stolz auf ihn sein.«

Bei den Berufsoffizieren war es üblich, von der

›Armee‹ zu sprechen. Wie die größten Städte im Grunde provinzlerisch sind, so ist die Selbstgefälligkeit der Elite am offenkundigsten plebejisch.

»Er hält zu viel von seiner eigenen Meinung. Übrigens mußte ich, um die Anhöhe zu besetzen, die er hält, meine Front gefährlich auseinanderziehen. Die Anhöhe ist auf meiner linken, das heißt, auf der linken Flanke der Armee.«

»Ach wo! Harts Brigade liegt noch darüber hinaus. Während der Nacht wurde sie aus Drytown herbeordert und erhielt Befehl, sich an Ihre Stellung anzuschließen. Gehen Sie lieber hin und...«

Der Satz blieb unvollendet: lebhaftes Geschützfeuer brach auf der Linken los, und beide Offiziere, hinter ihnen mit viel Geklirr und Gerassel ihr Gefolge von Adjutanten und Ordonnanzen, ritten schleunigst in jener Richtung los. Aber bald wurden sie aufgehalten, denn der Nebel zwang sie, in Sichtweite der Frontlinie zu bleiben, hinter der ihnen Scharen von Soldaten über den Weg liefen. Überall kristallisierte sich die Front jetzt schärfer und eindeutiger heraus, während die Soldaten zu den Waffen griffen und die Offiziere mit gezogenem Säbel die angetretenen Mannschaften ausrichteten. Fahnenträger öffneten ihre Fahnen, Hornisten bliesen zum Sammeln, Sanitäter erschienen mit Tragbahren. Stabsoffiziere schwangen sich aufs Pferd und schickten ihr Gepäck in die Obhut von Farbigen nach hinten. Weiter rückwärts ließ sich im geisterhaften Bereich des Waldes das Rascheln und Stimmengewirr der antretenden Reserven vernehmen.

Und die ganze Vorbereitung war durchaus nicht vergebens, denn keine fünf Minuten waren verstrichen, seit Hauptmann Ransomes Geschütze die fragwürdige Waffenruhe durchbrochen hatten, und schon war die ganze Gegend in einem heillosen Aufruhr: der Feind hatte beinah überall angegriffen.

5. *Wie Geräusche gegen Schatten kämpfen können*

Hinter seinen Geschützen, die schnell und doch regelmäßig feuerten, ging Hauptmann Ransome auf und ab. Die Kanoniere arbeiteten flott, ohne Hast und sichtbare Aufregung. Es bestand auch wirklich kein Grund zur Aufregung: mit einer Kanone auf den Nebel zu zielen und sie abzufeuern, dazu gehört nicht viel. Das bringt jeder zustande.

Die Männer grienten während ihrer lauten Beschäftigung und widmeten sich ihr mit nachlassender Bereitwilligkeit. Sie warfen neugierige Blicke auf ihren Hauptmann, der jetzt auf das Bankett der Befestigung gestiegen war und über die Brustwehr spähte, als beobachte er die Wirkung seiner Kanonade. Doch die einzige Wirkung, die er sah, waren breite, tiefliegende Rauchschwaden anstelle des dichten Nebels. Plötzlich drang lautes Hurrageschrei aus dem Dunkel und füllte die Pausen zwischen dem Donner der Explosionen mit erschreckender Deutlichkeit. Den wenigen, die Zeit und Gelegenheit hatten, darüber Betrachtungen anzustellen, mußte das Geräusch äußerst seltsam erscheinen: so laut, so nah, so bedrohlich war es, und doch war nichts zu sehen. Die Männer, die bei ihrer Arbeit gegrient hatten, grienten nicht mehr, sondern verrichteten sie mit ernster und fieberhafter Geschäftigkeit.

Von seinem Standort hinter der Brustwehr sah

Hauptmann Ransome jetzt eine große Schar undeutlicher grauer Wesen, die im Nebel unter ihm Gestalt annahmen und die Böschung hinaufstürmten. Doch die Geschütze arbeiteten nun schnell und erbittert. Sie bestrichen das Gewimmel auf dem Abhang mit einem Hagel von Schrapnells und Kartätschen, deren Schwirren zwischen dem Donner der Explosionen zu hören war. Unter dem furchtbaren Eisenhagel kämpften sich die Angreifer über ihre Gefallenen hinweg Schritt für Schritt vor und feuerten in die Schießscharten, luden nach und feuerten wieder, um schließlich ihrerseits auch zu fallen, nur ein Stückchen weiter vorn als die zuvor Gefallenen. Bald war der Qualm so dicht, daß er alles zudeckte. Er senkte sich auf die Angreifer, trieb nach rückwärts und umhüllte die Verteidiger. Die Kanoniere sahen kaum genug, um ihre Geschütze zu bedienen, und wenn vereinzelte Feinde über der Brustwehr auftauchten, weil sie dank eines glücklichen Zufalls zwischen zwei Schießscharten nahe genug herangekommen und nicht mehr von den Kanonen bedroht waren, dann sahen sie so unwirklich aus, daß es den wenigen Infanteristen kaum der Mühe wert schien, sie mit dem Bajonett zu bearbeiten und in den Graben zurückzubefördern.

Da der Kommandeur einer feuernden Batterie Besseres zu tun hat als einzelne Schädel einzuschlagen, hatte sich Hauptmann Ransome von der Brustwehr wieder auf seinen eigentlichen Posten hinter den Geschützen begeben, wo er mit verschränkten Armen dastand, neben ihm sein Hornist. Hier trat, als der Kampf am heftigsten tobte, Leutnant Price auf ihn zu, der soeben innerhalb der Befestigung einen tollkühnen Angreifer niedergeschlagen hatte. Ein lebhafter Wortwechsel entspann sich zwischen den beiden Offizieren – lebhaft zumindest auf seiten des Leutnants, der energisch gestikulierte und seinem Kommandeur immer wieder etwas ins Ohr schrie, um sich trotz des höllischen Krachs der Kanonen verständlich zu machen. Wenn ein Schauspieler die Gesten des Leutnants sachlich beobachtet hätte, wären sie als Protest gedeutet worden: er hätte versichert, daß der Leutnant mit den getroffenen Maßnahmen nicht einverstanden sei. Wollte er vielleicht die Übergabe der Stellung?

Hauptmann Ransome hörte ihm zu, ohne seine Miene oder Haltung zu ändern, und als Price nicht mehr auf ihn einredete, sah er ihm kalt in die Augen und sagte, als das Getöse gerade einmal nachließ: »Leutnant Price, es ist Ihnen nicht gestattet, irgend etwas zu *wissen*. Es genügt völlig, daß Sie meinen Befehl ausführen.«

Der Leutnant kehrte auf seinen Posten zurück, und da die Brustwehr jetzt offenbar frei war, ging Hauptmann Ransome wieder hin, um einen Blick hinüberzuwerfen. Als er auf das Bankett stieg, sprang ein Mann auf die Brustwehr und schwenkte eine große, prachtvolle Fahne. Der Hauptmann zog eine Pistole aus seinem Koppel und erschoß ihn. Der Körper stürzte vornüber und hing über der inneren Kante der Brustwehr: die Arme baumelten senkrecht nach unten, und beide Hände hielten noch immer die Fahne. Die paar Angreifer, die ihm gefolgt waren, machten kehrt und flohen den Abhang hinunter. Als der Hauptmann über die Brustwehr blickte, sah er kein Lebewesen mehr. Er bemerkte auch, daß keine weiteren Kugeln in die Befestigung schlugen.

Er gab dem Hornisten ein Zeichen, der daraufhin das Signal zum Einstellen des Feuers ertönen ließ. An allen andern Punkten hatte die Kampfhandlung bereits mit dem Abwehren des konföderierten Angriffs geendet – mit dem Aufhören der Kanonade war die Stille vollkommen.

6. *Weshalb es nicht das Beste ist, B zu beleidigen, wenn man von A beleidigt wurde*

General Masterson ritt in die Feldschanze hinein. Die in Gruppen beieinanderstehenden Männer unterhielten sich laut und fuchtelten mit den Armen. Sie deuteten auf die Gefallenen und liefen von einem Toten zum andern. Sie beachteten ihre verqualmten und überhitzten Kanonen nicht mehr und vergaßen, ihre Jacken wieder anzuziehen. Sie rannten zur Brustwehr und schauten hinüber, und einige sprangen in den Graben hinunter. Etwa ein Dutzend drängte sich um eine Fahne, die ein Toter krampfhaft umklammerte.

»So, so, Jungens«, sagte der General vergnügt, »da habt ihr euch mal wieder wacker gehalten!«

Sie starrten ihn an; niemand antwortete. Die Anwesenheit des hohen Herrn schien sie in Verlegenheit zu setzen und zu beunruhigen.

Da seine herablassende Freundlichkeit keinen Widerhall fand, pfiff der gutmütige Vorgesetzte ein, zwei Takte eines beliebten Liedes, ritt an die Brustwehr vor und spähte auf die Gefallenen hinunter. Im Nu hatte er sein Pferd herumgerissen, trieb es an den Geschützen vorbei und überschaute alles mit einem einzigen Blick. Ein Offizier saß auf der Lafette einer Kanone und rauchte eine Zigarre. Als der General hergesprengt kam, stand er auf und salutierte gemessen. »Hauptmann Ransome!« Die Worte fielen scharf und schroff wie das Zusammenschlagen von stählernen Klingen. »Sie haben unsre eigenen Leute bekämpft, unsre eigenen Leute, Sir! Verstehen Sie? Es war Harts Brigade!«

»Ich weiß es, Sir!«

»Sie wissen es? Sie wissen es und sitzen hier und rauchen? Oh, verdammt, Hamilton«, rief er dem Provostmarschall zu, »ich werde verrückt! Sir – Hauptmann Ransome, erklären Sie mir gütigst, erklären Sie mir um Himmelswillen, weshalb Sie unsre eigenen Leute beschossen haben!«

»Das kann ich leider nicht. In meinen Befehlen wurde mir diese Information vorenthalten!« Der General verstand ihn offenbar nicht.

»Wer war der Angreifer bei diesem Gefecht, Sie oder General Hart?« fragte er.

»Ich.«

»Und begriffen Sie denn nicht – sahen Sie denn nicht, Sir, daß Sie unsre eigenen Leute beschossen haben?«

Die Anwort war umwerfend!

»Ich wußte es, Sir! Anscheinend sollte es mich nichts angehen.« Dann unterbrach er das lähmende Schweigen, das auf seine Antwort folgte, und sagte: »Ich muß Sie an General Cameron verweisen.«

»General Cameron ist tot, Sir – so tot wie einer nur sein kann, so tot wie nur irgendeiner in unsrer Armee. Er liegt da drüben unter einem Baum. Wollen Sie etwa behaupten, daß er etwas mit der grauenhaften Geschichte zu tun hatte?«

Hauptmann Ransome antwortete nicht. Seine Leute, die den Wortwechsel bemerkt hatten, kamen näher, um das Endergebnis zu hören. Sie waren furchtbar aufgeregt. Der Nebel, den das Geschützfeuer teilweise zerrissen hatte, umfing sie jetzt wieder so dicht, daß sie sich immer drängten, bis dem Richter im Sattel und dem ruhig vor ihm stehenden Angeklagten nur noch ein schmaler, unbehinderter Zwischenraum verblieb. Es war ein Kriegsgericht, wie es formloser nicht sein konnte, alle spürten, daß das spätere, formelle nur noch eine Bestätigung des Urteils sein würde. Zuständig war es nicht, doch es hatte die Bedeutsamkeit einer Prophezeiung.

»Hauptmann Ransome«, rief der General heftig, doch aus seiner Stimme klang es fast wie ein Flehen, »wenn Sie irgend etwas vorbringen können, das ein günstiges Licht auf Ihr unbegreifliches Verhalten wirft, tun Sie es bitte!«

Der großmütige Offizier hatte seine Fassung wiedergefunden und suchte nach einer Rechtfertigung seiner instinktiv wohlwollenden Einstellung gegenüber einem tapferen Mann, dem ein ehrloser Tod drohte.

»Wo ist Leutnant Price?« fragte der Hauptmann.

Der Leutnant trat vor; sein dunkles, verschlossenes Gesicht sah unter einem blutigen, um die Stirn gewundenen Taschentuch ziemlich abschreckend aus. Er verstand den Ruf und brauchte nicht erst zum Sprechen aufgefordert zu werden. Er sah den Hauptmann nicht an, sondern wandte sich an den General: »Während des Gefechts entdeckte ich die

Sachlage und benachrichtigte den Batterieführer. Ich erlaubte mir nahezulegen, daß das Feuer eingestellt werden müsse. Ich wurde beleidigt und auf meinen Posten zurückgeschickt.«

»Sind Ihnen die Befehle nicht bekannt, die ich auszuführen hatte?« fragte der Hauptmann.

»Irgendwelche Befehle, die der Kommandeur der Batterie ausführen sollte, sind mir nicht bekannt«, sagte der Leutnant, noch immer zum General gewandt.

Hauptmann Ransome spürte, wie die Welt unter seinen Füßen zusammenbrach. Aus den grausamen Worten des Leutnants hörte er das Raunen von Jahrhunderten, die gegen die Gestade der Ewigkeit brandeten. Er hörte die Stimme des Gerichts; in kaltem, mechanischem, abgehacktem Tonfall sagte sie: »Fertig! Legt an! Feuer!«, und er spürte, wie die Kugeln sein Herz in Fetzen rissen. Er hörte, wie die Erde auf seinen Sarg polterte und – falls Gott voller Erbarmen war – wie ein Vogel über seinem vergessenen Grab sang. Ruhig löste er seinen Säbel aus dem Wehrgehänge und händigte ihn dem Provostmarschall aus.

Ein Offizier – ein Mann

Hauptmann Graffenreid stand an der Spitze seiner Kompanie. Das Regiment stand nicht im Kampf. Es bildete einen Teil der Frontlinie, die sich nach rechts zunächst über offenes Gelände erstreckte, aber nur auf eine Länge von zwei Meilen sichtbar war. Wälder versteckten die linke Flanke; auch die rechte entzog sich bald den Blicken, obwohl sie sich noch über viele Meilen ausdehnte. Hundert Yards dahinter befand sich eine zweite Frontlinie, und hinter ihr standen die Kolonnen der Reservebrigaden und -divisionen. Batterien der Artillerie hielten die Zwischenräume besetzt und krönten die niedrigen Hügel. Gruppen von Reitern – Generäle mit ihrem Stab und ihrer Eskorte und die Regimentskommandeure – unterbrachen die Gleichförmigkeit der Linien und Kolonnen. Viele dieser hervorragenden Persönlichkeiten hielten den Feldstecher vor die Augen, saßen da und rührten sich nicht, nur das vor ihnen liegende Gelände musternd. Andre kamen und überbrachten Befehle und verschwanden wieder in kurzem Galopp. Sanitätstruppen und Ambulanzen, Munitionswagen und Offiziersburschen befanden sich hinter alledem – hinter dem, was sichtbar war –, denn noch viel weiter rückwärts, längs der Landstraßen, erstreckte sich meilenweit die ganze riesige Menge der Nichtkombattanten, denen mit ihrer kunterbunten Bagage die ruhmlose aber wichtige Aufgabe zugewiesen ist, den vielfältigen Nachschubbedarf der Kampftruppen heranzuschaffen.

Eine Armee in Schlachtordnung, die einen Angriff erwartet oder bereitsteht, ihn zu eröffnen, bietet seltsame Kontraste. An der Front herrschen Genauigkeit, Strenge, Ordnung und Schweigen. Weiter hinten fallen diese Merkmale immer weniger ins Auge und gehen schließlich, je weiter, desto mehr, in Verwirrung, Gewimmel und Lärm über. Das Einheitliche wird uneinheitlich. Es fehlt an Präzision; statt der Ruhe überwiegt eine anscheinend zwecklose Betriebsamkeit. Harmonie geht in Unordnung unter. Überall herrschen Aufregung und unaufhörliche Unruhe. Die Männer, die nicht zum Kampf angetreten sind, werden niemals fertig.

Von seinem Posten im vordersten Glied, rechts von seiner Kompanie, hatte Hauptmann Graffenreid unbehinderte Sicht in Richtung auf den Feind. Eine halbe Meile offenen und fast ebenen Bodens lag vor ihm, und dann bedeckte ein lichter Baumbestand einen leichten Geländeanstieg; nirgends war auch nur ein einziger Mensch zu sehen. Er konnte sich nichts Friedlicheres vorstellen als den Anblick der lieblichen Gegend mit ihren sich weithin dehnenden braunen Feldern, über denen die Luft in der warmen Morgensonne zu flimmern begann. Nicht ein Laut drang aus Wald oder Feld, nicht einmal das Bellen eines Hundes oder ein Hahnschrei vom halb sichtbaren Farmhaus auf der Anhöhe zwischen den Bäumen. Und doch wußte jeder einzelne Mann in der meilenlangen Front, daß er und der Tod sich gegenüberstanden.

Hauptmann Graffenreid hatte noch nie im Leben einen bewaffneten Feind gesehen, und der Krieg, in welchem sein Regiment als eins der ersten zu Felde zog, hatte vor zwei Jahren begonnen. Er hatte den seltenen Vorteil einer militärischen Ausbildung genossen, und als seine Kameraden an die Front marschierten, war er für den Verwaltungsdienst in die Hauptstadt seines Staates abkommandiert worden, weil man seinen Einsatz dort für am dringlichsten hielt. Wie ein schlechter Soldat protestierte er, und wie ein guter Soldat gehorchte er. Er hatte enge dienstliche und persönliche Beziehungen zum Gouverneur und genoß dessen Vertrauen und Wohlwollen, hatte aber jede Beförderung abgelehnt und mit angesehen, wie jüngere Kameraden ihn im Rang überholten. Der Tod hatte in seinem fernen Regiment reiche Ernte gehalten; immer wieder waren Lücken in den Reihen der Frontoffiziere entstanden, doch aus dem ritterlichen Gefühl heraus, daß die militärischen Ehrungen denen zukommen, die den Sturm und Streß der Schlachten erduldeten, hatte er seinen bescheidenen Rang beibehalten und den Aufstieg der andern großzügig gefördert. Seine stille Prinzipientreue hatte schließlich doch genützt: er wurde von seinen verhaßten Pflichten befreit und an die Front abkommandiert. Jetzt stand er im Vordertreffen, die Feuerprobe noch vor sich, als Führer einer Kompanie abgebrühter Veteranen, für die er nur ein Name gewesen war, oder gar ein Gespött. Denn niemand – nicht einmal diejenigen seiner Kameraden, zu deren Gunsten er sein Anrecht auf Beförderung zurückgestellt hatte – begriff sein Pflichtgefühl. Sie waren zu sehr mit sich selbst beschäftigt, um gerecht zu sein; man betrachtete ihn als einen, der sich vor der Pflicht gedrückt hatte, bis er widerstrebend gezwungen wurde, an die Front zu gehen. Sensibel genug, um es zu spüren, war er doch zu stolz, um sich zu rechtfertigen: er konnte nur durchhalten und hoffen.

An jenem Sommermorgen hatte keiner von der ganzen Unionsarmee der Schlacht freudiger entgegengesehen als Anderton Graffenreid. Er war in gehobener Stimmung und voller Tatendrang, ja in einem Zustand seelischer Erregung, so daß er das Zögern des Feindes, zum Angriff überzugehen, kaum ertragen konnte. Hier bot sich ihm endlich eine Gelegenheit – der Ausgang war ihm gleichgültig. Ob Sieg oder Niederlage – wie Gott es wollte –, er würde sich in jedem Fall als Soldat und Held erweisen; er würde sein Recht auf die Achtung seiner Leute, auf die Kameradschaft seiner Mitoffiziere und auf die Anerkennung seiner Vorgesetzten unter Beweis stellen. Wie freudig ihm das Herz in der Brust hämmerte, als das Horn die erregenden Klänge zum ›Besammeln‹ blies! Mit wie leichten Schritten – kaum spürte er den Boden unter seinen Füßen – trat er an die Spitze seiner Kompanie, und mit welcher Freude vermerkte er die taktischen Vorkehrungen, die sein Regiment in die vorderste Linie stellten! Und wenn ihm zufällig ein dunkles Augenpaar in den Sinn kam, in das vielleicht beim Lesen des Berichts über die Vorgänge des Tages ein sanftes Leuchten stieg, wer wollte ihn für diesen unkriegerischen Gedanken tadeln oder ihn eine Entwürdigung soldatischen Eifers nennen?

Plötzlich erhob sich eine Meile vor ihm aus dem Wald – scheinbar aus den oberen Zweigen der Bäume, aber in Wirklichkeit vom Höhenrücken dahinter – eine hohe weiße Rauchsäule. Eine Sekunde später ereignete sich eine dumpfe, alles erschütternde Detonation, gefolgt (fast begleitet) von einem widerlichen Rauschen, das mit unbegreiflicher Geschwindigkeit über den Zwischenraum zu stürmen schien und in viel zu rascher Steigerung vom Rauschen zum Geheul anschwoll, als daß man die aufeinanderfolgenden Stadien seines grausigen Verlaufs hätte wahrnehmen können. Ein sichtbares Schaudern durchlief die Reihen der Soldaten; alle erschraken und bewegten sich. Hauptmann Graffenreid wich aus und fuhr mit beiden Händen gegen die eine Seite des Kopfes – die Handflächen abwehrend nach außen gekehrt. Noch während er es tat, hörte er einen lauten, scharfen Knall und sah, wie auf einem Abhang hinter der Front Rauch und Staub wild emporwirbelten: es war die Explosion der Granate. Sie war etwa hundert Fuß links von ihm vorbeigesaust. Er hörte ein leises, spöttisches Lachen – oder bildete sich ein, es zu hören; als er in die Richtung blickte, aus der es kam, sah er, daß die Augen seines Oberleutnants mit unverkennbarem Spott auf ihn geheftet waren. Er blickte die Reihe der Gesichter in der vordersten Linie entlang. Die Leute lachten. Über ihn? Bei diesem Gedanken kehrte die Farbe in sein blutleeres Gesicht zurück – allzuviel Farbe! Seine Wangen glühten vor fiebriger Beschämung.

Der feindliche Schuß wurde nicht erwidert. Offenbar wünschte der Offizier, der an jener exponierten Stelle das Kommando führte, keine Kanonade zu entfesseln. Hauptmann Graffenreid war sich seines Gefühls der Dankbarkeit für diese Zurückhaltung bewußt. Er hatte nicht gedacht, daß der Flug eines Geschosses ein so grauenerregendes Ereignis war.

Seine Vorstellung vom Krieg hatte bereits eine tiefgreifende Veränderung erfahren, und er merkte, daß sich dieses neue Gefühl in sichtlicher Erregung äußerte. Das Blut kochte ihm in den Adern; ihm war zumute, als sollte er ersticken, und falls er jetzt einen Befehl erteilen müßte, würde er unhörbar oder zumindest unverständlich sein. Die Hand, die den Säbel hielt, zitterte; die andere bewegte sich mechanisch und krallte sich in verschiedene Stellen seiner Uniform. Er fand es schwierig, still zu stehen, und meinte, daß seine Leute es merkten. Hatte er Angst? Er befürchtete es.

Von irgendwoher weiter rechts kam, vom Wind hergetragen, ein leises, zeitweise unterbrochenes Brausen wie Meeresrauschen bei Sturm oder wie von einem fernen Zug oder wie Wind in den Kiefernwipfeln – drei einander so ähnliche Geräusche, daß sie ein ungeübtes Ohr nicht unterscheiden kann. Die Blicke der Truppen wandten sich unwillkürlich in jene Richtung; die berittenen Stabsoffiziere wandten ihre Feldstecher dorthin. In das Geräusch mischte sich ein unregelmäßiges Klopfen. Zuerst hielt er es für das Hämmern des erregten Blutes in seinen Ohren, dann für ferne Baßtrommelschläge.

»An der rechten Flanke geht der Tanz los«, sagte ein Offizier.

Hauptmann Graffenreid verstand nun: das Geräusch war Musketen- und Artilleriefeuer. Er nickte und versuchte zu lächeln. Offenbar wirkte sein Lächeln nicht ansteckend.

Jetzt stieg eine feine Kette blauer Rauchwölkchen aus dem gegenüberliegenden Waldrand, darauf folgte das Knattern von Gewehrfeuer. Es zischte scharf und schneidend durch die Luft und endete unvermittelt mit einem dumpfen Aufschlag ganz in der Nähe. Der Mann neben Hauptmann Graffenreid ließ sein Gewehr fallen, seine Knie knickten ein, und er schlug unbeholfen vornüber und fiel aufs Gesicht. Jemand brüllte: »Hinlegen!«, und nun war der Tote kaum von den Lebenden zu unterscheiden. Es sah aus, als hätten die paar Gewehrschüsse zehntausend Mann getötet. Nur die Stabsoffiziere blieben stehen; ihr Zugeständnis an die neue Situation bestand einzig darin, abzusitzen und ihre Pferde in den Schutz der niedrigen Hügel unmittelbar hinter ihnen zu schicken. Hauptmann Graffenreid lag neben dem Toten, aus dessen Brust ein kleines Rinnsal Blut floß. Es hatte einen schwachen, süßlichen Geruch, von dem ihm übel wurde. Das Gesicht war in die Erde gedrückt und flach gepreßt. Es sah bereits gelb aus und war abstoßend. Nichts deutete auf einen ruhmreichen Heldentod hin oder milderte das Widerliche des Vorfalls. Der Hauptmann konnte dem Toten nicht den Rücken kehren, ohne sich gleichzeitig von seiner Kompanie abzuwenden.

Er heftete die Blicke auf den Wald, wo alles wieder still war. Er versuchte sich auszumalen, was dort vorging: Truppen, die sich zum Angriff formierten, Kanonen, die von Hand bis an den offenen Waldrand geschoben wurden. Er glaubte, ihre schwarzen Mündungen aus dem Unterholz herausragen zu sehen, bereit, ihren Hagel an Granaten loszulassen, solcher Granaten wie der einen, deren Geheul seine Nerven so erschüttert hatte. Er riß die Augen auf, bis sie brannten; ein Schleier schien sich über sie zu senken; er konnte auf der andern Seite des Feldes nichts mehr erkennen, doch er wollte auch nicht den Blick abwenden, um nicht den Toten neben sich zu sehen.

Der Kampfesmut loderte jetzt nicht sehr hell in der Seele unseres Kriegers. Auf die Tatenlosigkeit war die Einsicht gefolgt. Er wollte sich lieber über seine Empfindungen klarwerden, statt sich durch Mut und Hingabe auszuzeichnen. Das Ergebnis war furchtbar enttäuschend. Er vergrub das Gesicht in den Händen und stöhnte laut.

Das heisere Grollen des Gefechts wurde auf der rechten Flanke immer deutlicher. Aus dem Raunen war ein Brüllen geworden, aus dem Pochen ein Donnern. Der Lärm hatte sich schräg vor die Front verlagert; offenbar wurde die Linke des Feindes zurückgetrieben, und bald würde der geeignete Augenblick kommen, um gegen die vorspringende Ecke der feindlichen Linie vorzustoßen. Die rätselhafte Stille weiter vorn war unheilschwanger; alle spürten, daß sie für die Angreifer Schlimmes bedeutete.

Hinter den platt am Boden Liegenden erscholl der Hufschlag galoppierender Pferde; die Männer drehten sich um und sahen hin. Ein Dutzend Stabsoffiziere ritten zu den verschiedenen Brigade- und Regimentskommandeuren, die wieder aufgesessen waren. Noch eine Sekunde, und dann erhob sich ein Chor von Stimmen, die alle wirr durcheinander die gleichen Worte ausstießen: »Bataillon – Achtung!« Die Männer sprangen auf, und die Kompanieführer ließen sie antreten. Sie erwarteten das Wort: ›Vorwärts!‹, erwarteten auch klopfenden Herzens und mit zusammengebissenen Zähnen den Hagel aus

Blei und Eisen, der sie vernichten würde, sowie sie sich, dem Befehl gehorchend, rührten. Der Befehl kam nicht; der Sturm brach nicht los. Die Verzögerung war gräßlich, zum Verrücktwerden! Sie war so entnervend wie ein Aufschub unter dem Fallbeil.

Hauptmann Graffenreid stand an der Spitze seiner Kompanie, der Tote lag ihm zu Füßen. Rechts hörte er den Schlachtenlärm, das Knattern und Krachen der Musketen, das endlose Donnern der Kanonen, vereinzelte Hurrarufe der nicht sichtbaren Kämpfenden. Er bemerkte Rauchwolken, die aus fernen Wäldern aufstiegen. Die unheimliche Stille des gegenüberliegenden Waldes fiel ihm auf. Diese grellen Kontraste verletzten sein ganzes Empfindungsvermögen. Die nervliche Anspannung war unerträglich. Ihm wurde abwechselnd heiß und kalt. Er keuchte wie ein Hund, und dann vergaß er zu atmen, bis ein Schwindelgefühl ihn daran erinnerte.

Plötzlich wurde er ruhig. Während er nach unten sah, war sein Blick auf den gezogenen Säbel gefallen, den er so hielt, daß die Spitze auf den Boden zeigte und er ihn in der Verkürzung vor sich sah. Dadurch glich er, wie ihm schien, dem kurzen, schweren Schwert der alten Römer. Der Gedanke barg Verlockungen – böse, schicksalhafte, heroische!

Der Sergeant im rückwärtigen Glied, unmittelbar hinter ihm, beobachtete jetzt etwas Seltsames. Seine Aufmerksamkeit war durch eine ungewöhnliche Bewegung des vor ihm stehenden Hauptmanns erregt worden – durch ein jähes Vorstrecken der Arme und ein wildes Wiedereinholen der abgewinkelten Ellbogen, wie beim Rudern –, und schon sah er zwischen den Schulterblättern des Hauptmanns eine blanke

Metallspitze hervorkommen, die länger und länger wurde, beinah halb so lang wie ein Arm – eine Säbelklinge! Sie war etwas gerötet, und die Spitze näherte sich der Brust des Sergeanten so schnell, daß er erschrocken zurückwich. Im gleichen Augenblick kippte Hauptmann Graffenreid schwer vornüber auf den toten Soldaten und starb.

Eine Woche danach reichte der Generalmajor, der das linke Korps der Unionsarmee kommandierte, folgenden offiziellen Rapport ein: ›In bezug auf das Vorgehen vom 19.ds. beehre ich mich, Sir, zu berichten, daß meine Truppen nicht ernstlich ins Gefecht kamen, weil der Feind sich von meiner Front zurückzog, um seinen geschlagenen linken Flügel zu verstärken. Ich hatte folgende Verluste: Gefallene: ein Offizier, ein Mann.‹

George Thurston

Drei Ereignisse im Leben eines Mannes

George Thurston war Oberleutnant und Adjutant im Stabe von Oberst Brough, der eine Brigade der Unionsarmee befehligte. Oberst Brough hatte das Kommando nur vorübergehend als Rangältester, weil dem Brigadegeneral nach einer schweren Verwundung ein Erholungsurlaub gewährt worden war. Leutnant Thurston kam, glaube ich, aus dem Regiment von Oberst Brough, in das er natürlich zusammen mit seinem Chef wieder zurückversetzt worden wäre, hätte er die Genesung unsres Brigadekommandeurs noch erlebt. Der Adjutant, dessen Stelle Thurston einnahm, war gefallen; Thurstons Versetzung in unser Regiment war die einzige Veränderung, die sich bei unserm Stab als Folge des Kommandowechsels ergab. Wir mochten ihn nicht; er war ungesellig. Das empfanden jedoch die andern stärker als ich. Meine Pflichten als Vermessungsoffizier hielten mich – ob im Lager oder auf dem Marsch, ob in der Kaserne, in Zelten oder im Biwak – voll beschäftigt. Ich war den ganzen Tag im Sattel und saß die halbe Nacht am Zeichentisch, um an Hand meiner Vermessungen Pläne anzufertigen. Es war eine riskante Beschäftigung; je mehr ich mich den feindlichen Linien nähern konnte, desto wertvoller waren meine Geländenotizen und die danach entstehenden Karten. Bei diesem Beruf galt ein Menschenleben wie nichts, verglichen mit der Chance, den Verlauf einer Landstraße feststellen oder eine Brücke einzeichnen zu können. Manchmal mußten ganze Kavallerieschwadronen gegen einen starken Infanterievorposten losstürmen, damit die kurze Zeit zwischen dem Angriff und dem unumgänglichen Rückzug ausgenutzt werden konnte, um eine Furt zu erforschen oder die Lage einer Straßenkreuzung zu bestimmen.

In einigen abgelegenen Winkeln von England und Wales gibt es einen uralten Brauch, ›die Gemeindegrenzen einzubleuen‹. An einem bestimmten Tag des Jahres begeben sich alle Einwohner auf die Felder hinaus und ziehen von einem Grenzstein zum nächsten. An den wichtigsten Punkten werden die jungen Burschen mit Ruten verprügelt, damit sie sich ihr Leben lang an die Stellen erinnern und später im Zweifelsfalle als Autorität ihr Urteil abgeben können. Unsre häufigen Scharmützel mit den konföderierten Vorposten, Patrouillen und Spähtrupps hatten den gleichen erzieherischen Wert: sie prägten meinem Gedächtnis ein lebhaftes und offenbar unvergängliches Bild der Gegend ein, ein Bild, das oft anstatt genauer Geländenotizen dienen mußte, deren Niederschrift bei all den Karabinerschüssen, dem Säbelklirren und den umherspringenden Pferden natürlich nicht so ganz einfach war. Solche stürmischen Zusammenstöße stachen stets besonders deutlich aus meinen Beobachtungen hervor.

Als ich eines Morgens an der Spitze meiner Eskorte zu einer ungewöhnlich riskanten Unternehmung aufbrach, ritt Leutnant Thurston heran und fragte, ob ich etwas dagegen einzuwenden hätte, wenn er mich begleitete; der kommandierende General habe ihm schon Erlaubnis erteilt.

»Durchaus nicht«, erwiderte ich etwas unfreundlich, »aber in welcher Eigenschaft wollen Sie mitkommen? Sie sind kein Topograph, und Hauptmann Burling befehligt meine Eskorte.«

»Ich möchte als Zuschauer mitkommen«, sagte er. Er schnallte sein Wehrgehänge ab, zog die Pistolen aus den Halftern und gab sie seinem Burschen, der sie ins Hauptquartier zurückbrachte. Die Grobheit meiner Antwort kam mir zu Bewußtsein, aber da ich nicht wußte, wie ich mich entschuldigen sollte, schwieg ich.

Am Nachmittag stießen wir auf ein ganzes Regiment feindlicher Kavallerie in Kampfstellung und auf ein Feldgeschütz, das eine ganze Meile der Landstraße beherrschte, auf der wir uns genähert hatten. Meine Eskorte kämpfte auseinandergefächert im Wald zu beiden Seiten der Straße, Thurston aber hielt mitten auf dem Damm, über den in Abständen von wenigen Sekunden ein Hagel von Kartätschen und Blei hinwegfegte, der die Luft zerriß. Thurston hatte die Zügel auf den Hals seines Pferdes fallen lassen und saß kerzengerade mit verschränkten Armen im Sattel. Doch bald lag er unten, denn sein Pferd war in Stücke zerrissen. Pflichtvergessen dachte ich nicht mehr an Notizbuch und Bleistift, sondern beobachtete vom Straßenrand, wie Thurston sich langsam unter dem Kadaver hervormühte und aufstand. In diesem Augenblick stürmte – das Geschützfeuer war inzwischen eingestellt worden – ein stämmiger feindlicher Reiter auf feurigem Pferd wie der Blitz mit gezogenem Säbel die Straße einher. Thurston sah ihn kommen, richtete sich in voller Größe auf und verschränkte wieder die Arme. Er war zu tapfer, um vor dem Säbel auszureißen, und meine unhöflichen Worte hatten ihn ja entwaffnet. Er war Zuschauer. Noch eine Sekunde, und er wäre wie ein Makrele in zwei Hälften zerlegt worden, doch zum Glück streckte eine Kugel den Angreifer in den Straßenstaub, und zwar so knapp vor Thurston, daß der Tote unter der Wucht seines Ansturms dem Leutnant vor die Füße fiel.

Als ich am Abend meine rasch hingekritzelten Notizen eintrug, fand ich Zeit, mir eine Entschuldigung zurechtzulegen, die im Grunde weiter nichts als ein primitives Eingeständnis war, daß ich wie ein gemeiner Idiot geredet hatte.

Ein paar Wochen später machte ein Teil meiner Armee einen Vorstoß auf die linke Flanke des Feindes. Den Angriff, der auf unbekanntem Gelände und gegen eine unbekannte Stellung unternommen wurde, führte unsere Brigade an. Der Boden war so uneben, und das Unterholz war so dicht, daß sämtliche Reiter, Offiziere wie Mannschaften einschließlich des Brigadekommandeurs und seines Stabes, zu Fuß kämpfen mußten. Im Durcheinander wurde Thurston von uns getrennt, und wir fanden ihn erst mit einer schrecklichen Verwundung wieder, nachdem wir die letzte Stellung des Feindes erobert hatten. Er lag ein paar Monate in Nashville im Lazarett, stieß dann aber wieder zu uns. Über sein Abenteuer sprach er wenig, außer, daß er sich verirrt habe, in die feindlichen Linien geraten und niedergeschossen worden sei; doch von einem seiner Gegner, den wir dann unsererseits erwischten, erfuhren wir Einzelheiten.

»Er kam geradenwegs auf uns zu«, erzählte der Mann, »wo wir unsre Frontlinie hatten. Ein ganzer

Trupp von uns sprang sofort hoch und richtete das Gewehr auf seine Brust – ein paar berührten ihn beinah. ›Wirf den Säbel weg und ergib dich, du verdammter Yankee!‹ schrie einer von den Korporalen. Der Leutnant betrachtete sich die Gewehrläufe, verschränkte die Arme über der Brust, hielt weiterhin den Säbel fest und erwiderte nachdrücklich: ›Das tu ich nicht!‹ Wenn wir alle geschossen hätten, wäre er durchlöchert worden. Einige von uns schossen nicht – ich jedenfalls nicht – nicht um die Welt hätte ich's getan.«

Wenn man dem Tod gelassen ins Auge sieht und sich nicht von ihm einschüchtern läßt, dann hebt das natürlich das Selbstbewußtsein. Ich weiß nicht, ob es dieses Gefühl war, das sich bei Thurston in seinem steifen Verhalten und in den verschränkten Armen äußerte. In seiner Abwesenheit wurde eines Tages in der Offiziersmesse eine andre Erklärung vorgebracht, und zwar von unserm Quartiermeister, der ein unheilbarer Stotterer war, sobald er eins über den Durst getrunken hatte: »So be-be-bezwingt er eben s-s-seine an-an-ange-bo-bo-borene Nei-Neigung, au-au-auszureißen.«

»Was?« fuhr ich auf und erhob mich empört. »Wollen Sie etwa andeuten, daß Thurston ein Feigling ist – noch dazu in seiner Abwesenheit?«

»W-w-wenn er ein F-f-feigling wäre, w-w-würde er s-s-sich nicht be-bezwingen, und w-w-wenn er hi-hi-hier w-w-wäre, w-w-würde ich n-n-nicht w-w-wagen, d-d-drüber zu sprechen«, antwortete er begütigend.

Aber George Thurston, der Unerschrockene, starb eines schmählichen Todes. Die Brigade war im

Lager, das Hauptquartier war in einem Wald mit mächtigen Bäumen. An einem der höchsten Äste hatte ein wagemutiger Kletterer die zwei Enden eines hundert Fuß langen Seils befestigt und so eine Schaukel gemacht. Aus einer Höhe von fünzig Fuß auf einem Radius von der gleichen Länge herunterzusausen, zu einer ebensolchen Höhe hinaufzufliegen, einen atemberaubenden Moment oben innezuhalten und wieder schwindlig herunterzufegen – wer das nicht ausprobiert hat, kann sich nicht vorstellen, was für Ängste der Ungeübte bei diesem Sport aussteht.

Thurston trat eines Tages aus seinem Zelt und wollte in der Kunst unterwiesen werden, wie man die Schaukel in Schwung bringt – einer Kunst, die jeder Schuljunge beherrscht. Im Nu hatte er den Trick heraus und schwang sich höher hinauf, als es die Geübtesten unter uns gewagt hätten.

Beim bloßen Anblick seiner furchtbaren Höhenflüge schauderte es uns. »Ha-ha-haltet ihn!« rief der Quartiermeister, der gemächlich aus dem Messezelt angetrödelt kam, wo er gegessen hatte. »Er weiß n-n-nicht, d-d-daß d-d-der Sch-sch-schwung auf-hö-hört, s-s-sowie er d-d-drüber rausschwingt!«

Der kräftige, jetzt in der Schaukel stehende Mann schleuderte sich mit solcher Energie durch die Luft, daß sein Körper an jedem Endpunkt des immer höher werdenden Bogens beinah waagerecht lag. Würde er sich zu einer Höhe aufschwingen, die höher als die Befestigung des Seils war, dann wäre er verloren: dann würde das Seil nicht straff bleiben, er würde senkrecht hinabstürzen, und das Seil würde ihm aus den Händen gerissen. Alle erkannten die

Gefahr, alle schrien ihm zu, aufzuhören, und machten ihm wilde Zeichen, sowie er undeutlich und mit dem Geräusch einer sausenden Kanonenkugel durch die tiefergelegenen Bereiche seines gräßlichen Pendelschwungs an uns vorbeischoß. Eine in der Nähe stehende Frau wurde ohnmächtig und fiel hin, ohne daß wir es merkten. Männer aus dem Lager eines benachbarten Regiments kamen in Scharen angerannt, um ihn zu sehen, und alle schrien. Plötzlich, als Thurston gerade wieder aufwärtsschwang, verstummten die Rufe.

Thurston und die Schaukel hatten sich voneinander getrennt – das ist alles, was man weiß: beide Hände hatten gleichzeitig das Seil losgelassen. Der Schwung der leichten Schaukel ließ sofort nach und brach in sich zusammen; der Schwung des menschlichen Körpers trug ihn, beinah stehend, hinauf und vorwärts, nicht mehr auf seinem bisherigen Bogen, sondern in einer darüberhinausschwingenden Kurve. Es konnte keine Sekunde gedauert haben, doch uns kam es wie eine Ewigkeit vor. Ich schrie – oder glaubte zu schreien: »Mein Gott, wie weit fliegt er denn noch hinauf?« Er flog dicht an einem Ast vorbei. Ich erinnere mich an das Glücksgefühl, das mich überkam, weil ich glaubte, er würde ihn packen und sich retten. Ich fragte mich schon, ob der Ast sein Gewicht tragen würde. Aber er flog über ihn hinweg und hob sich, von meinem Standpunkt aus gesehen, deutlich gegen den blauen Himmel ab. Nach all den Jahren kann ich mich genau an das Bild des Mannes vor der Himmelsbläue erinnern, an den aufrechten Kopf, die geschlossenen Füße, die Hände – nein, die Hände sehe ich nicht. Ganz plötzlich überschlug er sich und stürzte mit rasender Geschwindigkeit herunter. Die Leute, die sich unwillkürlich näher herzugedrängt hatten, schrien auf. Man sah etwas durch die Luft wirbeln, vor allem die Beine. Dann ein unbeschreiblicher Laut, ein Laut vom Aufprall eines Körpers, der den Boden erschüttert – und den Männern, die den Tod in seinen grauenhaftesten Formen gesehen haben, wird übel. Viele entfernen sich unsicheren Schritts, andere lehnen sich gegen einen Baumstamm oder setzen sich auf die Wurzeln. Der Tod hat fair gekämpft; er hat mit einer unbekannten Waffe zugeschlagen und eine neue, besorgniserregende Kriegslist angewandt. Wir ahnten nicht, daß er so grausige Hilfsquellen besaß – Möglichkeiten so jammervollen Schreckens.

Thurstons Körper lag auf dem Rücken. Das eine Bein war oberhalb des Knies gebrochen und abgeknickt; der Knochen steckte im Boden. Der Bauch war aufgeplatzt, die Eingeweide quollen hervor. Er hatte sich das Genick gebrochen.

Die Arme hatte er fest über der Brust verschränkt.

Die Spottdrossel

Die Zeit: ein schöner Sonntagnachmittag im Frühherbst des Jahres 1861. Der Ort: das Innere eines Waldes im gebirgigen Südwesten Virginias. Man sieht den Soldaten Grayrock von der Unionsarmee, wie er behaglich am Fuß einer hohen Kiefer sitzt, an deren Stamm er sich anlehnt. Die Beine hat er lang von sich gestreckt, sein Gewehr liegt quer über seinen Oberschenkeln; die Hände sind gefaltet (damit sie nicht seitlich abrutschen) und ruhen auf dem Gewehrlauf. Durch die Berührung seines Hinterkopfs mit dem Baumstamm ist ihm die Mütze in die Augen gerutscht, so daß sie kaum noch zu sehen sind. Bei seinem Anblick könnte man glauben, daß er schläft.

Der Soldat Grayrock schlief nicht; hätte er es getan, dann wären die Interessen der Union bedroht gewesen, denn er befand sich weit vor der Front und war der Gefangennahme oder dem Tod von Feindeshand ausgesetzt. Überdies war er in einer Gemütsverfassung, die der Ruhe nicht zuträglich war. Der Grund für seine seelische Unrast war folgender: während der voraufgegangenen Nacht hatte man ihn der Feldwache zugeteilt und in eben diesem Wald als Vorposten eingesetzt. Die Nacht war hell gewesen, obwohl der Mond nicht schien, doch mitten im Wald herrschte tiefe Dunkelheit. Grayrocks Standort war ziemlich weit von den Vorposten rechter und linker Hand entfernt; denn die Wachen waren unnötig weit vom Lager aufgestellt worden, wodurch sich die Linie für den abkommandierten

Truppenteil als zu lang erwies. Der Krieg war noch im Anfangsstadium, und in den Militärlagern war man noch im Irrtum befangen, daß man während des Schlafs besser durch schwach besetzte, weit vorgeschobene Postenlinien vor dem Feind gesichert sei, als durch stärker besetzte dicht beim Lager. Und sie mußten ja freilich recht lange vorher Nachricht vom Nahen eines Feindes erhalten, weil sie damals noch Wert darauf legten, sich anzukleiden – eine Gewohnheit, die äußerst unsoldatisch war. Am Morgen des denkwürdigen sechsten April waren in Shiloh viele Männer von General Grants Armee so nackt wie Zivilisten, als sie auf die konföderierten Bajonette aufgespießt wurden: doch muß zugegeben werden, daß es nicht an einem Versagen ihrer Vorposten lag. Der Fehler war ganz anderer Art: Sie hatten überhaupt keine Vorposten. Das ist aber wohl eine überflüssige Abschweifung. Ich sollte mich nicht damit befassen, den Leser für des Schicksal einer ganzen Armee zu interessieren – uns geht hier allein das Schicksal des Soldaten Grayrock an.

Nachdem man ihn in jener Herbstnacht allein zurückgelassen hatte, stand er zwei Stunden lang stockstill und lehnte sich an den Stamm eines großen Baums, starrte in das vor ihm liegende Dunkel und versuchte, bekannte Dinge wiederzuerkennen, denn er war schon tagsüber auf der gleichen Stelle postiert gewesen. Doch nun war alles anders; er sah keine Einzelheiten mehr, sondern nur noch Gruppen von Dingen, deren Umrisse ihm jetzt unbekannt schienen, da er sie nicht bemerkt hatte, als es noch anderes zu beobachten gab. Es kam ihm so vor, als wären sie vorher nicht dagewesen. Außerdem ist eine Landschaft, die nur aus Bäumen und Unterholz besteht, nicht sehr einprägsam; sie ist unübersichtlich und ohne Anhaltspunkte, nach denen man sich richten kann. Wenn nun noch das Düster einer mondlosen Nacht hinzukommt, dann ist schon etwas mehr als eine große, natürliche Intelligenz und städtische Schulbildung nötig, um nicht die Orientierung zu verlieren. Und so kam es, daß der Soldat Grayrock, nachdem er aufmerksam in das vor ihm liegende Dunkel gespäht hatte und dann törichterweise zwecks Erforschung der schwach sichtbaren nächsten Umgebung behutsam den Baum umkreiste, zu guter Letzt die Richtung verlor und damit seinen Nutzen als Wachtposten ernstlich herabminderte. Soldat Grayrock war äußerst beunruhigt, weil er sich auf seinem Posten verirrt hatte und nicht mehr wußte, in welcher Richtung er nach einem sich nähernden Feind Ausschau halten sollte oder wo das schlafende Lager zu finden war, für dessen Sicherheit er mit seinem Leben bürgte. Obendrein war er sich noch in anderer Hinsicht seiner unangenehmen Lage bewußt und stellte Überlegungen an, die seine eigene Sicherheit betrafen. Es blieb ihm auch keine Zeit, seine Gemütsruhe wiederzuerlangen, denn beinah im gleichen Moment, als ihm seine mißliche Lage klar wurde, hörte er Blätterrascheln und das Knacken von heruntergefallenen Zweigen, und als er stockenden Herzens in die Richtung blickte, aus der das Geräusch kam, erkannte er im Dunkeln die undeutlichen Umrisse einer menschlichen Gestalt.

»Halt!« rief der Soldat Grayrock entschlossen, wie es seine Dienstvorschrift verlangte, und verlieh dem Anruf noch mehr Nachdruck durch den scharfen, metallischen Laut, der beim Spannen des Gewehrs entstand.

Es kam keine Antwort, jedenfalls verzögerte sie sich um eine Sekunde, und wenn sie überhaupt kam, wurde sie übertönt vom Knall seines Gewehrs. In der Stille der Nacht und des Waldes war der Lärm ohrenbetäubend, und kaum war er verklungen, als er schon von den rechts und links anschließenden Posten wiederholt wurde – eine Sympathiekundgebung in Form von Gewehrschüssen. Seit zwei Stunden hatte die Phantasie dieser verbohrten Zivilisten überall Feinde gesehen und den Wald mit ihnen bevölkert, und Grayrocks Schuß hatte der ganzen zudringlichen Schar zu sichtbarem Dasein verholfen. Nachdem sie geschossen hatten, zogen sich alle atemlos auf die Reservestellung zurück, alle außer Grayrock, der nicht wußte, in welche Richtung er sich zurückziehen sollte. Als keine Feinde erschienen und das zwei Meilen entfernte, aufgescheuchte Lager sich wieder ausgezogen und zu Bett gelegt hatte und die Vorpostenkette vorsichtig neu besetzt wurde, entdeckte man Grayrock, der tapfer auf seinem Posten ausgeharrt hatte. Er wurde vom Vorpostenoffizier als der einzige der wackeren Schar belobigt, den man mit Recht als das moralische Gegenstück der ungewöhnlichen Werteinheit ›Teufelskerl‹ bezeichnen könne.

Grayrock hatte sich inzwischen eingehend, wenn auch erfolglos, auf die Suche nach den sterblichen Überresten des Eindringlings begeben, auf den er geschossen und den er, wie es ihm der Instinkt des guten Schützen verriet, auch getroffen hatte; er war nämlich einer jener geborenen Schützen, die, ohne zu zielen und nur von einem instinktiven Richtungssinn geleitet, draufloszuballern und bei Nacht fast ebenso gefährlich sind wie bei Tage. Während der vollen Hälfte seiner vierundzwanzig Jahre war er in drei Städten der Schrecken aller Schießbudenbesitzer gewesen. Da er jetzt sein erlegtes Wild nicht vorzeigen konnte, war er klug genug, den Mund zu halten, und froh, daß sein Offizier und die Kameraden ohne weiteres annahmen, er könne nichts Feindliches gesehen haben, da er nicht davongelaufen war. Seine ›ehrenvolle Erwähnung‹ hatte er sich jedenfalls dadurch verdient, daß er nicht ausgerissen war.

Trotzdem war der Soldat Grayrock alles andere als beruhigt ob seines nächtlichen Abenteuers, und als er am nächsten Tag unter einem einigermaßen glaubwürdigen Vorwand um einen Passierschein zum Überschreiten der Frontlinie bat, den der kommandierende General ihm in Anbetracht seiner Tapferkeit in der voraufgegangenen Nacht prompt bewilligte, überschritt er die Frontlinie an der Stelle, wo sich seine Heldentat abgespielt hatte. Dem Posten, der jetzt dort Wache hielt, erzählte er, daß er etwas verloren hätte – und das stimmte nur zu sehr. Er nahm die Suche nach dem Mann auf, den er erschossen zu haben glaubte. Falls er ihn nur verwundet hatte, hoffte er ihn aufzufinden, indem er der Blutspur folgte. Doch er hatte bei Tageslicht ebensowenig Erfolg wie in der Dunkelheit, und nachdem er ein weites Gebiet abgestreift hatte und tollkühn ein ganzes Stück in die ›Konföderation‹ eingedrungen war, gab er die Suche ziemlich ermattet auf, setzte sich an den Fuß der hohen Kiefer, wo wir ihn antrafen, und überließ sich seiner Enttäuschung.

Es darf nun nicht gefolgert werden, daß Grayrocks Verdruß einer grausamen Veranlagung entsprang, weil er an einer blutigen Tat verhindert wurde. Von den großen, klaren Augen, den schön geschwungenen Lippen und der breiten Stirn des jungen Mannes ließ sich etwas ganz anderes ablesen, und tatsächlich war sein Charakter eine seltsam glückliche Mischung von Kühnheit und Zartgefühl, von Mut und feinem Gewissen. ›Da bin ich nun enttäuscht‹, dachte er bei sich, als er im goldenen Dunst saß, in den der Wald wie ein sanfteres Meer getaucht war, ›enttäuscht, weil ich einen Mitmenschen nicht entdecken kann, der durch meine Hand umgekommen ist. Wünsche ich denn wirklich, ein Menschenleben in Erfüllung einer Pflicht zerstört zu haben, die ich genausogut auch ohne eine solche Tat erfüllt hätte? Was könnte ich Besseres wünschen? Wenn tatsächlich eine Gefahr drohte, hat mein Schuß sie verhütet, und das zu tun, war ich hier. Nein, ich freue mich sehr, daß ich kein Menschenleben ohne zwingende Notwendigkeit ausgelöscht habe. Aber ich bin in einer falschen Lage. Ich ließ mich von meinem Offizier loben und von meinen Kameraden beneiden. Das Lager hallt vom Ruhm meiner Tapferkeit wider. Das ist nicht richtig. Ich weiß, daß ich mutig bin, aber dieser Ruhm ist für Taten bestimmt, die ich nicht vollbracht habe – oder auf andere Art vollbrachte. Man glaubt allgemein, daß ich mutig und ohne zu schießen auf meinem Posten blieb, während ich es war, der mit der Schießerei begann, und in der allgemeinen Bestürzung bin ich nur deshalb nicht geflohen, weil ich hilflos war. Was soll ich also tun? Erklären, daß ich einen Feind sah und schoß? Das hat jeder von sich behauptet, und niemand glaubte es. Soll ich eine Wahrheit eingestehen, die meinen Mut schmälert und wie eine Lüge wirkt? Puh! Es ist eine üble Geschichte! Ich wünschte wirklich, ich könnte den Mann doch noch finden!‹

Und bei diesem Wunsch wurde der Soldat Grayrock schließlich von der Nachmittagsschwüle überwältigt und von dem eintönigen Gesumm der Insekten in ein paar duftenden Büschen eingelullt, so daß er die Interessen der Union völlig vergaß und einschlief und sich der Gefahr einer Gefangennahme aussetzte. Und schlafend träumte er.

Er war wieder ein Junge und wohnte in einem fernen, schönen Land am Ufer eines großen Stroms, auf dem hochragende Dampfschiffe majestätisch unter schwarzem Rauchgewölk auf und ab fuhren, das sie schon lange vorher ankündigte, noch bevor sie hinter der Flußbiegung auftauchten, und das ihren Fahrweg anzeigte, wenn sie noch viele Meilen außer Sicht waren. Wenn er sie beobachtete, war ihm stets einer zur Seite, dem er mit Herz und Seele in Liebe zugetan war: sein Zwillingsbruder. Gemeinsam strolchten sie an den Flußufern entlang, gemeinsam erforschten sie die abseits liegenden Felder und sammelten würzige Minze und duftenden Sassafras auf den alles überragenden Hügeln, hinter denen ihr ›Land der Wunder‹ lag und von denen sie, wenn sie südwärts über den großen Strom spähten, einen Blick auf das ›Land der Verzauberung‹ erhaschen konnten. Hand in Hand und einmütigen Herzens wanderten sie, die einzigen Kinder einer verwitweten Mutter, auf lichten Pfaden durch friedliche Täler und sahen immer wieder neue Dinge unter einer neuen Sonne. Und über all diesen goldenen Tagen schwebte unaufhörlich ein Getön – das volle, ergreifende Lied einer Spottdrossel im Käfig neben ihrer Haustür. Wie ein musikalischer Segen durchdrang und beherrschte es alle Lücken des Traums. Der fröhliche Vogel sang immer; die unendliche Vielfalt seiner Töne schien ihm wie das Wasser eines sprudelnden Springquells bei jedem Herzschlag mühelos aus der Kehle zu strömen. Die frische, klare Melodie schien der Geist des Ortes zu sein und den Sinn der Geheimnisse von Leben und Liebe auszudrücken und zu deuten.

Doch dann kam eine Zeit, da waren die Tage des Traums von Sorge verfinstert und in Tränenfluten erstickt. Die gute Mutter war tot, das Wiesenheim am großen Fluß wurde aufgelöst, und die Zwillingsbrüder wurden getrennt und bei Verwandten untergebracht. William, der Träumer, kam in eine dicht bevölkerte Stadt im ›Land der Wunder‹, und John überquerte den Strom zum ›Land der Verzauberung‹ und kam in eine ferne Gegend, deren Bewohner in ihren Sitten und Lebensgewohnheiten fremd und böse sein sollten. Bei der Aufteilung der Habe ihrer Mutter war ihm, John, das einzige zugefallen, was sie für wertvoll ansahen: die Spottdrossel. Man konnte die beiden auseinanderreißen, aber nicht die Spottdrossel, deshalb wurde sie in das fremde Land geschafft und blieb Williams Welt auf immer entrückt. Und doch schien ihm ihr Lied immer im Ohr und im Herzen zu klingen und erfüllte auch jetzt, im Traum, die spätere Zeit seiner Einsamkeit.

Die Verwandten, die die Kinder adoptiert hatten, waren verfeindet und hielten keine Verbindung aufrecht. Eine Zeitlang gingen noch Briefe zwischen den Jungen hin und her, Briefe voll knabenhafter Prahlerei und ruhmrediger Beschreibungen ihres erweiterten Gesichtskreises und der neuen Welten, die sie erobert hatten, doch allmählich wurden die Briefe seltener, und als William in eine andere, größere Stadt umzog, hörten sie gänzlich auf. Aber durch alles tönte das Lied der Spottdrossel, und als der Träumer jetzt die Augen aufschlug und in die Lichtung im Kiefernwald blickte, wurde ihm erst durch das Aufhören des Getöns bewußt, daß er wach war. Im Westen stand tief und rot die Sonne; ihre niedrigen Strahlen warfen von jedem Stamm der riesigen Kiefern eine Schattenwand auf, die den goldenen Dunstschleier im Osten durchquerte, bis Licht und Schatten in einem ununterscheidbaren Blau verschmolzen. Der Soldat Grayrock erhob sich und schaute sich vorsichtig um, schulterte sein Gewehr und machte sich auf den Weg zum Lager. Er war vielleicht eine halbe Meile gegangen und schritt durch ein Lorbeergebüsch, als aus dessen Mitte ein Vogel aufflog, sich auf den überhängenden Ast eines Baumes setzte und aus seiner fröhlichen Brust so unerschöpfliche Liederfluten hervorquellen ließ, wie sie nur ein einziges von Gottes Geschöpfen zu seinem Lobe anstimmen kann. Es war so wenig dabei – nur ein Öffnen des Schnabels und ein Atemhauch, doch wie getroffen blieb der Mann stehen, blieb stehen und ließ sein Gewehr fallen, blickte zum Vogel auf, bedeckte die Augen mit den Händen und weinte wie ein Kind! In diesem Augenblick war er wirklich in seiner Gemütsverfassung und in der Erinnerung ein Kind und wohnte wieder am großen Strom gegenüber vom ›Land der Verzauberung‹. Dann, mit einer mächtigen Willensanstrengung, riß er sich zusammen, hob er die Waffe auf, nannte sich selbst einen furchtbaren Dummkopf und ging weiter. Als er an einer Lücke vorbeikam, die ins Innere des kleinen Dickichts führte, blickte er hinein, und dort lag – lang ausgestreckt auf der Erde und die Arme weit von sich gestreckt, die graue Uniform von einem einzigen Blutfleck auf der Brust gerötet, das bleiche Gesicht scharf nach oben und rückwärts gewandt – das Ebenbild seiner selbst, der Leichnam John Grayrocks, an einem Gewehrschuß gestorben, und noch warm. William hatte seinen Mann gefunden.

Als der unglückliche Soldat neben dieser Glanzleistung des Bürgerkriegs niederkniete, brach der Vogel auf dem Ast über ihm sein Lied ab und glitt, von der Pracht des roten Sonnenuntergangs rot überhaucht, still durch die ernste Weite des Waldes. Beim Abendappel im Lager der Unionstruppen erfolgte beim Aufruf des Namens William Grayrock keine Antwort, und auch später nie wieder.

Zivilisten

Der Mann, der aus der Nase trat

In einem Stadtteil San Franciscos, der unter dem ziemlich ungenau benutzten Namen North Beach bekannt ist, liegt an der Kreuzung zweier Straßen ein unbebautes Grundstück, das eigentlich etwas ebener ist, als man es sonst bei Grundstücken jenes Bezirks, ob unbebaut oder bebaut, vorfinden wird. Unmittelbar dahinter, in südlicher Richtung, steigt der Boden jedoch steil an: der Abhang ist in drei Terrassen aufgeteilt, die in den weichen Fels gehauen wurden. Es ist so recht eine Gegend für Ziegen und arme Leute, und mehrere Familien von beiden Gattungen haben sie ›seit der Gründung der Stadt‹ gemeinsam und freundschaftlich in Besitz genommen. Eine der bescheidensten Behausungen der untersten Terrasse fällt wegen ihrer annähernden Ähnlichkeit mit einem menschlichen Gesicht auf, oder vielmehr mit einer Nachahmung dessen, was sich ein Junge aus einem ausgehöhlten Kürbis zurechtgebastelt hat, ohne etwa damit seine Rasse beleidigen zu wollen. Die Augen werden durch die zwei kreisrunden Fenster des Hauses gebildet, die Nase ist eine Tür, der Mund ist eine Öffnung, die dadurch entstand, daß ein Brett unter der Tür entfernt wurde. Zur Tür führen keine Stufen hinauf. Als Gesicht ist das Haus zu groß, als Wohnung ist es zu klein. Der leere, ausdruckslose Blick seiner Augen, die weder Lid noch Brauen haben, ist unheimlich.

Manchmal tritt ein Mann aus der Nase, wendet

sich um, geht an der Stelle vorbei, wo das rechte Ohr sein sollte, und bahnt sich dann einen Weg durch das Gedränge der Kinder und Ziegen, die den schmalen Gang zwischen den Türen seiner Nachbarn und dem Rand der Terrasse versperren. Er gelangt auf die Straße, indem er eine morsche Treppe hinuntersteigt. Dort bleibt er stehen, um auf die Uhr zu sehen, und ein zufällig vorübergehender Fremder wundert sich, weshalb ein solcher Mann sich darum kümmert, wieviel Uhr es ist. Längere Beobachtungen würden jedoch zeigen, daß die genaue Uhrzeit für das Vorhaben des Mannes von Wichtigkeit ist, denn es ist genau zwei Uhr nachmittags, wenn er dreihundertfünfundsechzigmal im Jahr aus der Nase tritt.

Nachdem er sich überzeugt hat, daß er sich in der Zeit nicht geirrt hat, steckt er die Uhr wieder ein und geht schnell in südlicher Richtung zwei Häuserblocks weit die Straße hinauf und wendet sich nach rechts, und bevor er sich der nächsten Straßenecke nähert, heftet er seine Blicke auf eins der oberen Fenster in einem dreistöckigen Haus auf der andern Straßenseite. Es ist ein etwas schmuddeliges Gebäude, dessen rote Backsteine jetzt grau sind. Das Alter und der Staub hinterließen ihre Spur. Es wurde als Wohnhaus errichtet, ist aber jetzt eine Fabrik. Ich weiß nicht, was darin fabriziert wird – Dinge eben, wie man sie gewöhnlich in einer Fabrik herstellt, nehme ich an. Ich weiß nur, daß das Haus tagtäglich um zwei Uhr nachmittags mit Ausnahme des Sonntags voller Lärm und Leben ist; das Stampfen einer großen Maschine erschüttert es, und immer wieder kreischt Holz auf, das von der Säge gequält wird. Im Fenster, auf das der Mann seinen unsagbar erwartungsvollen Blick heftet, ist nie irgend etwas zu sehen; auf der Scheibe liegt jedoch eine so dicke Staubschicht, daß sie längst aufgehört hat, durchsichtig zu sein. Der Mann schaut hinauf, ohne stehenzubleiben; er wendet nur den Kopf mehr und mehr zurück, je weiter er das Gebäude hinter sich läßt. Nachdem er zur nächsten Ecke weitergegangen ist, wendet er sich nach links, geht um den Block herum und kommt näher, bis er den Punkt schräg gegenüber von der Fabrik erreicht hat – einen Punkt, den er schon auf seinem ersten Gang passiert hat. Wieder geht er weiter und blickt häufig über die rechte Schulter auf das Fenster zurück, solange es noch in Sicht ist. Viele Jahre lang soll er seine Route nie geändert oder in seinem Verhalten eine einzige Neuerung hinzugefügt haben. Nach einer Viertelstunde ist er wieder am Mund seiner Behausung angelangt, und eine Frau, die seit einiger Zeit in der Nase gestanden hat, hilft ihm eintreten. Bis zum nächsten Tag um zwei Uhr ist er nicht mehr zu erblicken.

Mit der Frau ist er verheiratet. Sie ernährt sich und ihn dadurch, daß sie für die armen Leute der Nachbarschaft die Wäsche besorgt, und zwar gegen ein Entgelt, das jede Konkurrenz von Hausfrauen oder chinesischen Waschmännern zunichte macht.

Der Mann ist etwa siebenundfünfzig Jahre alt, obwohl er bedeutend älter aussieht. Sein Haar ist von einem stumpfen Weiß. Er trägt keinen Bart, und er ist immer frisch rasiert. Seine Hände sind sauber, seine Nägel sind gepflegt. An seiner Kleidung fällt auf, daß sie bedeutend besser ist, als es seiner Position in dieser Umgebung und der Beschäftigung seiner Frau entspricht. Er ist wirklisch sehr gut, wenn nicht gar modisch angezogen. Sein Zylinder stammt aus dem vorletzten Jahr, älter ist er nicht, und seine tadellos blank gewichsten Schuhe sind nirgends geflickt. Wie ich hörte, ist der Anzug, den er bei seinen täglichen Gängen von fünfzehn Minuten Dauer trägt, nicht der gleiche, den er zu Hause trägt. Wie alles, was er sonst noch besitzt, wird ihm seine Kleidung von seiner Frau gekauft und in Ordnung gehalten und so häufig erneuert, wie es ihre kargen Mittel erlauben.

Vor dreißig Jahren wohnten John Hardshaw und seine Frau in Rincon Hill in einem der schönsten Häuser jenes einst distinguierten Viertels. Er war früher Arzt gewesen, aber nachdem er von seinem Vater einen stattlichen Besitz geerbt hatte, kümmerte er sich nicht mehr um die Leiden seiner Mitmenschen und fand in der Verwaltung seiner eigenen Angelegenheiten soviel Arbeit, wie ihm behagte. Er und seine Frau waren hochgebildete Menschen, und in ihrem Haus verkehrte ein kleiner Kreis von Männern und Frauen, deren Bekanntschaft Leuten von ihrem Niveau nur lieb sein konnte. Soweit ihre Freunde es wußten, lebten Mr. und Mrs. Hardshaw in glücklicher Ehe; bestimmt war die Frau ihrem stattlichen und kultivierten Mann treu ergeben und sehr stolz auf ihn.

Zu ihren Bekannten gehörten die Barwells aus Sacramento – Mann, Frau und zwei kleine Kinder. Mr. Barwell war ein Bergbau-Ingenieur, dessen Pflichten ihn häufig von zu Hause fort und nach San Francisco führten. Bei diesen Anlässen begleitete ihn seine Frau oft und verbrachte die Zeit im Hause ihrer Freundin, Mrs. Hardshaw, immer gemeinsam mit ihren zwei Kindern, die der selber kinderlosen Mrs. Hardshaw sehr ans Herz wuchsen. Unglücklicherweise wuchs jedoch ihrem Mann, Mr. Hardshaw, die Mutter der Kinder sehr ans Herz, und mehr als gut war. Der anmutigen Dame aber fehlte es, um das Unglück voll zu machen, an Klugheit und Charakterstärke.

An einem Herbstmorgen um drei Uhr früh sah Polizist Nr. 13 der Polizei in Sacramento einen Mann, der verstohlen die Hintertür eines herrschaftlichen Hauses verließ: er verhaftete ihn kurzerhand. Der Mann, der einen Schlapphut und einen schäbigen Mantel trug, bot dem Polizisten hundert, dann fünfhundert, dann tausend Dollar, wenn er ihn laufen ließe. Da er weniger als die zuerst genannte Summe bei sich trug, strafte der Polizist das Angebot mit Verachtung. Bevor sie das Polizeirevier erreichten, war der Gefangene bereit, einen Scheck über zehntausend Dollar auszustellen und in Handschellen im Weidengebüsch am Flußufer zu bleiben, bis der Scheck eingelöst werden konnte. Weil er damit bloß neuen Spott hervorrief, sagte er nichts mehr, gab nur einen offensichtlich erfundenen Namen an. Als er im Polizeirevier durchsucht wurde, fand man nichts auf ihm als ein Miniaturbild von Mrs. Barwell, der Herrin des Hauses, vor dem er verhaftet worden war. Der Rahmen war mit kostbaren Brillanten besetzt; und etwas in der Qualität der Leibwäsche des Gefangenen weckte in dem eisern unbestechlichen Herzen des Polizisten Nr. 13 ein jähes, wenn auch vergebliches Reuegefühl. Weder an der Kleidung noch an der Person des Verhafteten war etwas, ihn zu identifizieren, und er wurde wegen Einbruchs unter dem Namen in der Kartei eingetragen, den er angegeben hatte – dem ehrenwerten Namen John K. Smith. Das ›K‹ war ein Einfall, auf den er zweifellos sehr stolz war.

Inzwischen erregte das rätselhafte Verschwinden John Hardshaws die Klatschbasen von Rincon Hill in San Francisco und wurde sogar in einer Zeitung erwähnt. Der Dame, die in der Zeitung taktvoll als ›seine Witwe‹ bezeichnet wurde, kam es nicht in den Sinn, im städtischen Gefängnis von Sacramento nach ihm zu forschen – einer Stadt, die er ihres Wissens ohnehin nie besucht hatte. Als John K. Smith wurde er angeklagt und nach Verzicht auf ein Untersuchungsverhör dem Gericht überwiesen.

Ungefähr vierzehn Tage vor der Gerichtsverhandlung erfuhr Mrs. Hardshaw zufällig, daß ihr Mann unter einem angenommenen Namen, des Einbruchs angeklagt, in Sacramento im Gefängnis sitze. Ohne zu wagen, mit irgend jemand über die Angelegenheit zu sprechen, eilte sie dorthin, meldete sich im Gefängnis und bat um ein Gespräch mit ihrem Mann, John K. Smith. Man sah ihr nicht an, wer sie eigentlich war, so verhärmt und voller Sorge erschien sie in ihrem einfachen Reiseumhang, der sie von Kopf bis Fuß bedeckte und in dem sie die Nacht auf dem Dampfer verbracht hatte – zu verängstigt, um zu schlafen –, doch ihr ganzes Verhalten sprach stärker für sie als alles, was sie hätte vorbringen können, um ihr Recht auf Vorlassung zu beweisen. Es wurde ihr erlaubt, ihn allein zu sehen.

Was während des qualvollen Gesprächs geschah, ist nie durchgesickert; doch spätere Ereignisse bewiesen, daß es Mr. Hardshaw gelungen war, seinen Willen durchzusetzen. Mit gebrochenem Herzen verließ seine Frau das Gefängnis und weigerte sich, auch nur eine einzige Frage zu beantworten. Nach der Rückkehr in ihr zerstörtes Heim setzte sie die Nachforschungen nach ihrem verschollenen Mann fort, wenn auch mit geringem Eifer. Eine Woche später war sie selbst nicht mehr da: sie war ›in die Staaten zurückgekehrt‹ – mehr wußte man nicht darüber.

Bei der Gerichtsverhandlung bekannte sich der Angeklagte als schuldig – ›auf Anraten seines Verteidigers‹, wie dieser erklärte. Trotzdem verlangte der Richter, dem wegen einiger ungewöhnlicher Umstände Zweifel gekommen waren, daß der Staatsanwalt den Polizisten Nr. 13 in den Zeugenstand holen ließ und daß den Geschworenen die Aussage Mrs. Barwells, die zu krank war, um persönlich zu erscheinen, vorgelesen würde. Die Aussage war sehr kurz: sie wisse nichts von der Sache, außer, daß das Bild ihr Eigentum sei und daß sie glaube, es an jenem Abend auf dem Wohnzimmertisch liegengelassen zu haben, als sie sich zur Ruhe begab. Sie hatte es als Geschenk für ihren Mann gedacht, der im Auftrag einer Bergwerksgesellschaft nach Europa gereist und noch immer abwesend war.

Das Verhalten der Zeugin, als sie in ihrer Wohnung die Aussage machte, wurde hinterher vom Staatsanwalt als äußerst seltsam bezeichnet. Zweimal hatte sie sich geweigert, eine Aussage zu machen, und als schließlich unter der Aussage nur noch ihre Unterschrift fehlte, hatte sie dem Gerichtsbeamten das Papier aus der Hand gerissen und zerfetzt. Sie hatte ihre Kinder an ihr Bett gerufen und sie mit tränenfeuchten Augen umarmt; dann hatte sie sie plötzlich aus dem Zimmer geschickt, die Aussage durch Eid und Unterschrift bekräftigt und die Besinnung verloren – ›sich verdrückt‹, wie der Staatsanwalt es nannte. Im gleichen Moment war ihr Arzt auf dem Schauplatz erschienen, hatte auf einen Blick die Situation erfaßt, den Vertreter der Justiz beim Kragen gepackt und an die Luft gesetzt – den Schreiber beförderte er mit einem Fußtritt hinterher. Die beleidigte Majestät des Gesetzes wurde nicht gerächt: bei der Gerichtsverhandlung überging das Opfer der schimpflichen Behandlung den Vorfall sogar, denn als Staatsanwalt war er vom Ehrgeiz besessen, seinen Prozeß zu gewinnen, und diesem Zweck hätten die Begleitumstände bei der Beschaffung der Aussage, wenn er sie geschildert hätte, nicht sonderlich gedient; und überhaupt war das Verbrechen, das der hier vor Gericht stehende Mann begangen hatte, kaum weniger schändlich als das des jähzornigen Arztes.

Auf die Empfehlung des Richters befanden die Geschworenen den Angeklagten für schuldig; dagegen war nichts zu machen, und der Mann wurde zu drei Jahren Gefängnis verurteilt. Sein Verteidiger erhob keine Einrede und stellte keinen Antrag auf mildernde Umstände. Er hatte kaum ein Wort gesagt, schüttelte seinem Klienten die Hand und verließ den Gerichtssaal. Dem ganzen Gericht war es klar, daß man ihn nur hinzugezogen hatte, um den Richter an der Ernennung eines Verteidigers zu hindern, der möglicherweise auf einer gut fundierten Verteidigung bestanden hätte.

John Hardshaw saß seine Strafe in San Quentin

ab, und als er entlassen wurde, wartete am Gefängnistor seine Frau auf ihn, die ›aus den Staaten‹ zurückgekehrt war, um ihn abzuholen. Man nimmt an, daß sie sofort nach Europa fuhren; jedenfalls wurde einem noch heute unter uns lebenden Anwalt, dem ich viele Einzelheiten dieser wahren Geschichte verdanke, von Paris aus eine Generalvollmacht erteilt. Innerhalb kurzer Zeit hatte der Anwalt alles verkauft, was Hardshaw in Kalifornien besaß, und jahrelang hörte man nichts von dem unseligen Ehepaar; doch viele von denen, die sie gekannt hatten und denen unbestimmte und ungenaue Andeutungen über die seltsame Geschichte zu Ohren gekommen waren, erinnerten sich liebevoll ihres Wesens und bemitleideten sie in ihrem Unglück.

Ein paar Jahre später kehrten sie zurück; Vermögen und Lebensmut waren dahin, und bei ihm hatte auch die Gesundheit gelitten. Den Zweck ihrer Rückkehr habe ich nicht herausfinden können. Eine Zeitlang wohnten sie unter dem Namen Johnson in einem sehr ordentlichen Stadtviertel südlich der Market Street, ziemlich weit draußen, und nie sah man sie anderswo als in nächster Nähe ihrer Wohnung. Anscheinend war ihnen ein kleiner Rest ihres Vermögens geblieben, denn nie hörte man, daß der Mann irgendeiner Beschäftigung nachging; wahrscheinlich erlaubte es sein Gesundheitszustand nicht. Die Nachbarn wunderten sich oft über die hingebungsvolle Fürsorge der Frau für ihren leidenden Mann; nie schien sie von seiner Seite zu weichen, und immer redete sie ihm gut zu und heiterte ihn auf. Sie konnten stundenlang auf einer Bank in einem öffentlichen Park sitzen, wo sie ihm vorlas, während sie seine Hand hielt; gelegentlich strich sie ihm zart über die blasse Stirn, hob auch häufig ihre immer noch schönen Augen vom Buch auf und sah ihn an, machte eine Bemerkung über das Gelesene oder klappte das Buch zu, um ihm die Zeit mit Geplauder zu verkürzen – aber worüber? Niemand hat je eine Unterhaltung zwischen den beiden mitangehört. Der Leser, der ihrer Geschichte bis zu diesem Punkt geduldig folgte, wird sich vielleicht gern in Vermutungen ergehen: wahrscheinlich gab es Themen, die man vermeiden mußte. Aus der Haltung des Mannes sprach tiefste Niedergeschlagenheit, und tatsächlich bedachten ihn die mitleidlosen Jungen der Nachbarschaft mit ihrem stets wachen Sinn für auffallende Eigentümlichkeiten, der ja seit je typisch für die männliche Jugend ist, unter sich öfters mit dem Namen ›Trauerkloß‹.

Eines Tages wurde John Hardshaw von einer seltsamen Unruhe gepackt. Gott allein weiß, was ihn dorthin wies, wohin er ging, aber jedenfalls überquerte er die Market Street und schlug den Weg über die Hügel im Norden ein, hinunter in das als North Beach bekannte Viertel. Ohne ein bestimmtes Ziel bog er links in eine unbekannte Straße ein, bis er sich gegenüber von einem Wohnhaus befand, das für die damalige Zeit ziemlich großartig war, heute aber nur eine recht armselige Fabrik ist. Als er den Blick zufällig hob, sah er an einem offenen Fenster, was er lieber nicht hätte sehen sollen: das Gesicht Elvira Barwells. Ihre Blicke begegneten sich. Mit einem lauten Schrei, wie ihn ein erschrockener Vogel ausstößt, sprang die Dame auf und beugte sich gefährlich weit aus dem Fenster, wobei sie sich rechts und links am Fensterrahmen festhielt. Die Vorübergehenden, die den Schrei gehört hatten, blieben stehen und blickten hinauf. Hardshaw stand sprachlos, glühenden Blicks, und ohne sich zu rühren. »Vorsicht!« rief jemand aus der Menge, weil die Frau sich immer weiter hinauslehnte und dem stummen, unerbittlichen Gesetz der Schwere trotzte, das Gott vom Sinai herabdonnerte. Ihre ungestümen Bewegungen hatten eine Flut dunkler Haare über die Schultern fallen lassen, und jetzt wurden sie ihr über die Wangen geweht und verhüllten fast das Gesicht. Doch nur einen Augenblick, und dann –! Ein Entsetzensschrei hallte über die Straße, als sie das Gleichgewicht verlor, kopfüber aus dem Fenster flog, ein wirres, nicht unterscheidbares Geflatter aus Kleidern, Gliedern, Haaren und einem bleichen Gesicht, und mit einem grauenhaft dumpfen, wuchtigen Aufprall auf das Pflaster schlug. Einen Moment weigerten sich aller Augen hinzuschauen und wendeten sich von dem gräßlichen Anblick ab. Dann siegte die Neugier über das Grauen, und nun gab es noch mehr des Seltsamen zu bestaunen. Ein Mann ohne Hut saß auf den Pflastersteinen, drückte den zerschmetterten, blutenden Körper an seine Brust und küßte durch das Gewirr dunkler Haare die aufgerissenen Wangen und den feuchten Mund, während sein eigenes Gesicht von all dem Blut nicht mehr zu erkennen war.

Die Aufgabe des Berichterstatters ist beinah beendet. Die Barwells waren gerade an jenem Vormittag nach einer zweijährigen Abwesenheit aus Peru zurückgekehrt. Eine Woche später schiffte sich der Witwer – der jetzt doppelt vereinsamt war, da Hardshaws Verhalten nur eine einzige Deutung zuließ – nach irgend einem fernen Hafen ein. Er kehrte nie zurück. Hardshaw – jetzt nicht mehr Johnson – verbrachte ein Jahr in Stockton in der Irrenanstalt, wo es seiner Frau durch den Einfluß mitleidiger Freunde erlaubt war, für ihn zu sorgen. Nach seiner Entlassung war er zwar nicht geheilt, aber harmlos, und sie kehrten nach San Francisco zurück: anscheinend hatte die Stadt stets eine furchtbare Anziehungskraft auf sie ausgeübt. Eine Zeitlang lebten sie in der Nähe der Mission Dolores in einer Armut, die nicht viel besser als ihre jetzige Situation war; doch war es vom Ziel der täglichen Pilgerfahrt des Mannes noch zu weit entfernt, und das Fahrgeld konnten sie sich nicht leisten. So bekam sie, die ein armer Teufel und ein Engel vom Himmel war, und obendrein die Frau eines Sträflings und Irren, zu einem recht günstigen Mietpreis auf der untersten Terrasse die Hütte mit dem ausdruckslosen Gesicht. Die Entfernung von dort zu dem Gebäude, das ein Wohnhaus war und dann eine Fabrik wurde, ist nicht so groß; es muß sogar, nach der eifrigen und heiteren Miene des Mannes zu schließen, wenn er sich auf den Weg macht, ein angenehmer Spaziergang sein. Der Rückweg scheint ihn dann ein wenig zu ermüden.

Ein Abenteuer in Brownville*

Ich unterrichtete in einer kleinen Schule auf dem Lande in der Nähe von Brownville, der Hauptstadt eines Landstrichs von gehöriger Ausdehnung und einer malerischen Umgebeung, wie jedermann weiß, der das Glück hat, dort zu wohnen. Im Sommer wird die Stadt von Leuten aufgesucht, die das Lokalblatt meistens ›Vergnügungsreisende‹ nennt, die man jedoch mit einer gerechteren Bezeichnung als ›Kranke und Geschlagene‹ klassifizieren sollte. Brownville kann nämlich mit gutem Grund als letzte sommerliche Zuflucht bezeichnet werden. Es weist eine genügende Anzahl von Pensionen auf; in einer der am wenigsten gesundheitsschädlichen vollzog ich zweimal täglich den bescheidenen Ritus, Leib und Seele zusammenzuzementieren (mittags aß ich im Schulhaus). Von dieser ›Herberge‹, wie das Lokalblatt sie gern nannte, falls es nicht gar von ›Karawanserei‹ sprach, bis zum Schulhaus war es auf der Landstraße eine Entfernung von anderthalb Meilen; doch ein wenig benutzter Pfad, der über einen niedrigen, dicht bewaldeten Hügelkamm führte, war eine beträchtliche Abkürzung. Auf diesem Pfad kehrte ich eines Abends später als sonst zurück. Es war der letzte Schultag gewesen, und ich war fast bis zum Anbruch der Dunkelheit im Schulhaus aufgehalten worden, weil ich den Bericht über meine Tätigkeit für die Schulverwalter vorbereitete, deren zwei, wie

*Falls die Geschichte sich von einigem Wert erweist, gebührt die Anerkennung Miss Ina Lillian Peterson, denn in Zusammenarbeit mit ihr ist sie entstanden.

ich stolz überlegte, gewiß fähig wären, ihn zu lesen, während der dritte (ein Beispiel für den Sieg des Geistes über die Materie) in seiner üblichen Feindseligkeit gegen die von ihm selbst gewählte Lehrkraft überstimmt werden würde.

Ich hatte erst ein Viertel der Wegstrecke zurückgelegt, als ich mich, interessiert an den Narrenpossen einer Eidechsenfamilie, die dortherum hauste und voll reptilischer Freude ob ihrer Immunität gegen die mit dem Leben im Brownville House verknüpften Leiden schien, auf einem umgefallenen Baumstamm setzte, um sie zu beobachten. Während ich mich müde gegen einen Zweig des knorrigen alten Stammes lehnte, nahm die Dämmerung im dunklen Wald zu, und ein matter Mond begann deutliche Schatten zu werfen und die Blätter der Bäume mit einem zarten, aber gespenstischen Lichtschimmer zu vergolden.

Dann hörte ich Stimmen – die zornige, stürmische Stimme einer Frau, die sich über eine tiefe, männliche Stimme erhob, welche klangvoll und melodisch war. Ich spähte durch die Baumschatten des Waldes und hoffte, einen Blick auf die Störenfriede meiner Einsamkeit zu erhaschen, aber ich konnte niemanden sehen. Ein paar Yards weit hatte ich in jeder Richtung unbehinderten Ausblick auf den Pfad, und da ich keinen andern Pfad auf eine halbe Meile im Umkreis kannte, glaubte ich, die Leute, deren Stimmen ich vernahm, müßten sich vom Wald her genähert haben. Kein Laut war zu hören als diese beiden Stimmen, die jetzt so deutlich waren, daß ich die Worte verstehen konnte. Die Stimme des Mannes verriet Ärger, der durch die besprochene Angelegenheit reichlich bestätigt wurde.

»Drohungen lasse ich mir nicht gefallen; du bist machtlos, das weißt du ganz genau! Laß alles beim alten, oder ihr sollt mir, weiß Gott, beide dafür büßen.«

»Wie meinst du das?« Es war die Stimme der Frau, eine gebildete Stimme, die Stimme einer Dame. »Du würdest uns doch nicht – ermorden?« Darauf kam keine Erwiderung, wenigstens keine vernehmbare. Während des Schweigens spähte ich angestrengt in den Wald und hoffte, ich könnte einen Blick auf die Sprechenden werfen, denn ich war überzeugt, daß es um eine Sache von einigem Gewicht ging, bei der gewöhnliche Skrupel nicht zählten. Mir schien, daß die Frau in Gefahr war; jedenfalls hatte der Mann seine Bereitschaft zu morden nicht abgestritten. Wenn ein Mensch die Rolle eines potentiellen Mörders spielt, hat er kein Recht, Zuhörer zu scheuen.

Nach einiger Zeit konnte ich sie im Mondschein undeutlich zwischen den Stämmen sehen. Der großgewachsene, schlanke Mann war anscheinend schwarz gekleidet; die Frau trug, soweit ich es erkennen konnte, ein Kleid aus grauem Stoff. Offensichtlich hatten sie meine Anwesenheit im Dämmerdunkel noch nicht wahrgenommen, obwohl sie aus irgendeinem Grund, als sie das Gespräch fortsetzten, leiser als bisher sprachen, so daß ich nichts mehr verstand. Während ich hinstarrte, war mir, als sinke die Frau zu Boden und erhebe flehentlich die Hände, wie es häufig auf der Bühne geschieht, jedoch, soviel ich weiß, sonst nirgends; und jetzt bin ich auch nicht mehr ganz sicher, ob es in diesem Fall tatsächlich geschah. Der Mann heftete die Augen auf sie; sie schienen im Mondlicht unfreundlich und mit einem Ausdruck zu glitzern, daß mich die Angst befiel, er könne sie auf mich richten. Ich weiß nicht, welcher Impuls mich zwang, aufzuspringen und aus dem Schatten zu treten. Im gleichen Augenblick waren die beiden Gestalten verschwunden. Vergeblich spähte ich in die Lücken zwischen den Stämmen und in die Büsche im Unterholz. Der Nachtwind raschelte in den Blättern. Die Eidechsen waren – als Reptilien mit musterhaften Gewohnheiten – früh zur Ruhe gegangen. Der schmale Mond schlüpfte bereits hinter einen schwarzen Hügel im Westen. Ich ging etwas erregt nach Hause und war im Zweifel, ob ich außer den Eidechsen wirklich noch andere Lebewesen gesehen oder gehört hatte. Alles kam mir etwas seltsam und unheimlich vor. Es schien mir, als wäre hinter den verschiedenen Phänomenen, den objektiven und den subjektiven, welche die Gesamtsumme des Vorfalls ausmachten, etwas Unfaßbares gewesen, das seine Zweifel über alles gebreitet und das Ganze mit etwas Unwirklichem durchtränkt hätte. Es gefiel mir nicht.

Beim Frühstück am nächsten Morgen erschien ein neues Gesicht: mir gegenüber saß eine junge Frau, auf die ich, während ich Platz nahm, nur einen flüchtigen Blick warf. Doch als sie zu der allmächtigen Weiblichkeit sprach, die uns eventuell zu bedienen geruhte, forderte die junge Fremde meine Aufmerksamkeit durch den Klang ihrer Stimme heraus, die jener andern glich – und dann wieder nicht glich –, welche nach dem Abenteuer des gestrigen Abends noch immer durch mein Gedächtnis raunte. Gleich darauf betrat ein anderes, wenige Jahre älteres Mädchen das Speisezimmer, setzte sich auf die linke Seite der anderen und grüßte sie sanft mit einem »Guten Morgen!« *Ihre* Stimme erschreckte mich nun wirklich: es war ohne den geringsten Zweifel die Stimme, an die mich die Stimme der jüngeren erinnert hatte. Da saß die Dame des nächtlichen Abenteuers leibhaftig vor mir, ›wie sie leibte und lebte‹.

Ganz offensichtlich waren es Schwestern. Aus einer unklaren Befürchtung heraus, daß ich als stummer, unrühmlicher Held eines Abenteuers erkannt werden könne, der in meinem Bewußtsein und Gewissen etwas vom Charakter eines Lauschers an sich hatte, gestattete ich mir nur eine Tasse hastig getrunkenen, lauwarmen Kaffees, den mir die allwissende Kellnerin zuvorkommend für eine kritische Situation bereitgestellt hatte, und verließ den Tisch. Als ich aus dem Haus ging und ins Freie trat, hörte ich eine volle, kräftige Männerstimme, die eine Arie aus Rigoletto sang. Ich muß gestehen, daß sie ausgezeichnet gesungen wurde, doch in der Auffassung war etwas, das mir mißfiel – was und warum, vermochte ich nicht zu sagen, und ich ging schnell weg.

Als ich im Laufe des Tages zurückkehrte, sah ich die ältere der beiden Damen in der Veranda stehen – und neben ihr ein großgewachsener Mann in schwarzer Kleidung –, der Mann, den ich zu sehen erwartet hatte. Den ganzen Tag über war der Wunsch, etwas über diese Menschen zu erfahren, zuvorderst in meinem Denken gewesen, und ich beschloß, soviel über sie herauszubringen, wie es weder unehrenhaft noch ordinär war.

Der Mann sprach leichthin und liebenswürdig mit seiner Gefährtin, doch beim Geräusch meiner

Schritte auf dem Kiesweg brach er ab und wandte sich mir zu, um mir voll ins Gesicht zu blicken. Er stand anscheinend in mittleren Jahren und war dunkel und ungewöhnlich hübsch. Seine Kleidung war tadellos, seine Haltung ungezwungen und gefällig, und der Blick, den er mir zuwandte, war offen, freimütig und ohne die leiseste Andeutung von Unhöflichkeit. Trotzdem weckte er in mir eine deutlich ausgeprägte Erregung, die mir in der nachfolgenden Analyse aus Haß und Grauen zusammengesetzt schien – Angst mag ich es nicht gern nennen. Eine Sekunde darauf waren der Mann und die junge Dame verschwunden. Sie schienen es an sich zu haben, so plötzlich zu verschwinden. Aber als ich ins Haus trat, blickte ich im Vorbeigehen durch die offene Wohnzimmertür: sie hatten einfach die bis zum Fußboden reichende Gartentür benutzt.

Als ich unsre Wirtin vorsichtig wegen ihrer neuen Gäste ansprach, zeigte sie sich nicht ablehnend. Neu formuliert – mit einer, wie ich hoffe, kleinen Reverenz vor der englischen Grammatik –, waren die Tatsachen folgende: die beiden Mädchen waren Pauline und Eva Maynard aus San Francisco; Pauline war die ältere. Der Mann war Richard Benning, ihr Vormund; er war der vertrauteste Freund ihres inzwischen verstorbenen Vaters gewesen. Mr. Benning hatte die Damen nach Brownville gebracht, weil sie hofften, das Bergklima würde sich wohltuend auf Evas Gesundheit auswirken, die angeblich von Schwindsucht bedroht war.

Nach dieser kurzen und schlichten Chronik erging sich die Wirtin in einem Hohelied an Lobpreisungen, die in reichem Maße ihren Glauben an Mr.

Benning ausdrückten: stets verlangte er das Beste, was ihr Haus liefern konnte – und vermochte es auch zu bezahlen. Mir kam diese Aussage als zureichend vor, und im Stillen fällte ich das schottische Urteil: ›Freispruch wegen Mangels an Beweisen‹.

Bestimmt war Mr. Benning seinen Schützlingen gegenüber äußerst aufmerksam. Auf meinen Spaziergängen begegnete ich ihnen häufig – manchmal in Begleitung von anderen Hotelgästen –, wie sie die Waldtäler erforschten oder sich mit Angeln, Scheibenschießen und anderm Zeitvertreib über die Eintönigkeit des Landlebens hinweghalfen. Und obwohl ich sie so scharf im Auge behielt, wie es ein gutes Benehmen zuließ, fiel mir nichts auf, das irgendwie die seltsamen Worte erklären konnte, die ich im Wald mitangehört hatte. Mit den jungen Damen hatte ich mich etwas angefreundet, und mit ihrem Vormund konnte ich ohne allzu deutlichen Widerwillen Blicke und sogar einen Gruß wechseln.

Ein Monat verstrich, und ich hatte fast aufgehört, mich für sie zu interessieren, als eines Nachts unser kleines Gemeinwesen durch ein Ereignis in Aufregung versetzt wurde, das mir mein Abenteuer im Wald lebhaft in Erinnerung rief.

Es war der Tod der älteren Schwester – Pauline.

Die Schwestern bewohnten das gleiche Schlafzimmer im dritten Stock. Als Eva im Morgengrauen erwachte, fand sie Pauline tot neben sich. Als das arme Mädchen später weinend im Kreise von mitleidigen, wenn auch nicht rücksichtsvollen Menschen vor der Leiche stand, kam Mr. Benning und wollte anscheinend ihre Hand ergreifen. Sie trat weg von der Toten und ging langsam auf die Tür zu.

»Du warst es«, sagte sie. »Du hast es getan! Du – du – du!«

»Sie phantasiert«, sagte er mit leiser Stimme. Während sie zurückwich, folgte er ihr Schritt für Schritt und heftete seine Augen mit einem starren Blick auf sie, in dem nichts von Güte oder Mitleid lag. Sie blieb stehen. Die Hand, die sie beschuldigend erhoben hatte, fiel kraftlos nieder, ihre weit aufgerissenen Augen wurden sichtlich kleiner, die Lider sanken langsam darüber und verhüllten ihre seltsame, wilde Schönheit: unbeweglich und fast so bleich wie das tote, neben ihr liegende Mädchen blieb sie stehen. Der Mann ergriff ihre Hand und legte ihr sanft den Arm um die Schultern, wie um sie zu stützen. Plötzlich brach sie in leidenschaftliche Tränen aus und klammerte sich an ihn wie ein Kind an seine Mutter. Er setzte ein Lächeln auf, das mich sehr unangenehm berührte – vielleicht wäre es bei jedem Lächeln so gewesen – und führte sie schweigend aus dem Zimmer.

Eine Leichenschau folgte, und das Urteil war das übliche: das junge Mädchen war anscheinend an einer Herzschwäche gestorben. Es war vor der Erfindung des ›Herzversagens‹, doch das Herz der armen Pauline hatte zweifellos versagt. Der Leichnam wurde einbalsamiert und von jemandem, der zu diesem Zweck herbestellt worden war, nach San Francisco geschafft, und weder Eva noch Benning begleiteten ihn. Einige Klatschbasen im Hotel fanden es sehr merkwürdig, und ein paar unerschrockene Geister gingen so weit, es wirklich äußerst merkwürdig zu finden, doch die gute Hotelwirtin warf sich edelmütig in die Bresche und sagte, der unstabile Gesundheitszustand des jungen Mädchens sei daran schuld gewesen. Keine der beiden am meisten betroffenen und scheinbar am wenigsten interessierten Personen gab eine Erklärung ab.

Etwa eine Woche nach dem Todesfall ging ich eines Abends auf die Hotelveranda hinaus, um ein Buch zu holen, das ich dort liegengelassen hatte. Unter einigen Ranken, die auf einem Teil der Veranda den vollen Mondschein aussperrten, sah ich Richard Benning, auf dessen Dortsein ich übrigens schon vorbereitet war, weil ich bereits die leise, liebliche Stimme Eva Maynards gehört hatte, und jetzt konnte ich sie auch erkennen: sie stand vor ihm und hatte eine Hand zu seiner Schulter erhoben, und wie ich vermutete, blickten ihre Augen zu ihm auf. Er hielt ihre freie Hand, und den Kopf hatte er in seltsam würdevollem Charme gesenkt. Beider Haltung war die eines Liebespaars, und als ich so im Schatten stand und sie beobachtete, plagte mich mein Gewissen noch viel heftiger als an jenem unvergeßlichen Abend im Wald. Ich war im Begriff, mich zurückzuziehen, als das junge Mädchen zu sprechen begann, und der Gegensatz zwischen ihren Worten und ihrer Haltung war so erstaunlich, daß ich blieb: ich vergaß einfach, wegzugehen.

»Du wirst mir das Leben nehmen«, sagte sie, »wie du es auch bei Pauline getan hast! Ich kenne deine Absichten ebensogut wie deine Macht, und ich bitte dich um nichts weiter, als daß du dein Vorhaben ohne langes Zaudern ausführst, damit ich Frieden finde.«

Er gab keine Antwort. Er ließ nur die Hand sinken, die er festgehalten hatte, nahm ihre andere Hand von seiner Schulter und wandte sich ab; dann ging er die Treppe hinunter, die in den Garten führte, und verschwand im Gebüsch. Doch einen Augenblick später hörte ich, scheinbar aus weiter Ferne, wie seine schöne, klare Stimme in einen barbarischen Gesang ausbrach, bei dem mich, während ich zuhörte, ein tiefes, seelisches Wissen um ein fernes, fremdes Land überfiel, das von Lebewesen bewohnt war, die im Besitz gefährlicher Kräfte sind. Der Gesang schlug mich in eine Art Bann, aber als er endete, kam ich wieder zu mir und ergriff sofort die (wie ich meinte) günstige Gelegenheit. Ich trat aus den mich verbergenden Schatten dorthin, wo das junge Mädchen stand. Sie drehte sich um und blickte mich mit einem Ausdruck an, der an ein gehetztes Tier erinnerte. Vielleicht hatte meine Zudringlichkeit sie erschreckt.

»Miss Maynard«, bat ich, »bitte sagen Sie mir, wer der Mann ist und was für eine Macht er über Sie hat! Vielleicht ist es unmanierlich von mir, aber wenn eine Frau in Gefahr ist, hat jeder Mann das Recht zu handeln.«

Sie hörte mir ohne sichtliche Gemütsbewegung zu – fast ohne Interesse, fand ich, und als ich zu sprechen aufhörte, schloß sie ihre großen blauen Augen, als wäre sie unsagbar müde.

»Sie können nichts ausrichten«, erwiderte sie.

Ich ergriff ihren Arm und schüttelte sie sanft, wie man einen Menschen schüttelt, der in einen gefährlichen Schlaf zu versinken droht.

»Sie müssen sich aufraffen«, riet ich ihr. »Es muß etwas getan werden, und Sie müssen mir zu handeln gestatten. Sie sagten, daß der Mann Ihre Schwester getötet hat, und auch ich glaube es, und daß er Sie töten wird, glaube ich ebenfalls.«

Sie schlug nur die Augen zu mir auf.

»Wollen Sie mir nicht alles erzählen?« fuhr ich fort.

»Man kann nichts tun, glauben Sie mir – nichts! Und wenn ich etwas tun könnte, würde ich es nicht tun. Es ist völlig unwichtig. Wir bleiben noch zwei Tage hier, dann gehen wir weg, oh, weit, weit weg! Sollten Sie irgend etwas beobachtet haben, möchte ich Sie bitten, Schweigen zu wahren!«

»Aber das ist Wahnsinn, mein Kind!« Ich versuchte, schroff zu sprechen, um die Starre in ihrem Verhalten zu durchbrechen. »Sie haben ihn des Mordes bezichtigt. Wenn Sie mir die Sache nicht erklären, muß ich sie der Behörde melden.«

Damit rüttelte ich sie wach – aber auf eine Art, die mir mißfiel. Sie hob den Kopf und sagte stolz: »Mischen Sie sich nicht in Dinge ein, Sir, die Sie nichts angehen! Es ist meine Angelegenheit, Mr. Moran, und nicht die Ihre!«

»Die Sache geht jedermann im Land, ja in der ganzen Welt an«, erwiderte ich ebenso kalt. »Selbst wenn Sie keine Liebe für Ihre Schwester empfanden, muß ich mich wenigstens um *Sie* sorgen!«

»Doch, ich habe sie geliebt, weiß Gott! Aber mehr als sie, mehr als alles in der Welt liebe ich *ihn*! Sie haben ein Geheimnis belauscht, doch Sie dürfen es nicht dazu benutzen, um ihm zu schaden. Ich würde alles abstreiten. Ihr Wort steht gegen meins – so wird es sein! Meinen Sie, daß Ihre ›Behörde‹ Ihnen dann Glauben schenkt?«

Sie lächelte jetzt wie ein Engel, und so wahr Gott mir helfen möge, ich war Hals über Kopf in sie verliebt. Erriet sie vielleicht mittels der mancherlei hellseherischen Künste, die ihrem Geschlecht vertraut sind, meine geheimsten Gefühle? Ihr ganzes Verhalten änderte sich schlagartig.

»Bitte«, sagte sie fast schmeichlerisch, »versprechen Sie mir, daß Sie nicht wieder so unmanierlich sein werden!«

Beinah freundschaftlich nahm sie meinen Arm. »Kommen Sie, gehen wir ein bißchen! Er erfährt es nicht – er wird die ganze Nacht fortbleiben.«

Im Mondschein gingen wir auf der Veranda auf und ab, und es schien, als hätte sie den Kummer um ihre Schwester vergessen, so mädchenhaft plauderte und tuschelte sie über jedes kleine Nichts in ganz Brownville; ich aber schwieg, war meiner Unbeholfenheit inne und hatte das Gefühl, in eine Intrige verstrickt zu sein. Es war eine Entdeckung: dieses entzückende und anscheinend unschuldige Wesen hinterging hier kühl und zugestandenermaßen den Mann, den sie noch gerade eben zu lieben erklärt hatte und es ja auch mit der grenzenlosesten Liebe bewies, die selbst im Tod eine willkommene Zärtlichkeit erblickt.

›Das muß, weiß Gott, selbst dem Mond etwas Neues sein‹, dachte ich in meiner Unerfahrenheit.

Und der Mond lächelte.

Ehe wir uns trennten, hatte ich ihr ein Versprechen abgenötigt, daß sie am nächsten Nachmittag, bevor sie für immer von hier fortgingen, mit mir zur Alten Mühle wandern wolle, einem von Brownvilles ehrwürdigen Altertümern, erbaut im Jahre 1860.

»Falls er nicht da ist«, fügte sie ernst hinzu, als ich die Hand losließ, die sie mir beim Abschied gereicht hatte und nach der ich, mögen mir die Heiligen verzeihen, noch einmal vergebens haschte, nachdem sie es gesagt hatte – so reizend finden wir (wie es ein weiser Franzose formuliert hat) die Untreue der Frauen, wenn wir deren Objekt und nicht deren Opfer sind. Als der Engel ruhigen Schlafs in jener Nacht seine Wohltaten austeilte, vernachlässigte er mich.

Im Brownville House speiste man frühzeitig zu Mittag, und nach dem Mittagessen am folgenden Tag kam Miss Maynard, die nicht bei Tisch erschienen war, im sittsamsten Wanderkostüm zu mir auf die Veranda, sagte aber kein Wort. Offenbar war er ›nicht da‹. Wir gingen gemächlich die Straße hinan, die zur Alten Mühle führte. Anscheinend war sie nicht sehr kräftig: manchmal nahm sie meinen Arm, ließ ihn bald los und nahm ihn dann wieder – ziemlich unmotiviert, wie ich fand. Ihre Stimmung, oder vielmehr die Aufeinanderfolge ihrer Stimmungen war so unbeständig wie das Licht auf bewegter See. Sie scherzte, als hätte sie nie von einer Möglichkeit wie dem Sterben gehört, und lachte beim geringfügigsten Anlaß, aber gleich darauf konnte sie ein paar Takte einer ernsten Melodie mit so zarter Empfindung singen, daß ich meinen Blick abwenden mußte, um sie nicht ihren offensichtlichen künstlerischen Erfolg sehen zu lassen – falls es überhaupt gewollt war und nicht ungewollt, wie ich damals zu denken gezwungen war. Und sie äußerte völlig unbefangen die seltsamsten Dinge und streifte manchmal unergründliche Tiefen des Denkens, wohin ich kaum den Fuß zu setzen wagte. Kurzum, sie war auf tausenderlei Art bezaubernd, und mit jedem Schritt verstrickte ich mich in immer heftigere Gefühle und Torheiten, gefährdete meinen Seelenfrieden und geriet mit meinem Gewissen in Konflikt. Als wir die Mühle erreicht hatten, gab sie sich nicht den Anschein, als wollte sie stehenbleiben, sondern bog in einen Pfad ein, der über ein Stoppelfeld zu einem Bach führte. Wir überquerten ihn auf einer primitiven Brücke und folgten dem Pfad, der uns jetzt bergan zu einem der malerischsten Punkte der ganzen Umgebung brachte. Er hieß Adlerhorst und war der Gipfel einer Felswand, die sich steil senkrecht aus dem Wald zu einer Höhe von mehreren hundert Fuß erhob. Von diesem Aussichtspunkt hatten wir einen prächtigen Blick auf ein anderes Tal und auf die gegenüberliegenden, von den letzten Strahlen der Abendsonne rot überhauchten Berge. Während wir beobachteten, wie sich das Licht aus der zudringlichen Schattenflut, die das Tal ausfüllte, in immer höhere Bereiche rettete, hörten wir Schritte, und gleich darauf gesellte sich Richard Benning zu uns.

»Ich sah Sie von der Landstraße aus«, sagte er gleichmütig, »deshalb kam ich herauf.«

Ich Dummkopf versäumte es, ihn bei der Kehle zu packen und in die Baumwipfel hinunterzustoßen, sondern stotterte statt dessen eine höfliche Lüge. Die Wirkung auf das junge Mädchen war unverkennbar. Ihr Gesicht war vom Glanz der alles verklärenden Liebe übergossen: der rote Widerschein des Sonnenuntergangs hatte nicht eindeutiger in ihren Augen geleuchtet als jetzt der Abglanz der Liebe.

»Wie froh bin ich, daß du gekommen bist!« rief sie und reichte ihm ihre beiden Hände. Es war, weiß Gott, die reine Wahrheit.

Er setzte sich auf die Erde und begann eine lebhafte Abhandlung über die Blumen der dortigen Gegend, von denen er einige bei sich hatte. Mitten in einem drolligen Satz hörte er plötzlich zu sprechen auf und heftete den Blick auf Eva, die gegen einen Baumstumpf lehnte und gedankenversunken mit einem Grashalm spielte. Sie schlug erschrocken die Augen auf und sah ihn an, als hätte sie seinen Blick *gespürt*. Dann erhob sie sich, warf ihre Gräser weg und wich langsam vor ihm zurück. Auch er stand auf und blickte sie unablässig an. In der Hand hielt er noch die gepflückten Blumen. Das Mädchen drehte sich um, als wollte es etwas sagen, schwieg aber. Ich erinnere mich jetzt deutlich an etwas, das mir damals nur halb zu Bewußtsein kam: in den Gegensatz zwischen dem Lächeln auf ihren Lippen und dem entsetzten Ausdruck ihrer Augen, als sie seinem festen und gebieterischen Blick begegneten. Ich weiß nicht, wie es geschah, und auch nicht, weshalb ich es nicht rascher begriff: ich weiß nur, daß Eva Maynard mit dem Lächeln eines Engels auf den Lippen und einem Ausdruck des Grauens in den herrlichen Augen von der Felswand heruntersprang und krachend auf die Wipfel der Kiefern stürzte!

Wie lange hinterher und wie ich zu der Stelle gelangte, kann ich nicht sagen, aber Richard Benning war schon dort und kniete neben dem Gräßlichen, das eben noch ein junges Mädchen gewesen war.

»Sie ist tot, das steht außer Frage«, erklärte er

kalt. »Ich werde jetzt in die Stadt gehen und Beistand holen. Bitte tun Sie mir einen Gefallen und bleiben Sie hier.« Er erhob sich und wandte sich zum Gehen, hielt aber sofort inne und drehte sich um.

»Sie haben sicher bemerkt, mein Freund, daß es gänzlich aus ihrem eigenen Willen passierte. Ich stand nicht rechtzeitig auf, um es zu verhindern, und Sie konnten es natürlich nicht ahnen, da Sie ihren Geisteszustand nicht kennen.« Seine Einstellung machte mich rasend.

»Sie sind ihr Mörder«, rief ich, »nicht mehr und nicht weniger, als wenn Ihre verfluchten Hände ihr die Kehle durchgeschnitten hätten!«

Er zuckte mit der Schulter, ohne etwas zu erwidern, drehte sich um und ging. Gleich danach hörte ich aus den dunkler werdenden Schatten des Waldes, in dem er verschwunden war, eine volle, kräftige Baritonstimme ›*La donna e mobile*‹ aus dem Rigoletto singen.

Gilsons berühmtes Testament

Für Gilson war es hart. Das kurze, kalte, aber nicht gänzlich teilnahmslose Urteil der besseren ›öffentlichen Meinung‹ von Mammon Hill – die Verlautbarung von Respektspersonen. Der Urteilsspruch der Gegenseite – oder vielmehr des aufsässigen Elements – jener Leute, die unruhig und mit rotgeränderten Augen in Moll Gurneys Räuberbude herumlungerten, während die Respektspersonen sich das Leben in Mr. Jo Bentleys prunkvoller Salon-Bar versüßten –, kam letzten Endes auf das gleiche heraus, obwohl es dank bildkräftiger Flüche, die nicht zitiert werden müssen, ein bißchen malerischer ausgedrückt wurde. Eigentlich war sich Mammon Hill über den Fall Gilson einig. Und es muß zugegeben werden, daß es mit Mr. Gilson – wenigstens, was sein Erdendasein betraf – nicht zum Besten stand. Er war an jenem Morgen von Mr. Brentshaw in die Stadt gebracht und offensichtlich des Pferdediebstahls angeklagt worden; der Sheriff war bereits am ›Baum‹ mit einem neuen Strick aus Manilahanf beschäftigt, und der Zimmermann Pete arbeitete neben ein paar Drinks emsig an einer Kiefernholzkiste, die ungefähr der Länge und Breite Mr. Gilsons entsprach. Da die Gesellschaft ihr Urteil abgegeben hatte, verblieb zwischen Gilson und der Ewigkeit anstandshalber nur noch eine bloße Formsache – eine Gerichtsverhandlung.

Hier die kurze und einfache Lebensgeschichte des Verhafteten: er hatte vor kurzem in New Jerusalem an der nördlichen Abzweigung des Little Stony gewohnt, war aber in die soeben entdeckte Goldfundstätte Mammon Hill gezogen, bevor New Jerusalem infolge des Goldfiebers gänzlich entvölkert wurde. Die neuen Fundstätten waren zu einem für Mr. Gilson sehr günstigen Zeitpunkt entdeckt worden, denn noch gerade eben davor hatte ihm der Sicherheitsausschuß von New Jerusalem zu verstehen gegeben, daß es für seine Aussichten in Gegenwart und Zukunft günstiger wäre, wenn er sich an einen andern Ort bemühte; und die Liste der Orte, zu denen er sich unangefochten begeben konnte, umfaßte keins der älteren Goldgräberlager, deshalb ließ er sich selbstverständlich in Mammon Hill nieder. Als ihm all seine Richter dorthin folgten, verhielt er sich äußerst vorsichtig, doch weil er dafür bekannt war, niemals auch nur für die Dauer eines Tages eine ehrliche Arbeit in irgendeinem, vom strengen lokalen Moralgesetz gutgeheißenen Gewerbe verrichtet zu haben, das Pokern ausgenommen, wurde er immer noch mit Argwohn betrachtet. Ja man vermutete sogar, daß er der Urheber der zahlreichen kecken Diebstähle war, die in letzter Zeit mittels Pfanne und Bürste an den Waschrinnen verübt worden waren.

An der Spitze der Männer, bei denen sich dieser Argwohn zu einer festen Überzeugung verdichtet hatte, stand Mr. Brentshaw. Bei jeder passenden und unpassenden Gelegenheit verkündete er nicht nur seine Ansicht, daß ein Zusammenhang zwischen Mr. Gilson und den ruchlosen mitternächtlichen Unternehmungen bestünde, sondern auch seine Bereitwilligkeit, den Sonnenstrahlen einen Weg durch jedermanns Leib zu bahnen, der es für zweckmäßig hielt, andrer Ansicht zu sein – was aber in seiner Gegenwart niemand sorgfältiger vermied als die gewisse friedliebende Persönlichkeit, die es hauptsächlich betraf. Einerlei, was an dem Gerücht wahr sein mochte, es blieb doch die Tatsache bestehen, daß Gilson häufig an Jo Bentleys Spieltisch mehr Goldstaub verlor, als er der lokalen Fama zufolge jemals ehrlich beim Pokern gewonnen hatte, seit das Lager bestand. Und schließlich hatte Mr. Bentley – aus Besorgnis, die einträglichere Gönnerschaft Mr. Brentshaws zu verlieren – Gilson energisch abgeschlagen, bei ihm Geld zu verspielen, und gleichzeitig auf seine offene, gerade Art erklärt, daß das Privileg, an ›dieser Spielbank Geld zu verlieren‹, eine segensreiche Einrichtung sei, die nur einer allgemein anerkannten geschäftlichen Rechtschaffenheit und einem guten gesellschaftlichen Ruf zukäme und sich daraus ergebe und damit zusammenhinge.

Mammon Hill hielt es für an der Zeit, auf ein Individuum zu achten, das zu tadeln ein hochgeachteter Mitbürger für seine Pflicht gehalten hatte, und zwar unter erheblicher Selbstaufopferung. Besonders die aus New Jerusalem stammende Gruppe begann ihre Nachsicht einzuschränken, die ursprünglich daher stammte, daß sie sich über ihren eigenen Mißgriff amüsierten, denn sie hatten ja einen anrüchigen Nachbarn des Landes verwiesen und dorthin verbannt, wohin sie zu guter Letzt selbst gezogen waren. Schließlich war Mammon Hill einer Meinung. Es wurde nicht viel darüber gesprochen, aber es lag in der Luft, daß Gilson baumeln müsse. Doch an diesem kritischen Punkt bemerkten sie bei Gilson Anzeichen einer veränderten Lebensweise, wenn nicht gar eines veränderten Charakters. Vielleicht kam es nur daher, weil ihm die Spielbank verschlossen blieb und er nun für Goldstaub keine Verwendung mehr hatte. Jedenfalls wurden die Goldwaschrinnen nie wieder angetastet. Es war jedoch unmöglich, die überquellende Energie einer solchen Natur zu unterdrücken, und Gilson verfolgte auch weiterhin (möglicherweise gewohnheitsmäßig) die krummen Pfade, die er vorher zum Nutzen Mr. Bentleys eingeschlagen hatte. Nach ein paar zaghaften und ergebnislosen Versuchen auf dem Gebiet des Straßenraubs – falls man die Erhebung von Wegezoll mit einem so häßlichen Namen belegen will –, begann er sich bescheiden für den Pferdehandel zu interessieren, und mitten in einer vielversprechenden Unternehmung dieser Art, als er gerade den höchsten Stand der Flut für seine Geschäfte gekommen glaubte, erlitt er Schiffbruch. Denn in einer nebligen Mondnacht tauchte Mr. Brentshaw plötzlich neben einem Mann auf, der offenbar der Grenze zustrebte, legte die eine Hand auf den Halfter, der Mr. Gilsons Handgelenk mit Mr. Harpers Fuchsstute verband, klopfte ihm mit dem Lauf eines Marinerevolvers freundschaftlich auf die Wange und bat ihn um das Vergnügen seiner Begleitung – in der entgegengesetzten Richtung.

Für Gilson war es wirklich hart.

Am Morgen nach seiner Verhaftung wurde er verhört, für schuldig befunden und verurteilt. Soweit es seine Erdenlaufbahn betrifft, bleibt nur noch zu berichten, daß er gehenkt wurde. Ausführlicher kann auf seinen letzten Willen und sein Testament eingegangen werden, das er sehr sorgfältig im Gefängnis austüftelte und worin er – vielleicht infolge einer verworrenen und fehlerhaften Vorstellung vom Rechtsanspruch seines Häschers – seinen ganzen Besitz Mr. Brentshaw, seinem ›gesätzlichen Follsträcker‹, vermachte. An das Vermächtnis war jedoch die Bedingung geknüpft, daß der Erbe den Leichnam des Erblassers vom ›Baum‹ nehmen und ›als Weißen‹ einbuddeln solle.

Mr. Gilson mußte also – ich hätte beinah gesagt, ›baumeln‹, aber leider habe ich schon zuviel Dialekt in meinem einfachen Tatsachenbericht benutzt; außerdem läßt sich die Art und Weise, wie das Gesetz durchgeführt wurde, zutreffender mit Worten beschreiben, die der Richter bei der Urteilsverkündung gebrauchte: Mr. Gilson wurde ›gehenkt‹.

Nach angemessener Zeit begab sich Mr. Brentshaw – vielleicht sogar ein wenig gerührt über das sinnlose Kompliment, das ihm der Tote mit dem Testament machte – zum ›Baum‹, um dessen Frucht zu pflücken. Als der Leichnam heruntergeholt worden war, fand man in seiner Westentasche ein vorschriftsmäßig beglaubigtes Schriftstück, einen Zusatz zu dem bereits erwähnten Testament. Die Art der darin getroffenen Maßnahmen erklärte, weshalb der Zusatz zurückbehalten wurde, denn hätte Mr. Brentshaw vorher um die Bedingungen gewußt, unter denen er Gilsons Erbschaft antreten sollte, hätte er bestimmt die neuen Verpflichtungen abgelehnt. Der Sinn des Zusatzes war, kurz gesagt, der folgende: ›Da gewisse Personen verschiedentlich und an verschiedenen Orten behauptet haben, der Erblasser habe zu seinen Lebzeiten ihre Waschrinnen bestohlen, sollen deshalb diese Leute, falls sie innerhalb der nächsten fünf Jahre den Beweis ihrer Behauptungen vor Gericht erhärten können, als Entschädigung den ganzen Besitz an beweglicher und unbeweglicher Habe des Verstorbenen erhalten, abzüglich der Gerichtskosten und einer bestimmten Entschädigung für den Testamentsvollstrecker, Henry Clay Brentshaw. Für den Fall, daß mehr als eine Person einen derartigen Beweis erbringt, soll der Besitz zu gleichen Teilen zwischen ihnen aufgeteilt werden. Sollte es niemandem gelingen, die Schuld des Erblassers nachzuweisen, dann soll der ganze Besitz abzüglich der Gerichtskosten, wie bereits erwähnt, an den oben genannten Henry Clay Brentshaw zu seinem eigenen Gebrauch fallen, wie im Testament festgesetzt.‹

Gegen den Satzbau des erstaunlichen Dokuments war vielleicht etwas einzuwenden, doch war der Sinn jedenfalls klar genug. Die Rechtschreibung stimmte mit keinem anerkannten System überein, doch da sie sich in der Hauptsache auf die Phonetik stützte, war sie nicht doppeldeutig. Wie der Richter bei der Testamentseröffnung bemerkte, hätte man fünf Asse ziehen müssen, um das Testament anfechten zu können. Mr. Brentshaw lächelte gutmütig, und nachdem die letzten trübseligen Riten mit ergötzlicher Genauigkeit vollzogen waren, ließ er sich ordnungsgemäß als Testamentsvollstrecker und vorbehaltlicher Erbe nach den Vorschriften eines Gesetzes vereidigen, das (auf Veranlassung eines Mitglieds vom Mammon Hill-Bezirk) eiligst von einer humorvollen gesetzgebenden Körperschaft verabschiedet wurde. Später stellte es sich heraus, daß dieses Gesetz auch drei oder vier einträgliche Posten geschaffen hatte und zur Ausgabe einer ansehnlichen Summe öffentlicher Gelder für den Bau einer Eisenbahnbrücke ermächtigte, die vielleicht vorteilhafter auf der Strecke einer tatsächlich vorhandenen Bahnlinie errichtet worden wäre. Natürlich erwartete Mr. Brentshaw weder einen Vorteil aus dem Testament noch einen Rechtsstreit als Folge der ungewöhnlichen Klauseln; denn obwohl Gilson häufig gut bei Kasse war, wußten die Steuereinnehmer doch, daß bei ihm nichts zu holen war. Bei einer oberflächlichen und rein formellen Prüfung seiner Papiere kamen jedoch Besitztitel auf wertvollen Grundbesitz im Osten sowie Hinterlegungsscheine bei Banken zum Vorschein, die weniger Skrupel als die ›Bank‹ von Mr. Jo Bentley gehabt hatten.

Die verblüffende Nachricht verbreitete sich sofort und versetzte ganz Mammon Hill in fieberhafte Erregung. Der *Mammon Hill Patriot*, dessen Redakteur einer der größten Hetzer bei den Beratungen gewesen war, die zu Gilsons Wegzug aus New Jerusalem geführt hatten, veröffentlichte einen überaus würdigen Nachruf auf den Verstorbenen und war so tüchtig, auf die Tatsache hinzuweisen, daß sein verächtlicher Kollege, der Redakteur des *Squaw Gulch Clarion*, die Tugend in Verruf bringe, da er das Andenken an einen Mann mit Schmeicheleien besudele, der das miese Blättchen zu seinen Lebzeiten als Ärgernis von seiner Schwelle gewiesen habe. Doch wer Anspruch auf die Erbschaft erheben konnte, ließ sich nicht von der Presse entmutigen und meldete sich mitsamt den Beweisen; und so groß der Besitz des Erblassers auch sein mochte, erschien er auffallend armselig im Verhältnis zu der ungeheuren Zahl von Goldwaschrinnen, aus denen er laut Beweis stammte. Die ganze Gegend erhob sich wie ein Mann!

Mr. Brentshaw war der Notlage gewachsen. Unter schlauer Ausnutzung billiger Hilfskräfte errichtete er sofort über den Gebeinen seines Wohltäters ein kostbares Denkmal, das jedes primitive Holzkreuz auf dem Friedhof überragte, und ließ weise eine von ihm selbst verfaßte Grabschrift einmeißeln, welche die Ehrlichkeit, den Gemeinsinn und ähnliche Tugenden dessen pries, der darunter ruhte, ›ein Opfer ungerechter Anschuldigungen verleumderischen Natterngezüchts‹.

Außerdem nahm er sich den besten, begabtesten Juristen des Bezirks, um das Andenken seines dahingeschiedenen Freundes zu verteidigen, und lange fünf Jahre waren die Bezirksgerichte mit Prozessen beschäftigt, die sich aus dem Gilson-Testament ergaben. Juristischen Spitzfindigkeiten begegnete Mr. Brentshaw mit noch feineren Spitzfindigkeiten; für käufliche Gefälligkeiten bot er Preise, die den Markt völlig in Unordnung brachten; in seinem gastfreundlichen Haus fanden die Richter Bewirtung für Roß und Reiter, wie man dergleichen im ganzen Bezirk noch nie erlebt hatte; und verlogene Zeugen konfrontierte er mit Zeugen, die weit verlogener waren.

Die Schlacht blieb auch nicht auf den Tempel der Göttin mit den verbundenen Augen beschränkt; sie drang ein in die Presse, die Kanzel und den Salon. Sie tobte auf dem Markt, an der Börse und in den Schulen, in Schluchten und an den Straßenecken. Und am letzten Tag der denkwürdigen Zeitspanne, auf die das Gilson-Testament rechtliche Klagen beschränkt hatte, senkte sich die Sonne über einem Land, in dem der Sinn für Moral tot, das soziale Gewissen verhärtet und die Intelligenz verkrüppelt, geschwächt und irregeleitet waren. Aber Mr. Brentshaw hatte auf der ganzen Linie gesiegt.

In jener Nacht war ein Teil des Friedhofs, auf dem in einer Ecke die jetzt hochgeehrten Überreste des verstorbenen Mr. Milton Gilson, Hochwohlgeboren, lagen, zufällig überschwemmt. Der Cat Creek war nach den unaufhörlichen Regenfällen so angeschwollen, daß seine Ufer die zornige Flut nicht mehr fassen konnten; nachdem das Wasser überall dort häßliche Löcher aufgerissen hatte, wo man einmal gebuddelt hatte, war es, als schäme es sich des Sakrilegs, wieder zurückgeflutet und hatte manches entblößt zurückgelassen, was man einst fromm verborgen hatte. Selbst das berühmte Gilson-Denkmal, der Stolz und Ruhm von Mammon Hill, war nicht länger ein stehender Vorwurf für das ›Natterngezücht‹: es hatte der saugenden Strömung nachgegeben und war in voller Länge zu Boden gestürzt. Die leichenschändende Flut hatte den armseligen, zerfallenen Kiefernholzsarg wieder ausgegraben, und nun lag er halb aufgedeckt in kläglichem Gegensatz zu dem pompösen Monolithen, der wie ein riesiges Ausrufungszeichen die Entblößung noch betonte.

Auf diesem niederdrückenden Schauplatz, von einer heimlichen Macht gezogen, der er nicht zu widerstehen vermochte und die er sich nicht zu erklären versuchte, erschien Mr. Brentshaw. Er war ein anderer Mensch geworden, unser Mr. Brentshaw. Fünf Jahre Mühsal, Sorge und Schlaflosigkeit hatten seine schwarzen Locken mit grauen Strähnen durchsetzt, seine stattliche Figur gebeugt, seinem Gesicht scharfe und eckige Züge aufgeprägt und seinen Gang zu einem torkelnden Schlurfen herabgemindert. Und auch sein Herz und seinen Verstand hatte dieses halbe Jahrzehnt wilden Gezänks nicht verschont. Die leichtherzige gute Laune, mit der er das Amt des Treuhänders übernommen hatte, war einer ständigen Neigung zur Schwermut gewichen. Der scharfe, robuste Verstand war überreif geworden und zur geistigen Schwäche einer zweiten Kindheit aufgeweicht. In seinem einst allgegenwärtigen Geist war nur noch Platz für einen einzigen Gedanken, und statt der zynischen Skepsis verflossener Tage wurde er jetzt von einem quälenden Glauben an das Übersinnliche heimgesucht, der wie ein Schatten fledermausartig durch seine Seele huschte und den Wahnsinn ankündigte. Sein völlig aus den Fugen geratener Verstand klammerte sich mit der Hartnäckigkeit eines schiffbrüchigen Intellekts an eine einzige Überzeugung: es war ein unerschütterlicher Glaube an die völlige Makellosigkeit des verstorbenen Gilson. Das hatte er so oft vor Gericht beschworen und so oft in persönlichen Gesprächen verfochten – hatte es so häufig und so erfolgreich durch Zeugenaussagen bestätigen lassen, die ihn viel Geld gekostet hatten (gerade am heutigen Tage hatte er den letzten Dollar aus Gilsons einstigem Vermögen an Mr. Jo Bentley gezahlt, den letzten Zeugen für Gilsons einwandfreien Charakter) –, daß es bei ihm zu einer Art religiösen Glaubens geworden war. Es schien ihm die einzige große, umfassende und grundlegende Lebenswahrheit zu sein – die einzige lichte Wahrheit in einer Welt voller Lügen.

Als er sich in jener Nacht tiefsinnig auf das umgestürzte Denkmal setzte und im ungewissen Mondschein die Grabschrift zu lesen versuchte, die er vor fünf Jahren mit einem heimlichen Grinsen verfaßt hatte (das aber im Gedächtnis ausgelöscht war), trieb ihm das schlechte Gewissen Tränen in die Augen, denn er erinnerte sich, daß vor allem er dazu beigetragen hatte, den Tod des guten Mannes durchzusetzen, und noch dazu aufgrund einer falschen Beschuldigung, denn bei einer gerichtlichen Ermittlung war Art Harper (gegen eine jetzt vergessene Entschädigung) aufgetreten und hatte geschworen, daß der Verstorbene bei der kleinen Transaktion mit der Fuchsstute in voller Übereinstimmung mit seinen, Harpers, Wünschen gehandelt habe, die dem Verstorbenen im Vertrauen mitgeteilt und von ihm auf Kosten seines Lebens getreulich verschwiegen worden waren. Alles, was Mr. Brentshaw seither für das Andenken des Toten getan hatte, erschien ihm erbärmlich unangemessen und äußerst schäbig, wertlos und durch Eigennutz entwürdigt.

Während er dort saß und sich mit nutzloser Reue abquälte, fiel ein leichter Schatten über sein Gesicht. Er sah zum Mond auf, der tief im Westen stand, und erblickte etwas, das ihm wie eine undeutliche Nebelwolke vorkam, die den Mond verschleierte; doch als die Wolke weiterzog, so daß der Mond ihre eine Seite beleuchtete, erkannte Mr. Brentshaw deutlich die Umrisse einer menschlichen Gestalt. Die Erscheinung wurde deutlicher und wuchs zusehends; sie näherte sich. So verstört seine Sinne auch waren, halb von Entsetzen gelähmt und von furchtbaren Vorstellungen verwirrt, konnte Mr. Brentshaw in dieser geisterhaften Gestalt doch etwas erkennen – oder glaubte es zu erkennen: eine seltsame Ähnlichkeit mit der sterblichen Hülle des einstigen Milton Gilson, wie er ausgesehen hatte, als er ihn vor fünf Jahren vom ›Baum‹ nahm. Die Ähnlichkeit war tatsächlich vollkommen, sogar bis auf die hervorquellenden, starren Augen und einen gewissen dunklen Ring um den Hals. Die Erscheinung trug weder Jacke noch Hut, genau wie Gilson, als er von den nicht unsanften Händen des Zimmermanns Pete (dem übrigens der gleiche nachbarliche Liebesdienst bereits vor Jahren erwiesen wurde) in den armseligen, billigen Sarg gelegt worden war. Das Gespenst – falls es eins war – schien etwas in der Hand zu halten, das Mr. Brentshaw nicht gut erkennen konnte. Es kam näher und zauderte schließlich neben dem Sarg, der die Gebeine des verstorbenen Mr. Gilson enthielt. Der Sargdeckel hatte sich verschoben und ließ das Innere ungenau erkennen. Das Phantom beugte sich darüber, schien aus einer Schale etwas Dunkles von zweifelhafter Konsistenz hineinzuschütten, und glitt dann verstohlen zum tiefer gelegenen Teil des Friedhofs. Hier hatte die zurückweichende Flut eine Anzahl offener Särge hingeschwemmt, über und zwischen denen sie leise gluckste, schluchzte und wisperte. Das Phantom bückte sich über einen der Särge, fegte seinen Inhalt sorgfältig in die Schale und kehrte damit zu seinem eigenen Sarg zurück, um dort, wie vorher schon, das Gefäß über ihm auszuleeren. Das geheimnisvolle Tun wiederholte sich bei jedem aufgebrochenen Sarg: manchmal tauchte die Erscheinung ihre Schale ins fließende Wasser, bewegte sie sachte hin und her, um sie vom ordinären Lehm zu befreien, und sammelte den Rückstand stets für seine eigene persönliche Sargkiste. Mit andern Worten: der unsterbliche Teil des Mr. Gilson reinigte den Staub seiner Nachbarn und tat ihn fürsorglich zu seinem eigenen.

Vielleicht war es das Hirngespinst eines zerrütteten Geistes in einem fiebrigen Körper. Vielleicht war es eine feierliche Posse, von mutwilligen Wesen aufgeführt, die in Fülle die Schatten längs der Grenzen einer anderen Welt bedrängen. Gott allein weiß es; uns ist nur eins zu wissen gestattet: daß die Sonne des folgenden Tages, als sie mit ihrem goldenen Glanz den zerstörten Friedhof von Mammon Hill übergoß, ihren freundlichsten Strahl auf das bleiche, stille Gesicht Henry Brentshaws fallen ließ, eines Toten unter den Toten.

Der Bewerber

Ein stämmiger kleiner Junge, Sohn des hervorragendsten Bürgers von Grayville, ackerte mit seinen unternehmungslustigen Schienbeinen durch den tiefen Schnee, der über Nacht gefallen war, und wurde darin noch durch den Jubel seiner kleinen Schwester bestärkt, die ihm in seinen Fußstapfen folgte. Da stieß sein Fuß gegen etwas, das sich auf der Schneedecke nicht sichtbar abzeichnete. Wieso es dort hinkam, soll unsre Geschichte erklären.

Niemand, der den Vorzug gehabt hat, bei Tage durch Grayville zu kommen, kann das große, steinerne Bauwerk übersehen haben, das die niedrige Anhöhe im Norden des Bahnhofs, also rechts auf dem Wege nach Great Mowbray, krönt. Es ist ein etwas langweiliges Gebäude vom Frühkomatösen Stil und wurde anscheinend von einem Architekten entworfen, der jedes Aufsehen fürchtete und – obwohl er sein Werk nicht gut verstecken konnte, da er ja in diesem Fall sogar gezwungen war, es weithin sichtbar für die Menschheit auf einer Anhöhe zu errichten – sich redlich bemühte, es wenigstens davor zu schützen, daß man ein zweitesmal hinschaute. Was also den äußeren, sichtbaren Aspekt angeht, verhält sich das Abersush-Heim für alte Männer durchaus ungastlich gegenüber jeglicher Betrachtung. Doch es ist ein sehr umfangreicher Bau, der seinen wohltätigen Stifter den Profit mancher Schiffsladung Tee und Seide und Gewürz gekostet hat, die seine Schiffe, als er noch in Boston Handel trieb, von den Antipoden heraufbrachten, obwohl die Stiftung selbst den Hauptanteil der Kosten verschlang. Alles in allem hatte dieser rücksichtslose Mensch seine rechtmäßigen Erben um nicht weniger als eine halbe Million Dollar hintergangen und in zügellosen Schenkungen verschleudert. Vielleicht geschah es mit der Absicht, sich dem großen, stummen Zeugen seiner Verschwendungssucht zu entziehen, daß er bald danach den gesamten, ihm noch verbleibenden Grayville-Besitz veräußerte, dem Schauplatz seiner übertriebenen Großzügigkeit den Rücken kehrte und auf einem seiner Schiffe das Weite suchte. Doch die Schwatzbasen, die ihre Weisheit unmittelbar vom Himmel selbst beziehen, erklärten, daß er weggefahren sei, um sich eine Frau zu suchen – eine Theorie, die sich nicht leicht mit der des lokalen Witzbolds in Einklang bringen ließ, der nämlich allen Ernstes behauptete, der menschenfreundliche Junggeselle habe sich aus diesem Leben (dem in Grayville) verdrückt, weil die heiratsfähigen Jungfräulein ihm zu sehr nachgestellt hätten. Wie dem auch gewesen sein mag, er war nicht zurückgekehrt, und obwohl in längeren Zeitabständen unzusammenhängende und unvollständige Gerüchte über seine Irrfahrten in fremden Landen nach Grayville drangen, schien niemand etwas Genaues über ihn zu wissen, und für die junge Generation war er nicht mehr als ein Name. Doch über dem Portal des Heims für alte Männer verkündeten die Steine seinen Namen.

Trotz des wenig versprechenden Äußeren ist das Heim eine recht geeignete Zuflucht nach dem mancherlei Mißgeschick, das seinen Insassen zustieß, weil sie arme, alte Männer waren. Zu der Zeit, in der unsre kurze Geschichte spielt, waren es etwa zwanzig, doch nach ihrer Verbitterung, Nörgelei und Undankbarkeit hätte man sie auf mindestens hundert schätzen können – das war jedenfalls die Meinung des Heimleiters, eines Mr. Silas Tilbody. Es war Mr. Tilbodys feste Überzeugung, daß die Treuhänder, wenn sie ihm neue alte Männer statt der bisherigen schickten, die in eine andere und bessere *Heimat* gezogen waren, absichtlich seinen Frieden stören und seine Geduld auf die Probe stellen wollten. Ja, je länger das Heim von ihm verwaltet wurde, desto mehr festigte sich in ihm das Gefühl, daß die wohltätigen Absichten des Stifters durch Neu-Aufnahmen von Insassen schwer beeinträchtigt würden. In seiner Phantasie, wovon er zwar nicht viel besaß, malte er sich mit Vorliebe die Umwandlung des Heims für alte Männer in eine Art Wolkenkuckucksheim aus, mit ihm als Kastellan, der gastfreundlich etwa zwanzig gut genährte und gut situierte Herren in mittleren Jahren beherbergte, und alle waren sie gut gelaunt und entgegenkommenderweise bereit, für Kost und Logis zu zahlen. In diesem revidierten, menschenfreundlichen Projekt war den Treuhändern, denen er seinen Posten verdankte und denen er jetzt für seine Geschäftsführung verantwortlich war, nicht das Glück beschieden, in Erscheinung zu treten. Was sie betrifft, wurde übrigens vom oben erwähnten lokalen Witzbold behauptet, ihrer Oberaufsicht über das großzügige Almosen habe die weise Vorsehung einen Hang zur Sparsamkeit beigefügt. Die Folgerung, die man aus seiner Ansicht hätte ziehen sollen, geht uns nichts an – sie fand weder die Unterstützung noch die Ablehnung der Heiminsassen, die es gewiß am nächsten anging. Sie lebten den kurzen Rest ihres Lebens zu Ende, sanken in sorgfältig bezifferte Gräber und wurden durch andre alte Männer ersetzt, die ihnen so ähnlich waren, wie es sich der Große Widersacher nur wünschen konnte. Wenn das Heim eine Stätte der Bestrafung für die Sünde der Verschwendung war, dann unterwarfen sich die alten Sünder der Strafe mit einer Beharrlichkeit, die ein Beweis für ihre aufrichtige Reue war. Der Leser wird hiermit eingeladen, einem dieser Männer seine Aufmerksamkeit zuzuwenden. Bezüglich der Kleidung nahm der alte Mann ganz und gar nicht für sich ein. Es war jetzt Winter, aber zu einer andern Jahreszeit hätte es ein flüchtiger Beobachter leicht für den schlauen Trick eines Farmers halten können, der nicht gewillt ist, die Früchte seiner Mühen mit den Krähen zu teilen, die ›weder arbeiten noch spinnen‹ – ein Irrtum, der kaum ohne eine längere und nähere Betrachtung hätte beseitigt werden können, da sie unerwünscht schien. Im Dämmerdunkel des Winterabends kam er nämlich auf dem Weg zum Heim nicht schneller die Abersush Street hinauf, als man es von einer jungen, gesunden und unzufriedenen Vogelscheuche hätte erwarten können. Der Alte war zweifellos schlecht gekleidet, doch nicht ohne eine gewisse Schicklichkeit und mit gutem Geschmack. Offenbar wollte er sich um Aufnahme im Heim bewerben, wo Armut eine Vorbedingung war. Im Heer der Bedürftigen sind Lumpen die vorgeschriebene Uniform; sie dienen dazu, die Mannschaften von den Werbeoffizieren zu unterscheiden.

Als der alte Mann durch das Tor des Grundstücks

trat und die breite Zufahrt hinaufschusselte, die schon weiß war vom gleichmäßig niedersinkenden Schnee, den er sich dann und wann kraftlos von verschiedenen Angriffspunkten auf seinem Körper abklopfte, gelangte er schließlich in den Lichtkreis der großen Kugellampe, die bei Nacht stets über dem Hauptportal des Gebäudes brannte. Als passe es ihm nicht, sich den dreisten Lichtstrahlen auszusetzen, wandte er sich zur Linken, ging ein ziemliches Stück an der Front des Hauses entlang und läutete dann an einer kleineren Tür, die einen matteren Lichtschimmer aussandte: er fiel vom Inneren her durch das Oberlicht und verlor sich weniger neugierig im Dunkel der Nacht. Die Tür wurde von niemand geringerem als Mr. Tilbody persönlich geöffnet. Als er den Besucher betrachtete, der sofort den Hut zog und die Dauerkrümmung seines Rückens etwas verkürzte, gab der hohe Herr kein sichtbares Zeichen der Überraschung oder des Mißfallens von sich. Mr. Tilbody war sogar ungewöhnlich guter Laune, eine Tatsache, die sicherlich dem aufheiternden Einfluß der Festtage zuzuschreiben war, denn es war Heiliger Abend, und der nächste Tag würde jener dreihundertfünfundsechzigste Teil des Jahres sein, den jede Christenseele für großartige Taten der Liebe und Güter reserviert. Mr. Tilbody war so erfüllt vom Geist der Weihnachtszeit, daß sein feistes Gesicht und die blaßblauen Augen, deren schwächliches Feuer sie sonst von einem verfrühten Sommerkürbis unterschied, eine freundliche Glut ausstrahlten, und es war nur schade, daß er sich nicht niederlegen und an ihr wärmen und sich im Glanz seines eigenen Ichbewußtseins sonnen konnte. Er war gestiefelt und gespornt, das heißt, mit Hut, Mantel und Regenschirm angetan, wie es sich für jemanden gehört, der sich zwecks mildtätiger Werke in Nacht und Graus stürzen will. Mr. Tilbody hatte sich nämlich soeben von Weib und Kind verabschiedet. Er wollte in die Stadt gehen und das Nötige besorgen, um die alljährliche Lüge vom dickbäuchigen Heiligen zu erhärten, der durch den Schornstein herunterkommt und kleine Knaben und Mädchen belohnt, wenn sie brav sind und, vor allem, wenn sie wahrheitsliebend sind. Daher bat er den alten Herrn nicht ins Haus, sondern begrüßte ihn nur munter: »Hallo! Gut abgepaßt! Eine Sekunde später, und Sie hätten mich verfehlt! Kommen Sie mit, ich habe keine Zeit zu verlieren! Wir können ein Stückchen zusammen gehen.«

»Besten Dank«, sagte der alte Mann, auf dessen hagerem und blassem, aber nicht unedlem Gesicht der Lichtschein aus der offenen Tür einen Ausdruck zeigte, der vielleicht Enttäuschung war, »aber wenn die Treuhänder ... wenn meine Bewerbung...«

»Die Treuhänder«, erwiderte Mr. Tilbody und schlug mehr als nur die eine Tür zu und sperrte mehr als nur den einen Lichtschimmer aus, »sind der Meinung, daß sie über Ihr Gesuch andrer Meinung sind!«

Gewisse Gefühle passen nicht in die Weihnachtszeit, aber der Humor kann wie der Tod jede Jahreszeit für sich beanspruchen.

»O mein Gott!« rief der alte Mann mit einer so schmächtigen und heiseren Stimme, daß die Anrufung alles andre als eindrucksvoll war und zumindest dem einen seiner beiden Zuhörer etwas komisch vorkam. Dem *andern* – doch das ist eine Frage, die von unerleuchteten Laien nicht erörtert werden kann.

»Ja«, fuhr Mr. Tilbody fort und paßte seine Schritte denen seines Begleiters an, der mechanisch und etwas unbeholfen wieder in dieselben Fußspuren trat, die er zuvor im Schnee hinterlassen hatte, »sie haben entschieden, daß es unter den Umständen, unter den sehr eigenartigen Umständen, verstehn Sie, unzweckmäßig wäre, Sie aufzunehmen. Als Verwalter und amtlich bestallter Sekretär des ehrenwerten Komitees« (während Mr. Tilbody sich mit seinem vollen Titel brüstete, schien die Bedeutung des großen Gebäudes hinter dem Schleier niedersinkenden Schnees vergleichsweise etwas zu leiden), »ist es meine Pflicht, Sie zu informieren, daß nach den Worten des Diakons Byram, unsres Herrn Vorsitzenden, Ihre Anwesenheit im Heim unter den gegebenen Umständen besonders peinlich wäre. Ich hielt es für meine Pflicht, dem ehrenwerten Komitee die Angaben zu unterbreiten, die Sie mir gestern in Ihrem sehr berechtigten Bemühen, Ihre Bewerbung persönlich zu übermitteln, über Ihre Notlage, Ihren Gesundheitszustand und die Prüfungen machten, die Ihnen aufzuerlegen der Vorsehung beliebte; jedoch nach sorgfältiger, ja ich darf sagen ehrfürchtiger Erwägung Ihres Falles – selbstverständlich verbunden mit der weitherzigen Nächstenliebe, die der Weihnachtszeit angemessen ist – wurde entschieden, daß wir nicht berechtigt sind, etwas zu tun, was geeignet wäre, die Nützlichkeit der von der Vorsehung in unsre Obhut gegebenen Institution zu gefährden.«

Sie hatten inzwischen das Grundstück verlassen; durch das Schneegestöber konnte man die Straßenlaterne gegenüber vom Eingangstor nur undeutlich erkennen. Die Fußspuren vom Herweg des alten Mannes waren verwischt, und er schien unsicher, wohin er gehen sollte. Mr. Tilbody war etwas von ihm abgerückt, blieb aber stehen und wandte sich ihm halb zu, da er sich anscheinend die Gelegenheit, weiterzusprechen, nur ungern entgehen ließ.

»Unter diesen Umständen«, fuhr er fort, »muß die Entscheidung…«

Aber für den Wortschwall seiner Überredungsversuche war der alte Mann nicht mehr erreichbar; er hatte die Straße überquert und ging reichlich ziellos über ein unbebautes Grundstück, was gar nicht so unvernünftig war, wie es aussah, da er kein besonderes Ziel hatte.

Und so geschah es dann, daß am nächsten Morgen, als in ganz Grayville die Kirchenglocken, wie es dem Tag angemessen war, mit zusätzlicher Innigkeit läuteten, der stämmige kleine Sohn des Diakons Byram sich durch den Schnee einen Weg zum Gotteshaus bahnte und dabei mit dem Fuß gegen den Leichnam des Menschenfreundes Amasa Abersush stieß.

Eine Totenwache

1.

In einem Zimmer im ersten Stock eines unbewohnten Hauses in jenem Teil San Franciscos, der als North Beach bekannt ist, lag unter einem Laken der Leichnam eines Mannes. Es war gegen neun Uhr abends; das Zimmer wurde von einer einzigen Kerze matt beleuchtet. Obwohl es draußen warm war, hatte man, im Gegensatz zu dem Brauch, den Toten reichlich frische Luft zu geben, die beiden Fenster geschlossen und die Rouleaus heruntergezogen. Die Einrichtung des Zimmers bestand aus nur drei Möbelstücken: einem Lehnstuhl, einem kleinen Lesepult, auf dem die Kerze stand, und einem langen Küchentisch, auf dem der Leichnam des Mannes lag. Alle drei und auch der Tote waren erst kürzlich ins Zimmer geschafft worden, denn ein Beobachter – wäre einer dagewesen – hätte bemerkt, daß sie staubfrei waren, während alles übrige im Zimmer ziemlich staubig war und in den Zimmerecken Spinnweben hingen.

Unter dem Laken zeichneten sich die Umrisse des Körpers ab, sogar die Gesichtszüge, die jene unnatürlich scharfen Konturen hatten, die zum Gesicht eines Toten zu gehören scheinen, jedoch wirklich charakteristisch nur für Tote sind, die eine lange Krankheit ausgezehrt hat. Aus der Stille im Zimmer hätte man mit Recht geschlossen, daß es weder an der Vorderseite des Hauses lag noch auf die Straße hinausging. Die Fenster blickten nur auf eine hohe Felswand, denn die Rückseite war gegen einen Berg gebaut.

Als die Uhr einer nahen Kirche die neunte Stunde schlug und die einzelnen Schläge so nachlässig und mit einer solchen Gleichgültigkeit für das Enteilen der Zeit durch die Stille tropften, daß man kaum umhin konnte sich zu fragen, weshalb sie sich überhaupt zu schlagen bemühten, wurde die einzige Tür im Zimmer geöffnet, und ein Mann trat ein und ging auf den Toten zu. Unterdessen schloß sich die Tür anscheinend von selber; ein kratzendes Geräusch deutete an, daß ein Schlüssel umgedreht wurde, und dann wurde ein Riegel vorgeschoben und schnappte ein. Darauf folgte auf dem Gang draußen das Geräusch sich entfernender Schritte, und der Mann war allem Anschein nach gegangen. Einen Augenblick stand er vor dem Tisch und blickte auf die Leiche; dann ging er, leicht mit den Schultern zuckend, zu einem der beiden Fenster und zog das Rouleau hoch. Draußen herrschte völlige Finsternis; die Scheiben waren mit Staub bedeckt, und nachdem er ihn abgewischt hatte, konnte er sehen, daß starke Eisenstäbe das Fenster vergitterten; sie kreuzten sich ein paar Zoll hinter der Scheibe und waren auf jeder Seite ins Mauerwerk eingelassen. Er untersuchte das andere Fenster: es war ebenso. Er schien sich nicht besonders dafür zu interessieren und stieß nicht einmal das Schiebefenster in die Höhe. Wenn er wirklich ein Gefangener war, dann war er offensichtlich ein sehr fügsamer. Als er das Zimmer fertig untersucht hatte, setzte er sich in einen Lehnstuhl, holte ein Buch aus der Tasche, zog das Pult mit der Kerze näher heran und begann zu lesen.

Der Mann war jung, nicht älter als dreißig; er hatte einen dunklen Teint, war glatt rasiert und hatte braunes Haar. Das Gesicht war schmal und hatte eine scharf gebogene Nase und eine breite Stirn. Kinn und Unterkiefer waren gut entwickelt, was diejenigen, bei denen es ebenso ist, als Zeichen von Energie deuten. Die Augen waren grau und gelassen und bewegten sich nicht, ausgenommen in einer bestimmten Absicht. Jetzt waren sie meistens auf das Buch geheftet, doch gelegentlich hob er sie und wandte sie der Leiche auf dem Tisch zu, aber offenbar nicht, weil ihn das Unheimliche faszinierte, das unter solchen Umständen sogar einen mutigen Menschen beeinflußt hätte, und auch nicht in bewußter Auflehnung gegen ein Gefühl, das einen ängstlichen Menschen hätte packen können. Er sah den Toten an, als sei er beim Lesen auf eine Stelle gestoßen, die ihn wieder an seine Umgebung erinnerte. Der Mann, der hier die Totenwache hielt, entledigte sich seiner Aufgabe ganz eindeutig mit Vernunft und Haltung, wie es sich für ihn schickte.

Nachdem er etwa eine halbe Stunde gelesen hatte, schien er am Ende eines Kapitels angelangt zu sein und legte das Buch ruhig beiseite. Dann erhob er sich, nahm das Lesepult und trug es in die Zimmerecke neben dem einen Fenster, ergriff die Kerze und trug sie zum leeren Kamin, vor dem er gesessen hatte.

Einen Augenblick darauf trat er zur Leiche auf dem Tisch, hob das Laken und schlug es vom Kopfende zurück, wobei er eine Fülle dunkler Haare und ein feines Gesichtstuch aufdeckte, unter dem sich die Gesichtszüge noch deutlicher als vorher abzeichneten. Er beschattete seine Augen, indem er seine freie Hand zwischen sich und die Kerze hielt, und stand da und betrachtete seinen stillen Gefährten mit einem ernsten und ruhigen Blick. Befriedigt vom Augenschein, zog er das Laken wieder über das Gesicht und kehrte zu seinem Stuhl zurück, holte ein paar Zündhölzer vom Leuchter, steckte sie in die Jackentasche und setzte sich. Dann zog er die Kerze aus dem Halter und besah sie prüfend, als wolle er berechnen, wie lange sie brennen könnte. Sie war kaum zwei Zoll lang; nach einer Stunde würde er im Dunkeln sitzen. Er steckte sie wieder in den Leuchter und blies sie aus.

2.

Im Sprechzimmer eines Arztes in der Kearny Street saßen drei Männer um einen Tisch; sie tranken Punsch und rauchten. Es war spät am Abend, ja beinah Mitternacht, und an Punsch hatte es ihnen nicht gefehlt. Der älteste der drei, Doktor Helberson, war der Gastgeber; sie saßen in seiner Wohnung. Er war etwa dreißig Jahre alt; die andern waren sogar noch jünger, und alle drei waren Mediziner.

»Die abergläubische Furcht, mit der die Lebenden die Toten betrachten«, sagte Doktor Helberson, »ist ererbt und unheilbar. Man braucht sich ihrer ebensowenig zu schämen wie zum Beispiel der Unbegabtheit für Mathematik oder einem Hang zum Lügen.«

Die andern lachten.

»Soll sich der Mensch nicht schämen, ein Lügner zu sein?« fragte der Jüngste, der ein Medizinstudent war und noch keinen akademischen Grad hatte.

»Mein lieber Harper, so habe ich es nicht gemeint. Der Hang zum Lügen ist eine Sache für sich – das Lügen selbst ist etwas anderes.«

»Aber halten Sie dieses abergläubische Gefühl«, fragte der dritte Mann, »diese Furcht vor den Toten – so unbegründet sie unsres Wissens ist – wirklich für ganz allgemein verbreitet? Ich selbst bin mir ihrer jedenfalls nicht bewußt.«

»Oh, sie steckt Ihnen trotzdem in den Knochen!« erwiderte Harper. »Es kommt nur auf die richtigen Umstände an – was Shakespeare das geistige Klima nennt –, und schon meldet sie sich auf recht unangenehme Art und öffnet Ihnen die Augen. Natürlich sind Mediziner und Soldaten weit eher frei davon als andere Leute.«

»Mediziner und Soldaten! Warum erwähnen Sie nicht auch noch Henker und Scharfrichter? Nur her mit der ganzen Mörderbande!«

»Nein, nein, mein lieber Mancher! Daß diese Staatsbeamten genügend Vertrautheit mit dem Tode erlangen, um gänzlich unberührt von ihm zu bleiben, lassen die Geschworenen nicht zu.«

Der junge Harper, der sich eine neue Zigarre vom Schreibtisch geholt hatte, setzte sich wieder auf seinen Platz.

»Was würden Sie denn als ›geeignete Umstände‹ betrachten, unter denen irgendein vom Weibe geborener Mensch sich seines Anteils an dieser allgemeinen Schwäche unerträglich bewußt würde?« fragte er gestelzt. »Oh, ich finde, wenn ein Mann die ganze Nacht mit einer Leiche eingesperrt wäre, allein in einem dunklen Zimmer, in einem leeren Haus, ohne Bettdecke, die er sich über den Kopf ziehen kann – wenn er das übersteht, ohne gänzlich durchzudrehen, dann dürfte er sich mit Recht rühmen, weder ›vom Weibe geboren‹ noch, wie Macduff, durch einen Kaiserschnitt auf die Welt gekommen zu sein.«

»Ich glaubte schon, Sie würden nie aufhören, eine Bedingung auf die andre zu türmen«, entgegnete Harper. »Aber ich kenne einen Mann, der weder Arzt noch Soldat ist und der all ihre Bedingungen akzeptiert – zu jedem Einsatz, den Sie nennen!«

»Wer ist es?«

»Er heißt Jarette und ist hier in Kalifornien fremd. Er stammt aus meiner Heimatstadt im Staate New York. Ich habe kein Geld, um auf ihn zu wetten, doch er wird bestimmt auf den höchsten Einsatz eingehen.«

»Woher wissen Sie das?«

»Er wettet lieber als daß er ißt. Und was die Furcht betrifft: die hält er bestimmt für eine Art Hautkrankheit oder möglicherweise für eine ausgefallene religiöse Irrlehre.«

»Wie sieht er aus?« fragte Helberson, der sich offensichtlich für den Fall erwärmte.

»Genau wie Doktor Mancher – er könnte sein Zwillingsbruder sein.«

»Ich gehe auf die Wette ein«, sagte Helberson prompt.

»Besten Dank für das Kompliment«, brummte Mancher, der etwas schläfrig wurde. »Kann ich mitmachen?«

»Nicht, wenn Sie gegen mich wetten«, erwiderte Helberson. »Ich will Sie nicht berauben.«

»Meinetwegen«, sagte Mancher. »Dann bin ich eben die Leiche.«

Die andern lachten.

Das Ergebnis des verrückten Gesprächs kennen wir bereits.

3.

Als Mr. Jarette den kläglichen Kerzenstumpf auslöschte, hatte er dabei im Sinn, ihn für einen unvorhergesehenen Bedarfsfall aufzusparen. Vielleicht hatte er auch überlegt (oder es wenigstens im Unterbewußtsein gedacht), daß die Dunkelheit sowohl jetzt wie später die gleiche wäre, und falls die Situation unerträglich werden sollte, war es besser, ein Mittel in der Hand zu haben, um sie erträglich zu machen oder gar zu beseitigen. Jedenfalls war es klug, eine kleine Lichtreserve zu haben, wenn auch nur, um gelegentlich auf die Uhr zu schauen.

Sowie er die Kerze gelöscht und neben sich auf den Fußboden gestellt hatte, setzte er sich behaglich in seinem Sessel zurecht, lehnte sich an und schloß die Augen, in der Hoffnung und Gewißheit, rasch einzuschlafen. Darin täuschte er sich; nie im Leben hatte er sich weniger schläfrig gefühlt, und nach ein paar Minuten gab er den Versuch auf. Aber was sollte er jetzt tun? Er konnte nicht in dieser völligen Finsternis herumtasten, auf die Gefahr hin, sich zu stoßen, und auch auf die Gefahr hin, gegen den Tisch zu ecken und den Toten unmanierlich zu stören. Wir alle billigen ihm das Recht zu, in Frieden dazuliegen, geschützt gegen alles, was roh und gewaltsam ist. Fast gelang es Jarette, sich einzureden, daß nur derartige Überlegungen ihn hinderten, sich der Möglichkeit eines Zusammenpralls auszusetzen, und daß nur sie es waren, die ihn auf seinem Lehnstuhl festhielten.

Während er darüber nachdachte, meinte er, aus der Richtung des Tisches ein kleines Geräusch zu hören – welcher Art, hätte er schwerlich erklären können. Den Kopf wandte er nicht um – warum sollte er auch? – in dieser Dunkelheit. Aber er lauschte – warum sollte er nicht? Und das Lauschen machte ihn schwindlig, so daß er die Armlehnen packte, um sich festzuhalten. In seinen Ohren hörte er ein seltsames Rauschen, der Kopf schien ihm zu platzen, seine Brust fühlte sich von den Kleidern eingeengt und bedrängt. Er fragte sich, weshalb es so war, und ob es Symptome der Angst sein könnten. Dann schien ihm von einem langen und tiefen Seufzer die Brust einzufallen, und gleichzeitig mit dem tiefen Wiedereinatmen hörte das Schwindelgefühl auf und er begriff, daß er bei seinem gespannten Lauschen den Atem fast bis zum Ersticken angehalten hatte. Die Erkenntnis verdroß ihn; er stand auf, stieß den Stuhl mit dem Fuß weg und machte ein paar Schritte bis in die Mitte des Zimmers. Doch im Dunkeln kommt man nicht weit; er begann herumzutasten, und als er die Wand gefunden hatte, folgte er ihr bis zur Ecke, folgte der Wand an den zwei Fenstern vorbei und prallte dort, in der andern Ecke, derb gegen das Lesepult und stieß es um. Das Gepolter erschreckte ihn. Er ärgerte sich: »Warum, zum Teufel, konnte ich bloß vergessen, wo es war?« brummelte er und tastete sich an der dritten Wand entlang zum Kamin. »Ich muß Ordnung schaffen«, sagte er und tastete auf dem Fußboden nach der Kerze.

Nachdem er sie gefunden hatte, zündete er sie an und wandte seine Blicke sofort dem Tisch zu, auf dem sich natürlich nichts verändert hatte. Das Lesepult lag unbeachtet auf dem Boden – er vergaß, Ordnung zu schaffen. Statt dessen schaute er sich im ganzen Zimmer um, verscheuchte die tieferen Schatten durch kreisende Handbewegungen mit der Kerze und ging zur Tür hinüber. Er probierte sie aus, indem er aus Leibeskräften am Türknopf drehte und zog, aber er gab nicht nach, was ihn mit einer gewissen Genugtuung erfüllte, ja er verschloß die Tür noch zusätzlich durch einen Riegel, der ihm nicht gleich aufgefallen war. Dann kehrte er zu seinem Lehnstuhl zurück und sah auf die Uhr. Es war halb zehn. Erschrocken hielt er die Uhr ans Ohr: sie war nicht stehengeblieben. Die Kerze war inzwischen sichtlich kürzer geworden. Er löschte sie aus und stellte sie wieder neben sich auf den Fußboden.

Mr. Jarette fühlte sich unbehaglich; seine Umgebung paßte ihm nicht mehr, und daß sie ihm nicht paßte, ärgerte ihn erst recht. ›Was habe ich denn zu befürchten?‹ dachte er. ›Es ist einfach lächerlich und beschämend! Ich werde doch kein so großer Dummkopf sein?‹ Aber der Mut kommt einem nicht, wenn man sich vornimmt, mutig zu sein, und auch nicht, wenn man einsieht, wie angebracht er wäre. Je mehr Jarette sich verwünschte, um so mehr Grund gab er sich dazu; je größer die Zahl der Varianten wurde, die er sich über das einfache Thema von der Harmlosigkeit der Toten vorspielte, um so unerträglicher wurden die Disharmonien seiner Gefühle. »Was?« rief er in seiner Qual laut heraus, »was? Sollte ich, der ich keine Spur von Aberglauben im Herzen hege – der ich nicht an die Unsterblichkeit glaube – der ich weiß (und niemals gewisser als eben jetzt), daß ein Fortleben nach dem Tode die Ausgeburt eines Wunsches ist –, sollte ich mit einem Schlage meine Wette, meine Ehre und meine Selbstachtung, ja vielleicht meinen Verstand verlieren, weil irgendwelche in Höhlen und Erdlöchern wohnenden barbarischen Vorfahren die monströse Idee ausgeheckt haben, daß die Toten bei Nacht herumspazieren? Daß…« Deutlich und unverkennbar hörte Mr. Jarette hinter sich ein sanftes, leises Geräusch von Schritten, die behutsam und gleichmäßig immer näher kamen!

4.

Am folgenden Morgen kurz vor Tagesanbruch fuhren Doktor Helberson und sein junger Freund Harper langsam durch die Straßen von North Beach.

»Haben Sie immer noch Ihr jugendliches Zutrauen in den Mut oder die Dickfelligkeit Ihres Freundes?« fragte der Ältere. »Glauben Sie, daß ich die Wette verloren habe?«

»Ich *weiß* es sogar«, erwiderte der andre mit entwaffnender Betonung.

»Und ich hoffe es, bei Gott!«

Er sagte es ernst, fast feierlich. Ein paar Sekunden lang schwiegen sie.

»Harper«, begann der Doktor wieder und blickte sehr besorgt in das Wechselspiel des Lichts, das in den Wagen fiel, wenn sie an den Straßenlaternen vorbeifuhren, »mir ist nicht ganz wohl bei dieser Sache. Wenn mich Ihr Freund nicht durch die verächtliche Art gereizt hätte, mit der er meine Zweifel an seiner Standhaftigkeit von sich wies (die ja eine rein physische Eigenschaft ist), sowie durch die kaltschnäuzige Dreistigkeit seines Vorschlags, es müsse der Leichnam eines Arztes sein, hätte ich nicht länger mitgemacht. Wenn etwas passiert, sind wir erledigt – was wir ja leider auch verdienen.«

»Was kann denn passieren? Selbst wenn die Sache eine ernste Wendung nehmen sollte, was ich bestimmt nicht glaube, braucht Doktor Mancher nur ›aufzuerstehen‹ und alles zu erklären. Bei einem echten Leichnam aus dem Seziersaal oder bei einem Ihrer verstorbenen Patienten wäre es vielleicht anders.«

Doktor Mancher war also seinem Versprechen treu geblieben: *er* war der ›Leichnam‹.

Doktor Helberson schwieg lange, während der Wagen im Schneckentempo die gleiche Straße entlangschlich, durch die er schon zwei- oder dreimal gefahren war. Dann sagte Doktor Helberson: »Also gut, hoffen wir, daß Doktor Mancher, falls er von den Toten auferstehen mußte, sich vorsichtig verhalten hat. Ein Mißgriff könnte die Sache schlimmer statt besser machen.«

»Ja«, bestätigte Harper. »Jarette würde ihn umbringen. Aber«, fügte er hinzu und blickte auf die Uhr, während sie an einer Gaslaterne vorbeifuhren, »jetzt ist es endlich beinah vier Uhr geworden!«

Einen Augenblick darauf hatten die beiden das Gefährt verlassen und gingen schnell auf das dem Arzt gehörende, seit langem unbewohnte Haus zu, in dem sie Mr. Jarette, wie es den Bedingungen ihrer verrückten Wette entsprach, eingesperrt hatten. Als sie näher kamen, begegneten sie einem rennenden Mann. »Können Sie mir sagen«, rief er und mäßigte sein Tempo, »wo ich einen Arzt finden kann?«

»Was gibt's?« fragte Helberson diplomatisch.

»Seh'n Sie selbst nach!« rief der Mann und rannte weiter.

Sie beeilten sich. Als sie vor dem Haus anlangten, sahen sie, wie mehrere Leute schnell und aufgeregt hineingingen. In einigen Wohnungen nahebei und gegenüber wurden Schlafzimmerfenster aufgerissen, und überall erschienen Köpfe. Alle stellten Fragen, und keiner kümmerte sich um die Fragen der andern. Hinter ein paar Fenstern mit heruntergelassenen Rouleaus brannte Licht, weil die Bewohner sich anzogen, um hinunterzugehen. Genau gegenüber von der Haustür, auf die sie zustrebten, warf eine Straßenlaterne einen gelben, unzureichenden Lichtschimmer auf die Szene und schien zu sagen, sie könne sehr viel mehr verraten, wenn sie nur wollte. Vor der Tür blieb Harper stehen und legte die Hand auf den Arm seines Begleiters. »Mit uns ist es aus«, rief er in höchster Aufregung, die in merkwürdigem Widerspruch zu seinen burschikosen Worten stand, »wir haben verspielt! Lassen Sie uns nicht hineingehen – wollen uns lieber verdrücken!«

»Ich bin Arzt«, entgegnete Doktor Helberson ruhig. »Vielleicht wird hier ein Arzt gebraucht.«

Sie gingen die Steinstufen hinauf und waren im Begriff einzutreten. Die Haustür stand offen; die Laterne gegenüber beleuchtete den Flur dahinter. Er war voller Leute. Ein paar von ihnen waren die Treppe weiter hinten hinaufgestiegen, und da sie oben keinen Einlaß fanden, warteten sie eine Gelegenheit ab. Alle sprachen, und keiner hörte zu. Plötzlich entstand auf dem oberen Treppenabsatz ein wildes Getümmel: ein Mann platzte aus einer Tür und riß sich von denen los, die ihn halten wollten. Durch die Menge der erschrockenen Müßiggänger stürmte er hinunter, stieß sie beiseite, quetschte sie auf der einen Seite gegen die Wand oder zwang sie, sich auf der andern Seite am Geländer festzuhalten, packte sie bei der Kehle, hieb wild auf sie ein, schleuderte sie die Treppe hinab und stieg über die Hingefallenen. Seine Kleidung war unordentlich; er trug keinen Hut. Seine wilden, unsteten Blicke waren noch furchtbarer als seine anscheinend übermenschlichen Kräfte. Das glattrasierte Gesicht war blutleer, die Haare waren schlohweiß.

Als die Menge am Fuß der Treppe, wo mehr Platz war, vor ihm zurückwich, um ihn vorbeizulassen, sprang Harper vor. »Jarette! Jarette!« rief er.

Doktor Helberson packte Harper beim Kragen und zog ihn zurück. Der Mann blickte ihnen ins Gesicht, offenbar, ohne sie zu sehen, und sprang aus der Tür, die Stufen hinunter auf die Straße, und war verschwunden. Ein stämmiger Polizist, der weniger Erfolg gehabt hatte, sich auf der Treppe Bahn zu brechen, folgte ihm bald danach und nahm die Jagd auf. Alle Köpfe in den Fenstern – jetzt auch die von Frauen und Kindern – wiesen ihm gellend die Richtung.

Da die Treppe nun teilweise freigeworden war, weil die meisten Leute auf die Straße gerannt waren, um die Flucht und Verfolgung zu beobachten, stieg Doktor Helberson die Treppe hinauf, hinter ihm Harper. An der Tür auf dem oberen Flur verwehrte ihnen ein Polizeioffizier den Zutritt. »Wir sind Ärzte«, sagte der Doktor, und sie traten ein. Das Zimmer war voller Menschen, die sich im ungewissen Licht um einen Tisch drängten. Die Neuangekommenen zwängten sich hindurch und blickten über die Schultern der vor ihnen Stehenden. Auf dem Tisch lag, die unteren Gliedmaßen von einem Laken bedeckt, der Körper eines Mannes, hell beleuchtet vom Strahl einer Blendlaterne, die ein am Fußende stehender Polizist auf den Toten richtete. Alle andern mit Ausnahme der Leute am Kopfende sowie der Polizist selbst waren in Dunkel getaucht. Das gelbe Gesicht der Leiche war abstoßend und grauenerregend. Die Augen waren ein wenig geöffnet und nach oben verdreht, der Unterkiefer war herabgesunken; Spuren von Schaum besudelten die Lippen, das Kinn und die Wangen. Ein großgewachsener Mann, anscheinend Arzt, beugte sich über die Leiche und hatte die Hand unter die Hemdbrust geschoben. Dann zog er sie weg und steckte zwei Finger in den offenen Mund. »Der Mann ist seit etwa sechs Stunden tot«, erklärte er. »Es ist ein Fall für den Leichenbeschauer.«

Er zog eine Karte aus der Tasche, gab sie dem Polizisten und ging auf die Tür zu.

»Raus aus dem Zimmer! Allesamt raus!« schrie der Polizist wütend, und der Leichnam verschwand, als hätte ihn jemand weggeschnappt, weil der Polizist die Blendlaterne wegnahm und ihren Lichtstrahl hier und dort auf die Gesichter der Menge fallen ließ. Die Wirkung war verblüffend! Die Leute waren geblendet, verwirrt und beinah entsetzt und stürmten hastig zur Tür, stießen und drängelten, fielen einer über den andern und flohen wie die Heerscharen der Nacht vor den Strahlen Apollos. Ohne Erbarmen ließ der Polizist unaufhörlich das grelle Licht über die kämpfende, trampelnde Menge gleiten.

Helberson und Harper steckten eingekeilt im Strudel und wurden aus dem Zimmer und die Treppe hinunter auf die Straße getragen.

»Großer Gott, Doktor Helberson! Habe ich Ihnen nicht gesagt, daß Jarette ihn umbringen würde?« rief Harper, sobald sie sich aus der Menge gerettet hatten.

»Ja, scheint mir auch so«, erwiderte der andre ohne sichtbare Erregung. Sie gingen schweigend weiter, einen Häuserblock nach dem andern entlang. Gegen den heller werdenden Morgenhimmel hoben sich die Häuser der Hügelbewohner in scharfen Umrissen ab. Der Milchwagen zog bereits durch die Straßen; bald würde der Bäckerjunge auf der Bildfläche erscheinen; der Zeitungsträger war schon auf den Beinen.

»Hören Sie, junger Mann«, sagte Helberson, »ich finde, daß wir schon zuviel Morgenluft genossen haben. Sie ist uns nicht zuträglich. Wir brauchen etwas Luftveränderung. Was meinen Sie zu einer Fahrt nach Europa?«

»Wann?«

»Ich bin nicht wählerisch. Heute nachmittag um vier wäre es, glaube ich, rechtzeitig genug.«

»Ich treffe Sie am Schiff!« sagte Harper.

5.

Sieben Jahre später saßen die beiden Männer auf einer Bank in New York am Madison Square in zwanglosem Gespräch. Ein anderer Mann, der sie, von ihnen unbemerkt, seit einiger Zeit gemustert hatte, näherte sich ihnen und sagte, höflich den Hut von den schlohweißen Haaren ziehend: »Verzeihen

Sie bitte, meine Herren, aber wenn man einen Menschen dadurch umgebracht hat, daß man selber auferstanden ist, sollte man am besten die Kleider mit ihm tauschen und sich bei der ersten Gelegenheit einen Weg in die Freiheit bahnen.«

Helberson und Harper wechselten vielsagende Blicke. Offenbar amüsierten sie sich über den Mann. Dann blickte Helberson dem Mann freundlich in die Augen und sagte: »Das ist schon immer mein Plan gewesen. Ich stimme völlig mit Ihnen überein wegen der Vorteile...«

Auf einmal unterbrach er sich, stand zitternd auf und wurde blaß. Er starrte den Mann mit offenem Munde an und zitterte sichtlich.

»Oh«, rief der Fremde, »wie ich sehe, fühlen Sie sich nicht wohl, Doktor? Wenn Sie sich nicht selbst behandeln können, kann Ihnen sicher Doktor Harper helfen!«

»Wer sind Sie, zum Teufel?« fuhr ihn Harper grob an.

Der Fremde trat näher, beugte sich vor und flüsterte: »Manchmal nenne ich mich Jarette, aber um der alten Freundschaft willen verrate ich Ihnen gern, daß ich Doktor Mancher bin.«

Bei dieser Erklärung sprang Harper auf. »Doktor Mancher!« rief er, und Helberson sagte: »Weiß Gott, es ist wahr!«

»Ja«, bestätigte der Fremde und lächelte unbestimmt, »sicher ist es wahr. Daran gibt's nichts zu zweifeln!« Er zögerte; anscheinend versuchte er sich an etwas zu erinnern; dann begann er einen bekannten Schlager zu summen. Offenbar hatte er ihre Gegenwart vergessen.

»Hören Sie mal, Mancher«, sagte der Ältere, »Sie müssen uns erzählen, was in der Nacht damals passiert ist – mit Jarette!«

»O ja, mit Jarette!« entgegnete der andere. »Komisch, daß ich es nicht gleich erzählt habe – ich erzähle es doch so oft! Also weil ich ihn so laut mit sich selbst sprechen gehört habe, wußte ich, daß er schreckliche Angst hatte. Da konnte ich eben der Versuchung nicht widerstehen und bin ein bißchen lebendig geworden, um ihn zu verkohlen, ich konnte einfach nicht anders. Das hat auch geklappt, aber ich konnte natürlich nicht wissen, daß er es so ernst nehmen würde, wirklich nicht. Und hinterher – na, es war keine Kleinigkeit, den Platz mit ihm zu tauschen, und dann – hol's der Teufel, dann haben Sie mich nicht rausgelassen!«

Die Wildheit, mit der er die letzten Worte hervorstieß, war unvorstellbar. Beide Männer traten bestürzt einen Schritt zurück.

»Wir? Wieso wir?« stammelte Helberson und verlor gänzlich die Fassung. »Wir hatten nichts damit zu tun!«

»Haben Sie denn nicht gesagt, Sie wären die Ärzte Doktor Hell-born* und Doktor Sharper*?« lachte der Mann.

»Ich heiße Helberson, ja, und der Herr hier ist Mr. Harper«, erwiderte der Arzt. Das Gelächter hatte ihn beruhigt. »Aber Ärzte sind wir jetzt nicht mehr. Wir sind – ih, zum Henker, alter Junge, wir sind Spieler!« Und das war die Wahrheit.

»Ein sehr guter Beruf, wirklich, sehr gut. Übrigens

*Namensverdrehung: Hell-born = aus der Hölle geboren, Sharper = Gauner, Falschspieler hoffe ich, daß der gute alte Sharper als ehrlicher Makler Jarettes Einsatz ausgezahlt hat! Ein sehr guter und ehrenhafter Beruf«, wiederholte er nachdenklich und ging gleichgültig weiter. »Doch ich bin beim alten Beruf geblieben. Ich bin Alleroberster Medizinalrat im Irrenhaus Bloomingdale und habe die ehrenvolle Aufgabe, den Direktor zu kurieren!«

Der Mann und die Schlange

1.

Es wird wahrhaftiglich berichtet und von vielen bezeuget, so daß nun unter den Weisen und Gelehrten keiner es abstreitet, daß die Schlange ein Auge von magnetischer Kraft hat und männiglich, so ihrem Bann verfällt, vorwärts wird gezogen ganz gegen seinen Willen und elendiglich umkommt durch den Biß der Kreatur.

Harker Brayton lag behaglich in Schlafrock und Pantoffeln auf dem Sofa ausgestreckt und lächelte, als er obigen Satz in den ›Wundern der Wissenschaft‹ des alten Morryster las. ›Das einzige Wunder an der ganzen Sache‹, dachte er bei sich, ›ist einfach die Tatsache, daß die Weisen und Gelehrten zu Morrysters Zeit solchen Unsinn geglaubt haben sollen, der heutzutage sogar von den Ignoranten verworfen wird.‹

Eine Reihe von Überlegungen folgte – denn Brayton war ein besinnlicher Mann –, und unwillkürlich ließ er das Buch sinken, ohne die Blickrichtung zu ändern. Sobald sich der Band unterhalb seiner Blicklinie befand, lenkte etwas in einer dunklen Ecke des Zimmers seine Aufmerksamkeit auf seine Umgebung. Was er im Schatten unter seinem Bett sah, waren zwei kleine Lichtpunkte, die anscheinend einen Zoll auseinanderlagen. Es konnte sehr leicht sein, daß es der Widerschein der Gasflamme über ihm auf zwei metallenen Nagelköpfen war; er beachtete es kaum und nahm seine Lektüre wieder auf. Eine Sekunde darauf zwang ihn etwas – eine spontane Regung, die zu analysieren ihm nicht in den Sinn kam –, das Buch zu senken und das zu suchen, was er eben gesehen hatte. Die Lichtpunkte waren noch dort. Anscheinend waren sie heller geworden und funkelten mit einem grünlichen Glanz, den er beim ersten Hinsehen nicht bemerkt hatte. Er fand auch, daß sie sich ein wenig bewegten – ein bißchen nähergerückt waren. Sie befanden sich jedoch noch viel zu sehr im Schatten, als daß sie einem nachlässigen Beobachter etwas über ihre Art und Herkunft verraten hätten, und wieder vertiefte er sich in seine Lektüre. Plötzlich brachte ihn etwas im Text auf einen Gedanken, so daß er stutzte und das Buch zum drittenmal seitlich aufs Sofa sinken ließ, von wo es seiner Hand entglitt, aufblätternd zu Boden fiel und dort mit dem Rücken nach oben liegenblieb. Halb aufgerichtet starrte Brayton angestrengt ins Dunkel unter dem Bett, wo die Lichtpunkte jetzt, wie ihm schien, noch heller leuchteten. Jetzt war seine Aufmerksamkeit hellwach, und sein Blick war scharf und zwingend. Er entdeckte fast genau unter dem Fußende des Bettes die Windungen einer großen Schlange – und die Lichtpunkte waren ihre Augen! Ihr scheußlicher Kopf, der von der innersten Windung flach vorstieß und auf der äußersten Windung ruhte, war genau auf ihn ausgerichtet; die Umrisse des breiten, brutalen Unterkiefers und die idiotenhafte Stirn ließen die Richtung ihres bösartigen Blicks deutlich erkennen. Die Augen waren nicht länger nur leuchtende Punkte; sie blickten ihn mit einer bestimmten Absicht, mit einem boshaften Ausdruck an.

2.

Eine Schlange im Schlafzimmer einer besseren modernen Großstadtwohnung ist glücklicherweise keine so alltägliche Erscheinung, daß eine Erklärung gänzlich überflüssig wäre. Harker Brayton, ein fünfunddreißigjähriger Junggeselle, Gelehrter, Müßiggänger und auch eine Art Sportsmann, reich, beliebt und völlig gesund, war aus allen erdenklichen fernen und unbekannten Ländern nach San Francisco zurückgekehrt. Sein schon immer etwas extravaganter Geschmack war nach langen Entbehrungen noch üppiger geworden, und da zu seiner restlosen Befriedigung selbst die Möglichkeiten des Schloß-Hotels nicht ausreichten, hatte er mit Freuden die Gastfreundschaft seines Freundes Doktor Druring, eines berühmten Wissenschaftlers, angenommen. Doktor Drurings großes, altmodisches Haus lag in einem jetzt wenig beachteten Stadtteil und erweckte äußerlich den Eindruck stolzer Zurückhaltung. Es wollte einfach nicht zu den benachbarten Baulichkeiten seiner Umgebung gehören und hing offenbar an einigen Absonderlichkeiten, die sich aus langjähriger Isolierung erklären. Da war ein sogenannter Seitenflügel, der architektonisch eigentlich nicht dazugehörte und auch in seinem Daseinszweck nicht weniger rebellisch war, denn er war ein Gemisch aus Laboratorium, Menagerie und Museum. Hier war es, wo Druring der naturwissenschaftlichen Seite seines Wesens nachgab und jene Formen des Tierlebens studierte, die sein Interesse erregten und seinem Geschmack entsprachen, der sich, wie eingeräumt werden muß, eher den niedrigen Formen der Schöpfung zuwandte. Wollte sich eine der höheren Tierarten seinen freundlichen Gefühlen empfehlen, dann mußte das betreffende Tierchen gewisse rudimentäre Merkmale bewahrt haben, die eine Verwandtschaft mit den ›Drachen der Urzeit‹, nämlich den Schlangen und Kröten, aufwiesen. Seine wissenschaftlichen Sympathien waren ausgesprochen reptilisch; er liebte die Plebejer der Natur und bezeichnete sich selbst als den Zola der Zoologie. Seine Frau und seine Tochter genossen nicht den Vorzug, die aufgeklärte Wißbegier zu teilen, mit der er Leben und Weben unsrer weniger begünstigten Mitgeschöpfe betrachtete, und waren deshalb mit unnötiger Strenge aus den Räumen verbannt, die er sein Schlangenheim nannte: sie waren zum Umgang mit ihresgleichen verdammt. Um aber ihr hartes Los zu mildern, erlaubte er ihnen, seine Reptilien durch eine prunkvollere Umgebung und eine glänzendere Gewandung auszustechen.

Die Architektur und die Möblierung des Schlangenheims waren von herber Einfachheit, wie es sich für die anspruchslosen Lebensgewohnheiten seiner Bewohner geziemte, von denen allerdings viele nicht ohne weiteres mit der Freizügigkeit betraut werden konnten, die zum vollen Lebensgenuß notwendig ist, denn sie hatten die beschwerliche Eigenart, lebendig zu sein. Doch in ihren eigenen Gemächern war ihnen so wenig persönliche Einschränkung auferlegt, wie sie sich mit dem Schutz gegen ihre unheilvolle Gewohnheit, einander zu verschlingen, nur eben vereinen ließ. Es war auch mehr als eine bloße Sage, daß man einige von ihnen zu verschiedenen Zeiten irgendwo im Wohnteil des

Hauses aufgefunden hatte, und es hätte sie wohl verlegen gemacht, ihre Anwesenheit dort zu erklären. Übrigens hatte man Brayton hiervon rücksichtsvoll in Kenntnis gesetzt. Trotz des Schlangenheims und der mit ihm verknüpften ungemütlichen Assoziationen, denen Brayton nur wenig Beachtung schenkte, fand er das Leben im Hause Druring nach seinem Geschmack.

3.

Außer einem heftigen Schrecken und einem Schauder, weil er sich ekelte, war Mr. Brayton nicht weiter mitgenommen. Sein erster Gedanke war es, zu klingeln und einen Diener herbeizuholen, doch obwohl die Klingelschnur in bequemer Reichweite baumelte, griff er nicht danach; es war ihm in den Sinn gekommen, daß er sich dadurch dem Verdacht der Angst aussetzen könne, und Angst verspürte er bestimmt nicht. Er empfand die Albernheit seiner Situation stärker, als daß ihn ihre Gefährlichkeit berührt hätte: sie war widerlich, aber absurd.

Das Reptil gehörte einer Gattung an, die Brayton unbekannt war. Die Länge konnte er ungefähr schätzen; die dickste sichtbare Stelle schien dem Umfang seines Unterarms zu entsprechen. Wie konnte die Schlange gefährlich werden – falls überhaupt? War sie giftig? War sie eine Boa? Um das zu entscheiden, reichten seine Kenntnisse von den Warnsignalen der Natur nicht aus; diese Geheimschrift hatte er nie entziffert.

Wenn die Kreatur nicht gefährlich war, so war ihre Anwesenheit zumindest beleidigend. Sie war *de trop*, war fehl am Platz, war eine Unmöglichkeit. Das Juwel war die Fassung nicht wert. Selbst der barbarische Geschmack unsrer Zeit und unsres Landes, der sich die Wände mit Bildern, die Räume mit Möbeln und die Möbel mit *bric-à-brac* überlud, hatte dieses Zimmer nicht recht für das Stück Dschungelleben herrichten können. Überdies – was für eine unerträgliche Vorstellung! – mischte sich die Ausdünstung des Schlangenatems mit der Luft, die er selber einatmete.

Diese Gedanken nahmen mehr oder weniger deutlich in Braytons Kopf Gestalt an und drängten zur Tat. Einen solchen Vorgang nennen wir Erwägung und Entscheidung, und so äußern sich Klugheit und Unvernunft. Ebenso zeigt das welke Blatt im Herbstwind größere oder geringere Klugheit als seine Kameraden, wenn es aufs Land oder in den See fällt. Das Geheimnis menschlichen Handelns ist durchschaubar: irgend etwas setzt unsre Muskeln in Bewegung. Kommt es darauf an, ob wir die vorbereitende Veränderung der Moleküle als ›Willen‹ bezeichnen?

Brayton stand auf und schickte sich an, behutsam den Rückzug anzutreten: zur Tür hinaus, und wenn möglich, ohne die Schlange zu stören. So ziehen sich die Menschen vor der Gegenwart eines Großen zurück, denn Größe ist Macht, und Macht ist Bedrohung. Er wußte, daß er, ohne zu stolpern, rückwärts gehen konnte. Sollte ihm das Ungetüm folgen, dann hatte ja der Geschmack, der die Wände mit Bildern bepflasterte, folgerichtig auch für ein Gestell mit mörderischen orientalischen Waffen gesorgt, von denen er eine an sich reißen konnte, um der Situation zu begegnen. Unterdessen glitzerten die Augen der Schlange noch erbarmungsloser und bösartiger als zuvor.

Brayton hob den rechten Fuß, um rückwärtszugehen. Im gleichen Augenblick spürte er eine starke Abneigung dagegen.

›Ich gelte als mutig‹, dachte er. ›Ist Mut denn nicht mehr als Stolz? Soll ich den Rückzug antreten, nur weil kein Zeuge da ist, meine Beschämung mit anzusehen?‹

Mit der rechten Hand stützte er sich auf die Rückenlehne des Stuhls; der Fuß hing noch unentschieden.

»Unsinn!« sagte er laut. »Ein so großer Feigling bin ich denn doch nicht, daß ich mich fürchte, vor mir selber als furchtsam zu erscheinen.«

Er hob den Fuß etwas höher, indem er das Knie leicht bog, und dann stellte er ihn heftig auf den Boden – einen ganzen Zoll vor den andern! Wie das passiert war, konnte er sich nicht erklären. Ein Versuch mit dem linken Fuß führte zum gleichen Ergebnis: wieder stand er dicht vor der Fußspitze des andern Fußes. Die Hand hielt sich an der Rückenlehne fest, der Arm war jetzt ausgestreckt und griff etwas nach hinten. Man hätte glauben können, daß er seinen Halt nur ungern aufgeben wollte. Der unheimliche Schlangenkopf war noch, genau wie vorher, über die innerste Windung waagerecht vorgeschoben. Die Schlange hatte sich nicht bewegt, doch ihre Augen waren jetzt elektrische Funken und sprühten unzählige leuchtende Nadeln aus.

Der Mann war aschfahl. Wieder machte er einen Schritt vorwärts, und dann noch einen, wobei er den

Stuhl etwas mitschleifte, der aber, als er ihn schließlich losließ, krachend zu Boden fiel. Der Mann stöhnte; die Schlange bewegte sich nicht und gab keinen Laut von sich, doch ihre Augen waren zwei blendende Sonnen; vor lauter Glanz war das Reptil nicht mehr zu sehen; immer größer werdende Ringe in kräftigen bunten Farben gingen von ihnen aus, bis sie im Moment ihrer größten Ausdehnung wie Seifenblasen zerplatzten; sie folgten einander, schienen sich sogar seinem Gesicht zu nähern und waren gleich wieder unermeßlich fern. Irgendwo hörte er das Pochen einer großen Trommel und dann und wann das Anschwellen einer fernen Musik, die unvorstellbar lieblich wie das Getön einer Äolsharfe war. Er erkannte es als das Sonnenausgangs-Erklingen der Memnonsäule und glaubte, am Ufer des Nils im Schilf zu stehen und mit verzückten Sinnen durch das Schweigen der Jahrhunderte die unsterbliche Hymne zu vernehmen.

Die Musik verklang, oder vielmehr, sie ging in unmerklichen Abstufungen in das ferne Grollen eines heranziehenden Gewitters über. Eine in Sonne und Regen glitzernde Landschaft dehnte sich vor ihm aus, überspannt von einem leuchtenden Regenbogen, der mit seiner riesigen Wölbung hundert deutlich sichtbare Städte umrahmte. Im Mittelgrund reckte eine mächtige Schlange den gekrönten Kopf aus ihren dickleibigen Windungen und blickte ihn mit den Augen seiner toten Mutter an. Plötzlich schien die Zauberlandschaft so schnell wie ein Bühnenhintergrund aufwärtszuschweben und in einer Leere zu vergehen. Etwas versetzte ihm einen derben Schlag gegen Brust und Gesicht. Er war zu Boden gestürzt. Blut rann ihm aus der gebrochenen Nase und den aufgeplatzten Lippen. Ein Weilchen lag er betäubt und starr mit geschlossenen Augen da, das Gesicht zu Boden gewandt. Nach ein paar Sekunden hatte er sich erholt und begriff, daß der Bann, der ihn lähmte, durch den Sturz gebrochen war, weil er den Blick abgewandt hatte. Er spürte, daß er sich jetzt würde zurückziehen können, wenn er den Blick dauernd abgewandt hielte. Doch der Gedanke an die noch nicht erblickte Schlange dicht vor seinem Kopf – vielleicht im Begriff, ihn zu überfallen und ihm ihre Schlingen um die Kehle zu winden – war zu grauenhaft! Er hob den Kopf, starrte wieder in die tückischen Augen und war wieder in ihrem Bann.

Die Schlange hatte sich nicht gerührt und schien ihre Macht über seine Phantasie etwas eingebüßt zu haben; die prachtvollen Trugbilder, die er eben noch gesehen, wiederholten sich nicht. Nur die schwarzen Knopfaugen unter der abgeplatteten, hirnlosen Stirn glitzerten wie zu Anfang mit einem unsagbar böswilligen Ausdruck. Es war, als wollte die Kreatur, ihres Sieges gewiß, ihre verführerischen Künste nicht noch länger spielen lassen.

Nun kam es zu einer schrecklichen Szene. Der Mann, der kaum einen Yard von seinem Feind entfernt mit dem Gesicht auf dem Boden lag, hob den Oberkörper auf die Ellbogen, warf den Kopf in den Nacken und streckte die Beine in voller Länge aus. Die Gesichtshaut leuchtete bleich zwischen den Blutflecken; die Augen waren bis zum äußersten aufgerissen. Auf den Lippen stand Schaum und tropfte in Flocken herab. Heftige Krämpfe zuckten durch seinen Körper und verursachten fast schlangenartige Windungen. Er sank in der Mitte zusammen und fuhr mit seinen Beinen hin und her. Und jede Bewegung brachte ihn der Schlange etwas näher. Er schleuderte die Hände vorwärts, um sich abzustemmen, doch auf den Ellbogen rückte er ständig weiter vor.

4.

Doktor Druring und seine Frau saßen in der Bibliothek. Der Gelehrte war besonders guter Laune.

»Ich habe gerade von einem Sammler ein herrliches Exemplar der *Ophiophagus* erhalten«, sagte er.

»Was ist denn das?« fragte die Dame mit mattem Interesse.

»Ach du lieber Himmel, was für eine Unwissenheit! Meine Liebe, ein Mann, der nach seiner Heirat entdeckt, daß seine Frau kein Griechisch versteht, hat einen Scheidungsgrund. Die *Ophiophagus* ist eine Schlange, die andere Schlangen frißt.«

»Hoffentlich frißt sie all deine Schlangen auf«, erwiderte sie zerstreut und schob die Lampe beiseite. »Aber wie macht sie sich an die andern Schlangen heran? Sie hypnotisiert sie vermutlich?«

»Das sieht dir ähnlich, meine Liebe«, entgegnete Doktor Druring und tat verdrießlich. »Du weißt doch, wie sehr ich mich über jede Anspielung auf den primitiven Aberglauben ärgere, daß Schlangen hypnotische Kräfte besitzen.«

Die Unterhaltung wurde durch einen gräßlichen Schrei unterbrochen, der wie die Stimme eines Dämons aus dem Grabe durch das stille Haus hallte.

Wieder und wieder erscholl er mit furchtbarer Eindringlichkeit. Sie sprangen auf – der Mann war betroffen, die Dame war bleich und vor Angst sprachlos. Noch bevor das Echo des letzten Schreis verhallte, stürmte Druring aus dem Zimmer und sprang, zwei Stufen auf einmal nehmend, die Treppe hinauf. Auf dem Flur vor Braytons Zimmer stieß er mit ein paar Bedienten zusammen, die vom oberen Stockwerk heruntergekommen waren. Gemeinsam stürzten sie zur Tür, ohne anzuklopfen. Sie war nicht verschlossen und flog auf. Brayton lag mit der Brust auf dem Boden und war tot. Sein Kopf und seine Arme steckten zum Teil unter dem Fußende des Bettes. Sie zogen den Körper hervor und drehten ihn auf den Rücken. Das Gesicht war mit Blut und Schaum besudelt, die Augen waren weit aufgerissen und glotzten – ein entsetzlicher Anblick!

»Bei einem Anfall gestorben«, sagte Doktor Druring, kniete nieder und legte die Hand auf das Herz des Toten. In dieser Stellung fiel sein Blick unter das Bett. »Lieber Himmel«, rief er, »wie ist denn das Ding hierhergekommen?«

Er griff unter das Bett, zog die Schlange hervor und schleuderte sie, noch zusammengerollt, in die Mitte des Zimmers, von wo sie mit einem barschen, schnurrenden Geräusch über den gebohnerten Fußboden glitt, bis sie, von der Wand aufgehalten, unbeweglich liegenblieb. Es war eine ausgestopfte Schlange; ihre Augen waren zwei Schuhknöpfe.

Ein Schauerweib

1.

Niemand in Hurdy-Gurdy interessierte sich für den neuesten Ankömmling. Er wurde nicht einmal mit einem malerisch anschaulichen Spitznamen beglückt, wie er in Goldgräberlagern so häufig als Willkommensgruß für den ›Neuen‹ erfunden wird. In fast jedem andern Camp in der Runde würde ihm sein bloßes Erscheinen einen Beinamen eingetragen haben, etwa ›der weißhaarige Fragekasten‹ oder ›No savvy‹, ein Ausdruck, von dem man naiverweise annahm, er würde von Männern mit rascher Auffassungsgabe als das Äquivalent zum spanischen *quien sabe* erkannt werden. Er erschien – und erregte auch nicht das leiseste Wellengekräusel allgemeinen Interesses auf den Gewässern Hurdy-Gurdys – eines Ortes, der zur üblichen kalifornischen Verachtung menschlicher Lebensläufe noch seine eigene lokale Interesselosigkeit hinzufügte. Die Zeiten waren längst vorbei, als es irgendwie bedeutungsvoll war, wer nach Hurdy-Gurdy kam, oder ob überhaupt jemand kam. In Hurdy-Gurdy lebte niemand mehr.

Vor zwei Jahren hatte sich das Camp noch einer rührigen Bevölkerung von zwei- bis dreitausend Männern und mindestens einem Dutzend weiblicher Einwohner rühmen können. Die Mehrzahl der ersteren hatte ein paar Wochen lang ernste Arbeit geleistet und – sehr zum Verdruß der letzteren – den unglaublich verlogenen Charakter eines Menschen nachgewiesen, dessen erfinderische Berichte über reiche Goldvorkommen sie nach Hurdy-Gurdy gelockt hatte

– eine Arbeit übrigens, die ihnen ebensowenig seelische Befriedigung wie materiellen Profit eintrug, denn eine Kugel aus einer Pistole eines um das Gemeinwohl besorgten Mitbürgers hatte den einfallsreichen Herrn am dritten Tag nach der Gründung des Camps dem Zugriff der öffentlichen Erbitterung entzogen. Immerhin, seine Phantasien entbehrten nicht einer gewissen Grundlage an Tatsachen, und manch einer hatte noch lange in Hurdy-Gurdy herumgetrödelt, aber jetzt waren sie alle längst weg.

Doch sie hatten reichliche Beweise ihres Aufenthalts zurückgelassen. Von der Stelle, wo der Injun Creek in den Rio San Juan Smith mündet, zog sich auf beiden Ufern des ersteren und bis in den Canyon hinein, aus dem der Creek entspringt, eine Doppelreihe elender Hütten, die einander um den Hals zu fallen und ihr Elend zu beweinen schienen, während ungefähr ebensoviele den Abhang hinaufgeklettert waren und sich auf beherrschende Vorsprünge gesetzt hatten, von wo sie sich den Hals verrenkten, um einen guten Überblick über die pathetische Szene zu bekommen. Die meisten dieser Behausungen waren wie durch eine Hungersnot zu bloßen Skeletten abgemagert, an denen unschöne Lumpen aus Zeltleinwand wie Hautfetzen hingen. Das kleine Tal, von Picke und Schaufel aufgerissen und verwundet, war nicht reizvoll, weil lange, gewundene Wasserleitungen sich hier und dort auf die Zacken scharfer Felsen stützten oder auf unbehauenen Pfosten tolpatschig über die Runsen hinwegstelzten. Die ganze Gegend bot den unfertigen und abschreckenden Anblick einer in den Anfängen stehengebliebenen Entwicklung, die in einem jungen Land die ernste

Schönheit des von der Zeit verursachten Verfalls ersetzt. Wo noch ein Fleck des ursprünglichen Bodens übrigblieb, hatten ihn Unkraut und Brombeergerank in üppigem Wachstum überwuchert, und aus seinen dumpfigen, ungesunden Schatten hätte ein an solchen Dingen interessierter Besucher zahllose Erinnerungsstücke an die frühere Glanzzeit des Camps hervorholen können: herrenlose Stiefel, in grünen Moder gekleidet und angefüllt mit fauligem Laub, gelegentlich ein alter Filzhut, zerstückelte Reste eines Flanellhemdes, barbarisch verstümmelte Sardinendosen und ein überraschender Reichtum an schwarzen Flaschen, die mit wahrhaft weitherziger Unparteilichkeit überallhin verteilt wurden.

2.

Der Mann, der Hurdy-Gurdy jetzt wiederentdeckt hatte, interessierte sich offenbar nicht für dessen Archäologie. Und ebensowenig ergänzte er seinen matten Seufzer durch sentimentale Betrachtungen, als er ringsum auf die trübseligen Zeugen vergeudeter Arbeit und geknickter Hoffnungen blickte, deren entmutigende Bedeutsamkeit noch durch den Pomp einer billigen Vergoldung ironisch von der aufgehenden Sonne hervorgehoben wurde. Er tat nichts anderes, als vom Rücken seines müden Packesels eine Goldgräberausrüstung abzuladen, die eine Kleinigkeit größer als das ganze Tier war, pflockte es an, wühlte aus seinem Werkzeugkasten eine Axt hervor und zog sofort durch das trockene Bett des Injun Creeks zur dahinterliegenden Kuppe eines niedrigen, kieshaltigen Hügels.

Als er über einen umgestürzten Zaun aus Gesträuch und Latten stieg, hob er eine auf, spaltete sie in fünf Stücke und spitzte sie am Ende zu. Dann begann er eine Art Suche und bückte sich hin und wieder, um etwas mit doppelter Aufmerksamkeit zu mustern. Endlich schien sein geduldiges Nachforschen von Erfolg gekrönt zu sein, denn er richtete sich plötzlich in voller Größe auf und ließ sich seine Genugtuung anmerken, stieß das Wort ›die Schramme‹ aus und ging sofort mit langen, gleichmäßigen Schritten weiter, die er genau zählte. Dann blieb er stehen und trieb einen seiner Pfähle in die Erde. Nun blickte er sich aufmerksam um, maß auf einem auffallend unebenen Stück Land eine Anzahl Schritte ab und hämmerte noch einen Pfahl in den Boden. Nachdem er die doppelte Entfernung im rechten Winkel zur bereits markierten Strecke abgeschritten hatte, trieb er einen dritten Pfahl ein, und dann wiederholte er den Vorgang und schlug einen vierten und schließlich einen fünften Pfahl ein. Letzteren spaltete er oben und klemmte in den Schlitz einen alten Briefumschlag, der mit einem verzwickten Muster von Bleistiftstrichen bedeckt war. Mit andern Worten: er steckte unter strenger Befolgung der Schürfgesetze von Hurdy-Gurdy eine Parzelle ab und brachte den üblichen ›Claim‹ an.

Hier muß noch erklärt werden, daß ein Anhängsel von Hurdy-Gurdy – und zwar eins, dessen Anhängsel später die Metropole selbst wurde – ein Friedhof war. Ein Bürgerkomitee hatte ihn in der ersten Woche von Hurdy-Gurdys Existenz fürsorglich abgesteckt. Der folgende Tag wurde wegen einer Diskussion zwischen zwei Komiteemitgliedern über einen geeigneten Platz für den Friedhof bemerkenswert, und am dritten Tag konnte die Nekropole mit einem Doppelbegräbnis eingeweiht werden. Je mehr das Camp abnahm, desto mehr nahm der Friedhof zu, und lange bevor der allerletzte Einwohner, nachdem er sowohl die hinterhältige Malaria wie den ehrlichen Revolver siegreich überlebt hatte und den Schwanz seines Packesels dem Injun Creek zukehrte, war der Außenposten ein bevölkerter, wenn auch nicht volkstümlicher Vorort des Camps geworden. Und jetzt, da die Stadt wie ein dürres und vergilbtes Blatt in ein reizloses Greisenalter eingetreten war, entsprach der Friedhof – obwohl von Zeit und Zufall etwas zerknittert und nicht gänzlich verschont von Neuerungen der Grammatik und von Experimenten in der Orthographie, ganz zu schweigen von den Verwüstungen durch den Kojoten – den bescheidenen Bedürfnissen seiner Bewohner noch immer ausreichend. Er umfaßte zwei gute Morgen Land eines Bodens, der mit empfehlenswerter Sparksamkeit, aber überflüssiger Sorge wegen seiner mineralischen Wertlosigkeit gewählt worden war, und enthielt zwei oder drei Baumskelette (deren eines durch einen starken, waagerechten Ast auffiel, von dem noch immer ein verwittertes Seil bedeutsam niederbaumelte), ein halbes Hundert kiesbedeckter Grabhügel, etwa zwanzig primitive Holztafeln mit den weiter oben erwähnten, literarisch eigentümlichen Inschriften, und eine ums Dasein kämpfende Kolonie von Opuntien. Im großen und ganzen konnten sich ›Gottes Schürffeld‹, wie es mit charakteristischer Ehrfurcht genannt worden war, mit vollem Recht eines zweifellos höheren Grades der Trostlosigkeit rühmen. In dem am dichtesten besiedelten Teil dieser interessanten Domäne steckte Mr. Jefferson Doman seinen Claim ab. Falls er es in der Verfolgung seiner Absichten für zweckdienlich erachten sollte, einige Tote zu entfernen, könnten sie Anspruch auf eine passende Umgebung erheben.

3.

Mr. Jefferson Doman stammte aus Elizabethtown in New Jersey, wo er vor sechs Jahren sein Herz in der Obhut einer goldblonden, wohlerzogenen Dame namens Mary Matthews als zusätzliche Garantie für seine Rückkehr und seinen Anspruch auf ihre Hand zurückgelassen hatte. »Ich weiß *genau*, daß du niemals lebendig zurückkommst – dir glückt nie etwas«, war die Bemerkung, die Miss Matthew's Ansicht über die Wirkungsweise des Erfolges und nebenbei auch noch über die Kunst der Ermutigung veranschaulichte. Sie fügte hinzu: »Wenn du es nicht schaffst, gehe ich auch nach Kalifornien. Ich kann die Goldmünzen in kleine Säcke tun, wenn du sie ausgegraben hast.«

Diese typisch weibliche Theorie über Goldablagerungen sagte seinem männlichen Verstand nicht zu: Mr. Doman glaubte vielmehr, daß Gold in flüssigem Zustand gefunden würde. Er lehnte ihren Vorschlag mit innigster Genugtuung ab, beschwichtigte ihr Schluchzen, indem er ihr fröhlich die Hand auf den Mund legte, lachte ihr in die Augen, als er ihr die Tränen wegküßte, und ging mit fröhlichem ›Byebye‹ nach Kalifornien, wo er lange, liebleere Jahre für sie arbeitete und wo sein starkes Herz, seine umsichtige Hoffnung und seine unerschütterliche Treue keinen Augenblick vergaßen, um was es ging. Miss Matthews hatte unterdessen das Monopol ihrer bescheidenen Begabung, Goldmünzen einzusacken, einem Mr. Jo Seeman zur Verfügung gestellt, einem New Yorker Spieler, der dafür mehr Verständnis zeigte als für ihr vorherrschendes Naturtalent, Goldmünzen auszugeben und sie seinen ortsansässigen Rivalen zu schenken. Wie sehr er besagtes Naturtalent mißbilligte, bewies er durch eine Tat, die ihm einen Posten in der Wäscherei des Staatsgefängnisses – und ihr den Beinamen ›Moll Schiefmaul‹ eintrug. Ungefähr um diese Zeit schrieb sie Mr. Doman eine rührende Absage und legte dem Brief ihre Fotografie bei, als Beweis, daß sie nicht länger ein Recht habe, Träumen nachzuhängen, in denen sie eine zukünftige Mrs. Doman war; sie beschrieb ihren ›Sturz vom Pferd‹ so anschaulich, daß es der sanfte Gaul, auf dem Mr. Doman nach Red Dog geritten war, um sich den Brief zu holen, während des ganzen Weges zurück zum Camp stellvertretend unter den Sporen büßen mußte. Daß der Brief seinen Zweck nicht erfüllte, war bezeichnend für Mr. Doman: Die Treue, die bis dahin bei ihm eine Frage der Liebe und Pflicht gewesen war, wurde von nun an auch noch zur Ehrensache, und die Fotografie, die das damals so hübsche Gesicht traurig (durch einen Messerschnitt) entstellt zeigte, wurde ordnungsgemäß zum Gegenstand neuer Anbetung erhoben, während die hübschere Vorgängerin mit kränkender Vernachlässigung bedacht wurde. Als Miss Matthews es erfuhr, war sie, gerechterweise sei es gesagt, anscheinend weniger erstaunt darüber, als man es nach ihrer offenbar zu niedrigen Einschätzung von Mr. Domans Hochherzigkeit (wie durch den Ton ihres Briefes bewiesen), gewiß hätte erwarten können. Bald danach kamen ihre Briefe seltener und dann überhaupt nicht mehr.

Mr. Doman hatte noch eine andre Brieffreundschaft mit einem Mr. Barney Bree aus Hurdy-Gurdy, früher in Red Dog ansässig. Zwar war dieser Herr unter Goldgräbern eine angesehene Persönlichkeit, doch er selbst war kein Goldgräber. Seine Kenntnisse im Bergwerkswesen bestanden hauptsächlich in einer wunderbaren Beherrschung des Goldgräber-Slangs, zu dem er noch weitere Ergänzungen beisteuerte und deren Wortschatz er mit einer Fülle ungewöhnlicher Ausdrücke bereicherte, die eher durch ihre Brauchbarkeit als durch Eleganz auffielen und bei einem unerfahrenen ›Tenderfoot‹ einen überwältigenden Eindruck von den umfassenden Kenntnissen ihres Erfinders hervorriefen. Wenn er nicht gerade einen Kreis bewundernder Zuhörer aus San Francisco oder dem Osten um sich versammelt hatte, konnte man ihn meistens bei der vergleichsweise obskuren Beschäftigung überraschen, wie er die verschiedenen Tanzlokale ausfegte und die Spucknäpfe säuberte.

Barney kannte anscheinend nur zwei Leidenschaften: seine Vorliebe für Jefferson Doman, der ihm einmal einen Dienst erwiesen hatte, und seine Vorliebe für den Whisky, der sich bestimmt nicht zu so etwas herbeiließ. Er war einer der ersten gewesen, die das Goldfieber nach Hurdy-Gurdy gelockt hatte, wenn auch vergeblich, und allmählich war er bis zur Stellung eines Totengräbers hinabgesunken.

Es war allerdings kein fester Beruf, aber Barneys zittrige Hand war hin und wieder dienstbereit, wenn ein lokales Mißverständnis am Kartentisch und seine teilweise Genesung nach einer verlängerten Ausschweifung zeitlich gerade zusammenfielen. Eines Tages erhielt Mr. Doman in Red Dog einen Brief mit dem simplen Poststempel ›Hurdy, Kal.‹, und da er anderweitig beschäftigt war, steckte er ihn zwecks späterer Durchsicht unbekümmert in eine Ritze seiner Hütte. Etwa zwei Jahre später geriet er ihm zufällig wieder in die Hand. Er las wie folgt:

Hurdy, 6. Juni

Freund Jeff: ich habe sie in der Abdeckerei getroffen. Sie ist blind und verdreckt. Ich spiel auf halbpart, so bin ich nun mal, aber Maulhalten heißt mein Schlager, bis du singst. Dein Barney.
P.S. Hab sie mit der Schramme zugeschaufelt.

Mit einer gewissen Kenntnis des allgemein verbreiteten Goldgräber-Slangs und des persönlichen Systems seines Freundes Barney, Ideen mitzuteilen, hatte Mr. Doman keine Mühe, aus der ungewöhnlichen Epistel herauszulesen, daß Barney bei Ausübung seines Totengräberamtes eine Quarzader entdeckt hatte, die nicht offen zutage trat – daß sie reich an reinem Gold war – daß er aus freundschaftlichen Überlegungen bereit war, Mr. Doman als Partner zu beteiligen – und bis er von dessen Einverständnis höre, würde er vorsichtshalber über die Entdeckung Schweigen wahren. Aus der Niederschrift war eindeutig zu schließen, daß er, um den Schatz zu verstecken, die sterbliche Hülle einer Person namens ›die Schramme‹ darüber begraben hatte.

Aus späteren Ereignissen, wie sie Mr. Doman in Red Dog erzählt wurden, schien hervorzugehen, daß Mr. Barney, ehe er diese Vorsichtsmaßnahme traf, den haushälterischen Gedanken hatte, genug Gold für ein bescheidenes Auskommen zu entnehmen. Jedenfalls leistete er sich damals eine unvergeßliche Reihe von Saufgelagen und Gratisrunden, die noch immer zu den teuersten Erinnerungen am Rio Juan Smith gehörten und über die man selbst in entlegenen Gegenden wie Ghost Rock und Lone Hand mit Respekt berichtet. Es endete damit, daß ein paar ehemalige Einwohner von Hurdy-Gurdy, denen er auf dem Friedhof den letzten Liebesdienst erwiesen hatte, ihm ein Plätzchen neben sich einräumten, wo er zur Ruhe kam.

4.

Nachdem Mr. Doman seinen Claim abgesteckt hatte, kehrte er in dessen Mitte zurück und stellte sich wieder auf den Fleck, wo seine Suche zwischen den Gräbern mit dem Ausruf ›die Schramme‹ ein gutes Ende gefunden hatte. Er beugte sich wieder über die Holztafel, die jenen Namen aufwies, und als müsse er Gesichtssinn und Gehör noch vom Tastsinn unterstützen lassen, fuhr er mit dem Zeigefinger über die unbeholfenen geschnitzten Buchstaben. Als er sich aufrichtete, fügte er der schlichten Inschrift noch einen mündlichen, empörend aufrichtigen Grabspruch hinzu: »Sie war ein Schauerweib!«

Hätte man Mr. Doman aufgefordert, seine Worte durch einen Beweis zu rechtfertigen – was in Anbetracht ihres tadelnden Beigeschmacks zweifellos hätte geschehen müssen –, dann wäre er wegen der Abwesenheit von achtbaren Zeugen in Verlegenheit geraten und hätte nur vorbringen können, was er vom Hörensagen wußte. Damals, als ›die Schramme‹ in den dortigen Goldgräberlagern das Szepter geschwungen hatte – als sie, wie es der Redakteur des *Hurdy-Herald* formuliert hätte, ›im Vollbesitz ihrer Macht‹ war – hatte Mr. Domans Kasse auf Ebbe gezeigt, und er hatte das mühsame Leben eines herumwandernden Goldsuchers geführt. Er verbrachte seine Tage meistens in den Bergen, bald mit diesem, bald mit jenem Kameraden. Aufgrund der bewundernden Berichte der frisch aus dem Camp gekommenen Partner hatte er sich sein Urteil über ›die Schramme‹ gebildet. Er selbst hatte nie das zweifelhafte Vergnügen gehabt, ihre Bekanntschaft zu machen und mit ihrer fragwürdigen Gunst ausgezeichnet zu werden. Und als er schließlich nach Ablauf ihrer verderblichen Laufbahn in Hurdy-Gurdy zufällig in einer Nummer des *Herald* ihren spaltenlangen Nachruf las (der vom lokalen Witzbold des anregenden Blättchens in seinem schwungvollsten Stil abgefaßt war), hatte Doman ihrem Andenken und dem Talent ihres Chronisten ein Lächeln und Tribut gewidmet und sie ritterlich vergessen. Als er jetzt am Grabe dieser Camp-Messalina stand, erinnerte er sich der tollsten Ereignisse ihrer stürmischen Laufbahn, wie er sie an seinen verschiedenen Lagerfeuern hatte schildern hören, und wiederholte – vielleicht im unbewußten Versuch einer Rechtfertigung –, daß sie ein ›Schauerweib‹ gewesen sei; dann stieß er seine Picke bis zum Griff in ihr Grab. Im gleichen Augenblick klapperte ein Rabe, der sich still auf einen Ast des verdorrten Baumes gesetzt hatte, eindrucksvoll mit dem Schnabel und äußerte mit beifälligem Krächzen seine Ansicht über den Fall.

Als Mr. Barney Bree seiner Entdeckung reinen Goldes mit großem Eifer nachging, den er wahrscheinlich seinem Gewissen als Totengräber gutschrieb, hatte er ein ungewöhnlich tiefes Grab ausgehoben, und die Sonne stand schon im Westen, ehe Mr. Doman endlich auf den Sarg stieß und ihn freilegte, denn er hatte mit der bedächtigen Vorsätzlichkeit eines Mannes gearbeitet, der eine bombensichere Sache vor sich hat und keine älteren Rechtsansprüche eines feindlich gesinnten Rivalen zu fürchten braucht. Doch nun sah er sich einer unvorhergesehenen Schwierigkeit gegenüber: der Sarg – nichts als eine flache Kiste aus nicht sehr gut erhaltenen Redwood-Brettern – hatte keine Griffe und füllte den ganzen Boden der ausgehobenen Grube aus. Das Beste, was er tun konnte, ohne die Pietät des Ortes zu verletzen, war, eine hinreichende Verlängerung der Grube auszuheben, damit er am Kopfende des Sarges stehen, seine kräftigen Hände darunterstecken und ihn auf die Schmalkante stellen konnte; und damit begann er jetzt. Das Nahen der Nacht beschleunigte sein Bemühen. Er dachte nicht daran, seine Aufgabe in diesem Stadium abzubrechen und am folgenden Tag unter günstigeren Bedingungen wieder aufzunehmen. Der fieberhafte Anreiz seiner Gier und ein faszinierendes Grauen zwangen ihn mit eherner Gewalt, seine finstere Arbeit nicht aufzugeben. Er trödelte nicht mehr, sondern er arbeitete mit furchtbarem Eifer. Sein Kopf war nicht bedeckt, die Oberkleidung hatte er abgelegt, das Hemd stand offen und klaffte über der Brust, auf der ihm der Schweiß in Rinnsalen niederrann; und mit einer riesigen Willenskraft, die seinem gräßlichen Tun fast eine Art Würde verlieh, arbeitete er, ein unerschrockener und unbußfertiger Goldgräber und Grabräuber. Und als der Sonnensaum auf dem Bergkamm erlosch und der Vollmond aus den Schatten geklommen war, die in der violetten Ebene lagerten, hatte er den Sarg hochkant gestellt und an das Fußende des offenen Grabes gelehnt. Als er jetzt, am entgegengesetzten Ende der Grube, bis zum Hals in der Erde stehend, den Sarg ansah, auf den der Mond sein volles Licht niedersandte, ergriff ihn ein jähes Entsetzen, weil er auf dem Sarg einen dunklen menschlichen Kopf erblickte – den Schatten seines eigenen. Für die Dauer eines Augenblicks brachte ihn diese einfache und natürliche Erscheinung aus dem Gleichgewicht. Das Geräusch seiner mühsamen Atemzüge erschreckte ihn, und er versuchte, ruhiger zu atmen, aber seine Lunge zerbarst fast. Dann lachte er halblaut und gequält und bewegte den Kopf von einer Seite auf die andre, um den Spuk zu zwingen, es zu wiederholen. Er fand eine tröstliche Beruhigung darin, daß er seinem Schatten befehlen konnte. Er versuchte Zeit zu gewinnen, um mit unbewußter Vorsicht eine drohende Katastrophe hinauszuzögern. Er spürte, daß unsichtbare Kräfte des Bösen sich um ihn zusammenzogen und feilschte mit dem Unvermeidlichen um Aufschub.

Jetzt gewahrte er nacheinander mehrere ungewöhnliche Umstände. Der Sarg, auf den er seine Blicke heftete, war nicht gänzlich flach: er wies zwei deutliche Leisten auf, von denen die eine in der Längsrichtung und die andre querüber auf dem Sarg angebracht war. Wo sie sich an der breitesten Stelle kreuzten, war eine rostige Metallplatte, die das Licht des Mondes mit trübem Schimmer zurückwarf. An den Außenrändern des Sarges befanden sich in weiten Abständen verrostete Nagelköpfe: das zerbrechliche Produkt der Zimmermannskunst war, das Oberste zuunterst, ins Grab gesenkt worden!

Vielleicht war es ein Jux der Camp-Insassen gewesen, vielleicht die handgreifliche Äußerung des gleichen Humors, der dem großen Witzbold von Hurdy-Gurdy in seinem verdrehten Nachruf aus der dichterischen Feder geflossen war. Vielleicht steckte auch etwas Dunkles, Geheimnisvolles dahinter, eine Bedeutung, die sich keinem erschloß, der nicht mit der Tradition des Ortes vertraut war. Barmherziger wäre wohl die Erklärung, daß es einfach auf ein Mißgeschick des damaligen Totengräbers, Mr. Barney Bree, zurückzuführen war, der ja das Begräbnis ohne Beistand besorgte (entweder absichtlich, um sein goldenes Geheimnis zu hüten, oder wegen allgemeiner Teilnahmslosigkeit), und der deshalb einen Fehler beging, den er hinterher nicht mehr berichtigen konnte oder wollte. Einerlei, wie es zustandegekommen war, die arme ›Schramme‹ war jedenfalls mit dem Gesicht nach unten in die Erde gekippt worden. Wenn das Entsetzen und das Absurde zusammentreffen, ist die Wirkung furchtbar. Dieser tapfere und kühne Mann, dieser unerschrockene Nachtarbeiter unter den Toten, der dem Dunkel und der Öde Trotz geboten hatte, versagte vor einer lächerlichen Überraschung. Kälteschauer durchrieselten ihn, er zitterte, und seine kräftigen Schultern zuckten, als wollten sie eine eisige Hand abschütteln. Er atmete nicht mehr, und das Blut in seinen Adern, das seinen ungestümen Lauf nicht verlangsamen konnte, pulste heiß unter der kalten Haut. Ohne Zufuhr von Sauerstoff stieg es ihm zu Kopf und verstopfte sein Gehirn. Seine körperlichen Funktionen waren zum Feind übergegangen: selbst sein Herz war gegen ihn aufgeboten.

Er rührte sich nicht – er hätte auch nicht schreien können. Er brauchte nur noch einen Sarg, um tot zu sein – so tot wie der Tod, der ihm gegenüberstand; nur die Länge des offenen Grabes und die Dicke eines morschen Sargdeckels waren zwischen ihm und dem Tod.

Dann kehrten ihm die Sinne zurück, einer nach dem andern; die Flutwelle schieren Entsetzens, die seine Kräfte überwältigt hatte, ebbte zurück. Doch mit der Rückkehr seiner Sinne war er sich seltsamerweise nicht mehr des Gegenstandes seiner Furcht bewußt. Er sah, wie der Mondschein den Sarg vergoldete, aber den Sarg, den er vergoldete, sah er nicht. Er hob die Augen und wandte den Kopf, gewahrte voller Interesse und Staunen die schwarzen Äste des abgestorbenen Baumes und versuchte, die Länge des verwitterten Seils abzuschätzen, das wie von gespenstischer Hand niederbaumelte. Das eintönige Bellen der Kojoten in der Ferne erschien ihm wie etwas, das er vor Jahren in einem Traum gehört hatte. Eine Eule flog mit lautlosem Flügelschlag zaudernd über ihn hinweg, und er versuchte die Richtung ihres Fluges vorherzusagen, und wann sie die Felsenwand erreichen würde, die, eine Meile entfernt, mondhell aufragte. Sein Gehör nahm ein Erdhörnchen wahr, das verstohlen durch die Schatten der Kakteen hüpfte. Seine Beobachtungen waren schärfer; seine Sinne waren fieberhaft wach; aber den Sarg sah er nicht. Wie man in die Sonne blicken kann, bis sie schwarz aussieht und verschwindet, so konnte sein überspannter Geist sich nicht mehr fürchten, weil ihm das Vorhandensein von etwas Fuchtbarem nicht mehr zu Bewußtsein kam. Der *Mörder* verhüllte sein Schwert.

Während dieser Windstille im Sturm gewahrte er einen schwachen, ekelhaften Geruch. Zuerst glaubte er, daß er von einer Klapperschlange herrühre, und blickte unwillkürlich auf den Boden vor seinen Füßen. Sie waren im Dunkel des Grabes fast unsichtbar. Ein heiserer, gurgelnder Laut, wie das Todesröcheln einer menschlichen Kehle, schien aus dem Himmel zu kommen, und gleich danach fiel ein großer, schwarzer, gezackter Schatten, als wäre der Laut sichtbar geworden, im Bogen vom obersten Zweig des gespenstischen Baums, flatterte an seinem Gesicht vorbei und schoß wild in den Nebel über dem Creek. Es war der Rabe. Durch den Zwischenfall wurde er an seine Lage erinnert, und wieder suchten seine Augen den aufrechtstehenden Sarg, der jetzt in halber Höhe vom Mond beschienen wurde. Er sah die Metallplatte glitzern und versuchte die Inschrift zu entziffern, ohne sich zu bewegen. Dann sann er grübelnd nach, was wohl dahinter sei. Seine schöpferische Phantasie malte sich ein lebhaftes Bild aus. Die Bretter schienen kein Hindernis mehr für seinen Blick, und er sah den fahlen Leichnam der toten Frau, die in ihrem Sterbehemd dastand und ihn mit lidlosen, zusammengeschrumpften Augen blickleer anstarrte. Der Unterkiefer war heruntergesunken, und die Oberlippe hatte die Zähne bloßgelegt. Auf den hohlen Wangen konnte er ein Fleckenmuster erkennen – die Leichenflecke der Verwesung. Infolge eines rätselhaften Vorgangs in seinem Gehirn kam ihm zum erstenmal an diesem Tag die Fotografie von Mary Matthews in den Sinn. Er verglich ihre blonde Schönheit mit dem abstoßenden Anblick dieses Totengesichts – das geliebteste Gesicht, das er kannte, mit dem widerlichsten, das er sich vorstellen konnte.

Jetzt rückte der *Mörder* an, enthüllte seine Klinge und setzte sie dem Opfer an die Kehle, das heißt, der Mann erkannte zuerst verschwommen, dann immer deutlicher eine packende Übereinstimmung – einen Zusammenhang – eine Parallele zwischen dem Gesicht auf der Fotografie und dem Gesicht vor ihm. Das eine Gesicht war entstellt, das andere beschrieb eine Entstellung. Die Idee ließ nicht ab von ihm, sie erschütterte ihn. Sie verwandelte das Gesicht, das seine Phantasie hinter dem Sargdeckel erschaffen hatte; der Gegensatz wurde zur Ähnlichkeit, und aus der Ähnlichkeit wurde völlige Gleichheit. Er dachte an das Äußere der ›Schramme‹, wie es ihm so oft von den Schwätzern am Lagerfeuer geschildert worden war: es gelang ihm nicht ganz, sich genau an die Entstellung zu erinnern, der die ›Schramme‹ ihren häßlichen Beinamen zu verdanken hatte, doch was dem Gedächtnis nicht gelang, das brachte die Phantasie zustande und verlieh ihm den Stempel der Echtheit. Bei dem verzweifelten Versuch, sich die einst gehörten Bruchstücke aus dem Leben jener

Frau wieder ins Gedächtnis zu rufen, überdehnten sich die Muskeln seiner Arme und Hände in schmerzhafter Anspannung, als müsse er eine große Last heben. Vor lauter Anstrengung verbog sich sein Körper. Die Nackensehnen zeichneten sich stramm wie Peitschenschnüre ab, und er atmete in kurzen, keuchenden Stößen. Die Katastrophe konnte nicht länger hinausgezögert werden, sonst würde nach einer schon vorweggenommenen Todesqual nichts mehr zu tun bleiben für den endgültigen Gnadenstoß. Das Narbengesicht hinter dem Sargdeckel mußte ihn durch das Holz hindurch niedermachen.

Eine Bewegung des Sarges lenkte ihn ab: er näherte sich auf Fußeslänge seinem Gesicht und wurde im Vorrücken noch größer. Die rostige Metallplatte mit der im Mondlicht unleserlichen Inschrift starrte ihm unentwegt ins Auge. Er war entschlossen, nicht zurückzuzucken, und versuchte, seine Schultern noch fester gegen die Rückwand der Grube zu stemmen, fiel aber bei dem Versuch beinah hintenüber. Es war nichts da, was ihn hätte stützen können; er war unwillkürlich gegen seinen Feind angetreten und umklammerte das schwere Messer, das er aus dem Gürtel gezogen hatte. Der Sarg hatte sich nicht genähert, und beim Gedanken, daß er ihm nicht entwischen konnte, lächelte er. Er hob das Messer und schlug den schweren Griff mit aller Kraft gegen die Metallplatte. Es gab einen scharfen, hallenden Aufschlag, und mit dumpfem Gepolter brach der ganze, morsche Sargdeckel in Stücke, löste sich und fiel ihm vor die Füße. Leben und Tod – Aug in Auge: der irre, kreischende Mann und die in ewigem Schweigen gelassen dastehende Frau. Sie war ein Schauerweib!

5.

Ein paar Monate später kam eine aus Männern und Frauen bestehende Gruppe, die der obersten Gesellschaftsschicht von San Francisco angehörte und auf einer neuen Route zum Yosemite-Tal wollte, durch Hurdy-Gurdy. Dort machten sie halt, um das Mittagessen einzunehmen, und während es zubereitet wurde, erforschten sie das verödete Camp. Einer aus der Gruppe hatte Hurdy-Gurdy auf der Höhe seines Ruhms gekannt. Er war sogar einer der hervorragendsten Camp-Insassen gewesen, und damals hieß es, daß in einer einzigen Nacht mehr Geld über seinen Pharo-Tisch rollte als über den seiner Konkurrenz in einer ganzen Woche; doch da er jetzt Millionär war und sich mit bedeutenderen Unternehmungen befaßte, hielt er jene einstigen Erfolge nicht für wichtig genug, um sie auch nur mit einer Bemerkung zu streifen. Seine leidende Frau, eine Dame, die in San Francisco wegen ihrer kostspieligen Gesellschaften und ihrer unbeugsamen Forderungen bezüglich der sozialen Stellung und des ›Vorlebens‹ der Eingeladenen berühmt war, begleitete die Herren. Während eines Streifzugs längs der Hütten des aufgegebenen Camps lenkte Mr. Porfer die Aufmerksamkeit seiner Frau und seiner Freunde auf einen abgestorbenen Baum, der auf einem niedrigen Hügel hinter dem Injun Creek stand.

»Wie ich Ihnen schon erzählt habe, bin ich im Jahre 1852 durch das Lager gekommen und hörte, daß im Laufe der Jahre nicht weniger als fünf Männer hier vom Sicherheitskomitee aufgeknüpft wurden, alle an dem Baum dort drüben. Wenn ich mich nicht täusche, baumelt der Strick ja noch immer am Ast? Lassen Sie uns doch mal hinübergehen und das Ding besichtigen!«

Mr. Porfer verriet nicht, daß der fragliche Strick vielleicht genau der gleiche war, vor dessen fataler Umarmung sich sein eigener Hals nur gerade eben hatte retten können und ihn wohl umspannt hätte, wenn Mr. Porfer auch nur eine Stunde länger in der Gegend geblieben wäre.

Auf der Suche nach einem bequemen Übergang über den Creek schlenderten sie weiter und stießen auf das sauber abgenagte Skelett eines Tiers, das Mr. Porfer nach gebührender Untersuchung als das eines Esels erklärte. Die charakteristischen Ohren waren nicht mehr da, aber von dem nicht eßbaren Kopf hatten Raubtiere und Vögel das meiste übrig gelassen, und auch die starken Zügel aus Roßhaar waren noch ebenso intakt wie das aus gleichem Material bestehende Fangseil, das ihn mit einem in die Erde gesteckten Weidepflock verband. Die metallenen und hölzernen Bestandteile einer Goldgräberausrüstung lagen daneben. Die üblichen Bemerkungen wurden gemacht: spöttisch von seiten der Männer, sentimental und gebildet von der Dame. Bald darauf standen sie neben dem Baum auf dem Friedhof, und Mr. Porfer gab von seiner Würde soviel auf, daß er sich unter das verwitterte Seil stellte und sich selbstsicher die Schlinge um den Hals legte – was ihm anscheinend eine gewisse Genugtuung verschaffte, seine Frau jedoch entsetzte, denn ihr Zartgefühl erlitt bei dem Anblick einen heftigen Schock.

Ein Ausruf, den einer ihrer Gruppe ausstieß, brachte sie alle zu einem offenen Grab, auf dessen

Boden sie ein wirres Durcheinander menschlicher Knochen und eines zertrümmerten Sarges sahen. Für fast alles übrige hatten Kojoten und Bussarde den letzten traurigen Ritus vollzogen. Zwei Schädel waren zu sehen, und um diesem etwas ungewöhnlichen Überfluß auf die Spur zu kommen, sprang einer von den jüngeren Männern tollkühn ins Grab und reichte einem andern Mann die beiden Schädel hinauf, noch ehe Mrs. Porfer ihre deutliche Mißbilligung einer so schockierenden Handlungsweise kundtun konnte, was sie dann trotzdem mit beträchtlichem Gefühlsaufwand und in sehr gewählten Worten tat. Der junge Mann setzte seine Nachforschungen im Schutt auf dem Grunde der Grube fort und reichte als nächstes eine verrostete Sargplatte mit einer primitiv eingeritzten Inschrift hinauf, die von Mr. Porfer mühsam entziffert und dann mit einer ernsten und nicht ganz erfolglosen Bemühung um einen dramatischen Effekt vorgelesen wurde, den er für den Anlaß und bei seiner rednerischen Begabung als angemessen erachtete:

MANUELITA MURPHY
geboren in der Mission San Pedro
gestorben in Hurdy-Gurdy
47 Jahre alt.
Von solchen wimmelt die Hölle!

Aus Rücksicht auf die Pietät des Lesers und auf das Nervensystem von Mrs. Porfers zartbesaiteten Mitschwestern beiderlei Geschlechts wollen wir nicht länger bei dem schmerzlichen Eindruck verweilen, den die ungewöhnliche Inschrift hervorrief, sondern nur erwähnen, daß Mr. Porfers rednerische Leistungen noch nie eine so spontane und überwältigende Anerkennung gefunden hatten.

Die nächste Ausbeute des Leichenfledderers war ein Gewirr langer schwarzer, lehmverschmierter Haare – doch sie waren ein derartiger Abstieg an Aufregung gegenüber dem Voraufgegangenen, daß sie kaum Beachtung fanden. Plötzlich exhumierte der junge Mann mit einem kurzen Ausruf und kräftig gestikulierend einen grauen Felsbrocken und reichte ihn nach hastiger Prüfung zu Mr. Porfer hinauf. Als die Sonne darauffiel, glitzerte er gelblich: er war mit funkelnden Pünktchen übersät. Mr. Porfer riß ihn an sich, beugte kurz den Kopf darüber und warf ihn dann geringschätzig mit der knappen Bemerkung weg: »Eisenpyrit – Narrengold!«

Der junge Mann in der Fundgrube war anscheinend ein wenig aus der Fassung geraten.

Inzwischen war Mrs. Porfer, die das widerwärtige Getue nicht länger mit ansehen konnte, zu dem Baum zurückgegangen und hatte sich an seine Wurzel gesetzt. Während sie eine goldblonde Haarsträhne, die sich hervorgewagt hatte, wieder in Ordnung brachte, bemerkte sie etwas, das wie der letzte Rest einer alten Jacke aussah – und es auch war. Nachdem sie sich umgeschaut und vergewissert hatte, daß ihr so wenig damenhaftes Vorhaben nicht beobachtet wurde, steckte sie ihre juwelengeschmückte Hand in die zuoberst liegende Brusttasche und zog eine verschimmelte Brieftasche mit folgendem Inhalt heraus: Ein Bündel Briefe mit dem Poststempel Elizabethtown, New Jersey; eine blonde Haarlocke, mit einem Fädchen zusammengehalten; eine Fotografie eines schönen Mädchens; eine dito, dito, merkwürdig entstellt, und auf der Rückseite der Fotografie den Namen Jefferson Doman.

Einige Minuten danach umgab eine Gruppe besorgter Herren die unbeweglich und mit vornüberhängendem Kopf am Fuß des Baumes sitzende Mrs. Porfer, deren Finger eine zerknüllte Fotografie umklammerten. Ihr Gatte richtete ihren Kopf auf, und alle sahen ihr Gesicht, das geisterhaft weiß war – bis auf die lange, entstellende Narbe, die ihren Freunden vertraut war und die keine Kosmetik je hatte verbergen können: sie zerschnitt jetzt die Blässe ihres Gesichts wie eine sichtbar gewordene Verwünschung.

Mary Matthews-Porfer hatte Pech gehabt. Sie war tot.

Die geeignete Umgebung

Die Nacht

Eines Nachts im Mittsommer ging ein Farmerssohn, der etwa zehn Meilen außerhalb der Stadt Cincinnati wohnte, auf einem Reitweg durch einen dichten, dunklen Wald. Er hatte sich verlaufen, als er ein paar herumstreunende Kühe suchte, und gegen Mitternacht war er in einer ihm fremden Gegend noch ein gutes Stück von zuhause entfernt. Aber er war ein beherzter kleiner Bursche, und da er ungefähr die Richtung kannte, in der sein Elternhaus lag, hielt er nach den Sternen Ausschau und ließ sich nicht vom Wald abschrecken. Als er auf den Reitweg stieß und feststellte, daß er in der gewünschten Richtung verlief, folgte er ihm.

Es war eine helle Nacht, doch im Wald war es unglaublich dunkel. Der Pfad war kaum zu sehen, und er mußte den Weg beinah ertasten. Aber davon abirren konnte er nicht so ohne weiteres, denn das Unterholz zu beiden Seiten war so dicht, daß es fast undurchdringlich schien. Er war etwa eine Meile weit durch den Wald gegangen, als er erstaunt einen schwachen Lichtschimmer bemerkte, der durch das Laub fiel, das linker Hand den Pfad besäumte. Er erschrak, als er das Licht erblickte, und sein Herz begann hörbar zu hämmern.

›Das alte Breede-Haus muß irgendwo in der Nähe sein‹, dachte er bei sich, ›dann wäre das hier das entgegengesetzte Ende von dem Weg, auf dem wir von uns aus hingelangen. Huh, warum ist denn da ein Licht?‹

Doch er ging weiter. Gleich darauf trat er aus dem Wald und kam auf eine kleine Lichtung, die fast ganz von Brombeergestrüpp überwuchert war. Er sah Reste eines morschen Zauns. Ein paar Yards dahinter lag mitten in der Lichtung das Haus, aus dem der Lichtschimmer durch ein Fenster ohne Scheiben fiel. Früher waren einmal Scheiben im Fenster gewesen, doch die Scheiben und die einst dazugehörigen Fensterrahmen hatten schon längst klein beigegeben, als die Hände unternehmungslustiger Jungen mit Wurfgeschossen darauf gezielt hatten, um sich ihren eigenen Mut zu beweisen und dem Übersinnlichen die Feindschaft zu erklären, denn das Breede-Haus stand im Ruf, ein Spukhaus zu sein. Möglicherweise traf es gar nicht zu, doch selbst der abgebrühteste Zweifler konnte nicht leugnen, daß es unbewohnt war – und das ist in einer ländlichen Umgebung so ungefähr dasselbe.

Während der Junge auf das geheimnisvolle Licht starrte, das aus dem zerstörten Fenster fiel, erinnerte er sich furchtsam, daß seine eigene Hand zur Zerstörung beigetragen hatte. Seine Reue war natürlich um so heftiger, als sie sich erst so spät einstellte und so unwirksam war. Halb erwartete er schon, daß alle unirdischen und körperlosen bösen Gewalten über ihn herfallen würden, weil er sie beleidigt und sowohl ihr Fenster wie ihren Frieden zerstört hatte. Zwar zitterte der Junge an allen Gliedern, doch halsstarrig, wie er war, wollte er sich nicht verdrücken. In seinen Adern floß heiß und kräftig das unnachgiebige Grenzerblut. Es war erst zwei Generationen her, seit seine Vorfahren die Indianer bekämpft hatten.

Er schickte sich an, am Haus vorbeizugehen.

Im Weitergehen sah er durch die leere Fensterhöhle und gewahrte etwas Befremdliches, Erschreckendes: ein Mann saß mitten im Zimmer an einem Tisch, auf dem ein paar Blatt Papier lagen. Die Ellbogen waren auf den Tisch gestemmt, und die Hände stützten den Kopf, der nicht bedeckt war. Die Finger stießen auf beiden Seiten ins Haar vor. Das Gesicht wirkte im Licht einer etwas auf der Seite stehenden Kerze leichenhaft gelb. Die Flamme beleuchtete die eine Gesichtshälfte, die andere steckte tief im Schatten. Die Augen des Mannes hefteten sich mit einem starren Blick, in dem ein älterer und kühlerer Beobachter etwas wie Furcht erkannt hätte, der aber dem Jungen gänzlich seelenlos zu sein schien, auf das leere Fenster.

Er glaubte, der Mann sei tot.

Das Erlebnis war grauenhaft, aber doch irgendwie faszinierend. Der Junge blieb stehen, um alles in sich aufzunehmen. Er hatte keine Kraft mehr und zitterte vor Angst; er spürte, wie ihm das Blut aus dem Gesicht wich. Doch er biß die Zähne zusammen und rückte entschlossen gegen das Haus vor. Er hatte keinen bestimmten Plan – es war nichts als ein aus Entsetzen geborener Mut. Er steckte sein bleiches Gesicht in die beleuchtete Fensterhöhle. Im gleichen Augenblick wurde die Stille der Nacht von einem seltsamen, heiseren Ruf zerrissen, von einem Kreischen – dem Ruf eines Käuzchens. Der Mann sprang auf und stieß dabei den Tisch um; die Kerze erlosch. Der Knabe ergriff die Flucht.

Der Tag davor

»Guten Morgen, Colston! Da habe ich ja Glück, scheint mir. Sie haben mir oft vorgeworfen, daß mein Lob Ihrer schriftstellerischen Tätigkeit nichts als Höflichkeit sei – und hier sehen Sie mich nun in Ihre neueste Geschichte im *Messenger* vertieft, ja buchstäblich versunken. Erst durch Ihren Schlag auf meine Schulter habe ich in die Wirklichkeit zurückgefunden.«

»Der Beweis ist sogar noch besser, als Sie es ahnen«, erwiderte der Angeredete. »Ihr Eifer, meine Geschichte zu lesen, ist so groß, daß Sie bereitwillig auf egoistische Überlegungen verzichten und sich des eigentlichen Vergnügens berauben, das Sie beim Lesen haben könnten.«

»Ich verstehe Sie nicht recht«, entgegnete der andere Mann, faltete die Zeitung zusammen und steckte sie in seine Tasche. »Ihr Schriftsteller seid komische Leute! Sagen Sie mir doch, was ich in diesem Fall getan oder unterlassen habe! Inwiefern ist das Vergnügen, das ich beim Lesen Ihres Werkes empfinde oder empfinden mag, von mir abhängig?«

»Auf mancherlei Art. Darf ich Sie fragen, wie Ihnen Ihr Frühstück schmecken würde, wenn Sie es hier in der Straßenbahn einnähmen? Oder gesetzt den Fall, das Grammophon wäre so vervollkommnet, daß man eine ganze Oper mit Gesang und Orchester hören könnte – würden Sie sich dann einen großen Genuß davon versprechen, wenn Sie es während der Geschäftsstunden in Ihrem Büro anstellten? Sind Sie überall Auge und Ohr für jeden Kunstgenuß? Haben Sie jede Stimmung griffbereit, so daß Sie nur den Hahn aufzudrehen brauchen? Dann muß ich Sie darauf hinweisen, Sir, daß die Geschichte, über deren Lektüre Sie die Häßlichkeit Ihrer Umgebung vergessen konnten (was mich natürlich ehrt), eine Geistergeschichte ist?«

»Warum auch nicht?«

»Warum auch nicht? Hat der Leser keine Pflichten, die seinen Privilegien entsprechen? Sie haben fünf Cents für die Zeitung bezahlt, sie gehört Ihnen. Sie haben das Recht, sie zu lesen, wann und wo Sie wollen. Vieles von dem, was in ihr steht, wird durch die Zeit und den Ort oder die Stimmung weder besser noch schlechter; manches muß sogar umgehend gelesen werden, solange es noch sprudelt. Aber meine Geschichte ist nicht von dieser Art. Sie ist nicht die ›allerletzte Neuigkeit‹ aus dem Geisterland. Man erwartet von Ihnen nicht, daß Sie sich über das, was im Gespensterreich vor sich geht, auf dem laufenden halten. Das Material hält sich, bis Sie Zeit und Muße haben, sich in den Geisteszustand zu versetzen, welcher der Stimmung in meiner Geschichte angemessen ist – und ich erlaube mir zu bemerken, daß Sie das nicht in einer Straßenbahn können, sogar dann nicht, wenn Sie der einzige Fahrgast sind. Es ist nicht die richtige Umgebung. Ein Autor hat Rechte, die der Leser respektieren sollte.«

»Zum Beispiel?«

»Zum Beispiel das Recht der ungeteilten Aufmerksamkeit des Lesers. Es ihm zu verweigern, ist unmoralisch. Es hieße, ihn sehr ungerecht behandeln, wenn er sich zugleich mit dem Rattern der Straßenbahn oder mit dem ewig wechselnden Ausblick auf die Menge draußen oder auf das Gebäude drüben in Ihre Aufmerksamkeit teilen soll – überhaupt mit den tausenderlei Ablenkungen, die zu unsrer gewohnten Umgebung gehören. Es ist, weiß Gott, eine Schande!«

Der Sprecher war aufgestanden und hielt sich an einem Griff, der von der Decke des Wagens hing. Der andre Mann blickte überrascht zu ihm auf und wunderte sich, wie ein so belangloser Ärger eine so heftige Ausdrucksweise rechtfertigen konnte. Er sah, daß das Gesicht seines Freundes ungewöhnlich blaß war und daß seine Augen wie feurige Kohlen glühten. »Sie wissen ganz gut, was ich meine«, fuhr der Schriftsteller fort, und seine Worte überschlugen sich fast. »Sie wissen, was ich meine, Marsh! Meine Arbeit im *Messenger* hat klipp und klar den Untertitel ›Eine Geistergeschichte‹. Jeder achtenswerte Leser kann daraus ersehen, daß damit eine Empfehlung verbunden ist, unter welchen Bedingungen die Geschichte gelesen werden soll.«

Der Mann, der als ›Marsh‹ angeredet worden war, verzog das Gesicht, dann fragte er lächelnd: »Unter was für Bedingungen? Sie wissen ja, daß ich bloß ein simpler Geschäftsmann bin, von dem man nicht erwarten darf, daß er derlei Spitzfindigkeiten versteht. Wie, wann und wo soll ich Ihre Geistergeschichte lesen?«

»In der Einsamkeit – bei Nacht – beim Licht einer Kerze! Es gibt Gefühle, die ein Schriftsteller mühelos wecken kann, etwa Mitleid oder Heiterkeit. Ich kann Sie unter fast allen Umständen zum Weinen oder zum Lachen bringen. Doch damit eine Geistergeschichte richtig wirkt, muß Ihnen Furcht eingeflößt werden – oder zumindest ein Gefühl von etwas

Übersinnlichem. Und das ist nicht so einfach. Ich habe ein Recht darauf, von Ihnen zu erwarten, daß Sie mir eine Chance geben, wenn Sie schon etwas von mir lesen. Sie müssen sich empfänglich stimmen für das Gefühl, das ich heraufzubeschwören suche!«

Die Straßenbahn war jetzt vor der Endstation angelangt und hielt. Die Fahrt, die sie soeben gemacht hatte, war die erste des Tages, und das Gespräch der beiden frühen Fahrgäste war nicht unterbrochen worden. Die Straßen waren noch still und leer; die Dächer der Häuser wurden gerade erst von der aufgehenden Sonne gestreift. Als sie aus dem Wagen stiegen und zusammen weitergingen, faßte Marsh seinen Begleiter scharf ins Auge: es hieß von ihm – wie von den meisten ungewöhnlich begabten Literaten –, er sei verschiedenen zerstörerischen Lastern verfallen. So rächen sich stumpfe Geister an gescheiten Menschen, weil sie ihnen ihre Überlegenheit übelnehmen. Mr. Colston war als genialer Mensch bekannt. Es gibt wackere Seelen, die überzeugt sind, daß Genie eine Art Ausschweifung ist. Man wußte, daß Mr. Colston nie Alkohol trank, aber viele sagten, er nähme Opium. Am heutigen Morgen war etwas in seiner Erscheinung – eine gewisse Wildheit in den Augen, eine ungewöhnliche Blässe, eine undeutliche und überstürzte Redeweise –, die, wie Mr. Marsh meinte, das Gerede zu bestätigen schienen. Trotzdem war er nicht geneigt, ein Thema aufzugeben, das er interessant fand – einerlei, wie sehr sich sein Bekannter dabei aufregte.

»Wollen Sie wirklich behaupten«, fing er an, »daß Sie, wenn ich mir die Mühe mache, Ihre Anweisungen zu befolgen, mich also den von Ihnen geforderten Bedingungen unterwerfe – Einsamkeit, dunkle Nacht und eine Wachskerze –, mit Ihren Geistergeschichten bei mir ein unbehagliches Gefühl von etwas Übersinnlichem hervorrufen können (wie Sie es nennen)? Können Sie meinen Puls beschleunigen, mich bei überraschenden Geräuschen zusammenschrecken lassen und machen, daß es mir kalt über den Rücken läuft und mir die Haare zu Berge stehen?«

Colston drehte sich plötzlich um und sah ihm fest in die Augen: »Sie würden es nicht wagen! Sie haben keinen Mut!« Er unterstrich seine Worte mit einer verächtlichen Handbewegung. »Sie sind mutig genug, meine Geistergeschichte in einer Straßenbahn zu lesen, aber in einem verlassenen Haus – allein – im Wald – bei Nacht? Pah! Ich habe das Manuskript in der Tasche, das Sie umbringen könnte!«

Marsh ärgerte sich. Er wußte, daß er mutig war, und die Worte kränkten ihn. »Wenn Sie so ein Haus kennen«, sagte er, »führen Sie mich heute nacht dorthin, und geben Sie mir Ihr Manuskript und eine Kerze! Holen Sie mich ab, nachdem ich Zeit genug hatte, es zu lesen, und ich werde Ihnen den ganzen Inhalt erzählen – und Sie zum Tempel hinausjagen!« Und so kam es, daß der Farmerssohn, als er im Breede-Haus durch ein Fenster ohne Scheiben blickte, einen Mann beim Licht einer Kerze sitzen sah.

Der Tag danach

Am späten Nachmittag des folgenden Tages näherten sich drei Männer und ein Junge dem Breede-Haus von jener Richtung her, in die der Junge in der vergangenen Nacht geflohen war. Die Männer waren guter Laune. Sie sprachen laut und lachten. Zu dem Jungen machten sie witzige und gutmütig-spöttische Bemerkungen über sein nächtliches Abenteuer, an das sie offenbar nicht glaubten. Der Junge nahm ihren Spott mit ernstem Gesicht hin und erwiderte nichts. Er hatte ein Gefühl für das Richtige und Angemessene und wußte, daß man kein sehr glaubwürdiger Zeuge ist, wenn man behauptet, mit angesehen zu haben, wie ein Toter sich von seinem Stuhl erhebt und eine Kerze zum Erlöschen bringt.

Als sie beim Haus anlangten und die Tür nicht verschlossen fanden, trat die kleine Gruppe ohne weitere Umstände ein. Die Haustür führte auf einen Gang, an dem rechts und links je eine Tür war. Sie betraten das Zimmer linker Hand – dasjenige mit den Fensterhöhlen. Dort fanden sie die Leiche eines Mannes.

Der Tote lag etwas seitlich, mit dem Unterarm unter dem Körper und der Wange auf dem Fußboden. Die Augen waren weit geöffnet; es war nicht angenehm, dem starren Blick zu begegnen. Der Unterkiefer war herabgesunken; ein wenig Speichel hatte sich im Mundwinkel angesammelt. Der umgestürzte Tisch, die zum Teil heruntergebrannte Kerze, ein Stuhl und ein paar Blatt beschriebenes Papier waren alles, was das Zimmer sonst noch enthielt. Die Männer blickten auf die Leiche und berührten der Reihe nach das Gesicht. Der Junge stand ernst davor, wie eine Art Eigentümer. Es war der stolzeste Augenblick seines Lebens. Einer von den Männern sagte zu ihm: »Du bist ein toller Kerl«, eine Bemerkung, die von den beiden andern mit zustimmendem Kopfnicken aufgenommen wurde. Es war der Zweifel, der sich vor der Wahrheit entschuldigte. Dann hob einer von ihnen das Manuskript auf und trat damit ans Fenster, denn die abendlichen Schatten senkten sich schon über den Wald. In der Ferne konnte man das Lied der Nachtschwalbe hören, und ein ungeheuer großer Regenpfeifer sauste mit rauschenden Flügeln am Fenster vorbei und polterte außer Hörweite. Der Mann las:

Das Manuskript

»›Ehe ich zur Tat schreite, zu der ich mich zu Recht oder Unrecht entschlossen habe, und ehe ich vor meinem Schöpfer erscheine, des Urteils gewärtig , erachte ich, James R. Colston, es für meine Pflicht als Journalist, eine öffentliche Erklärung abzugeben. Mein Name als Verfasser tragischer Geschichten ist, glaube ich, dem Publikum einigermaßen gut bekannt, doch die düsterste Phantasie hat nie etwas so Tragisches ersonnen wie meine eigene Lebensgeschichte. Nicht, was Ereignisse betrifft: Abenteuer und Erlebnisse gab es nicht in meinem Leben. Aber die Geschichte meines geistigen Lebens ist voll von grauenhaften Erlebnissen wie Tod und Verdammnis. Ich will hier nicht darüber berichten – einige von ihnen wurden niedergeschrieben und sind anderswo zur Veröffentlichung bereit. Diese Zeilen hier schreibe ich, um jedem, den es interessiert, zu erklären, daß mein Tod freiwillig ist – von eigener Hand! Ich werde in dieser Nacht, dem fünfzehnten Juli um zwölf Uhr sterben – für mich ein bedeutsamer Jahrestag, denn an jenem Tag und zur gleichen Stunde kam mein Freund in

Zeit und Ewigkeit, Charles Breede, seinem mir gegebenen Gelübde nach und beging die gleiche Tat, die durch sein Innehalten des Gelöbnisses jetzt mir auferlegt wird. In seinem kleinen Haus im Copeton-Wald nahm er sich das Leben. Es folgte das übliche Urteil ›temporäres Irresein‹. Wäre ich bei der Leichenschau als Zeuge aufgetreten – hätte ich alles berichtet, was ich wußte –, man hätte *mich* für wahnsinnig erklärt.‹«

Hier folgte offenbar ein längerer Absatz, den der Vorlesende aber für sich behielt.

›*Mir bleibt noch eine Woche, in der ich meine weltlichen Angelegenheiten regeln und mich auf die große Veränderung vorbereiten kann. Die Zeit reicht, denn ich besitze nicht viel, und seit vier Jahren ist der Tod für mich eine gebieterische Verpflichtung. – Ich werde dieses Schriftstück stets bei mir tragen; der Finder möge es bitte dem Leichenbeschauer aushändigen.*

James R. Colston.‹

›*P.S. – Willard Marsh, am heutigen, verhängnisvollen fünfzehnten Juli übergebe ich Ihnen dieses Manuskript, damit es unter den vereinbarten Umständen und an dem von mir bestimmten Ort geöffnet und gelesen wird. Ich verzichte auf meine Absicht, es stets bei mir zu tragen und die Art meines Todes zu erklären, denn das ist unwichtig. Es wird dazu dienen, Ihren Tod zu erklären. Ich werde Sie in der Nacht aufsuchen, um mich zu vergewissern, daß Sie das Manuskript gelesen haben. Sie kennen mich gut genug, um mich zu erwarten. Aber, mein Freund, es wird nach zwölf Uhr sein! Gott sei unsern Seelen gnädig!* *J.R.C.*‹

Ehe der Mann, der das Manuskript vorlas, geendet hatte, war die Kerze angezündet worden. Als der Lesende fertig war, stieß er das Blatt Papier ruhig in die Flamme und hielt es trotz des Einspruchs der andern fest, bis es zu Asche verbrannt war. Der Mann, der das tat und der hinterher einen schweren Tadel vom Leichenbeschauer sanftmütig über sich ergehen ließ, war ein Schwiegersohn des verstorbenen Charles Breede. Bei der Leichenschau kam keine intelligente Erklärung zutage, was das Manuskript enthalten hatte.

Aus der TIMES

›Gestern überwies die Aufsichtskommission für Heil- und Pflegeanstalten Mr. James R. Colston in die Irrenanstalt, einen ortsansässigen Schriftsteller von einigem Ruf, der für den *Messenger* tätig war. Bekanntlich wurde Mr. Colston am fünfzehnten Juli ds. in Verwahrung gegeben, und zwar von einem Mitbewohner im Baine House, der beobachtet hatte, wie er sich sehr verdächtig aufführte, seine Kehle entblößte, ein Rasiermesser schärfte und es hin und wieder ausprobierte, indem er sich die Haut am Arm durchschnitt, usw. Als Mr. Colston der Polizei überliefert wurde, leistete der Unglückliche verzweifelten Widerstand und ist seither so erregt, daß es notwendig wurde, ihm die Zwangsjacke anzulegen. Die meisten andern Korrespondenten unsres geschätzten Kollegen sind noch auf freiem Fuße.‹

Das mit Brettern vernagelte Fenster

Im Jahre 1830 erstreckte sich nur ein paar Meilen von der Gegend entfernt, die heute von der Großstadt Cincinnati eingenommen wird, ein riesiger und fast unberührter Urwald. Das ganze Gebiet war spärlich von Pionieren besiedelt, rastlosen Geistern, die – kaum hatten sie ein halbwegs bewohnbares Heimwesen aus der Wildnis herausgerodet und einen gewissen Grad von Wohlstand erreicht, den wir heutzutage als Armut bezeichnen würden –, schon wieder von einem geheimnisvollen Drang in ihrem Wesen gezwungen wurden, weiter gen Westen vorzustoßen, wo sie bei ihrem Bemühen, den kargen Komfort wiederzuerobern, den sie freiwillig aufgegeben hatten, nur neuen Gefahren und Entbehrungen begegneten. Viele von ihnen hatten die Gegend bereits verlassen, um entferntere Niederlassungen aufzusuchen, doch unter denen, die dort blieben, war ein Mann, der zu den ersten Ankömmlingen gehörte. Er wohnte allein in einem Blockhaus, das auf allen Seiten von dem riesigen Wald umgeben war, dessen düsteres Schweigen er zu teilen schien; niemand hatte ihn je lächeln sehen oder ein überflüssiges Wort von ihm gehört. Seine einfachen Bedürfnisse befriedigte er durch den Verkauf oder Tausch von Fellen in der Stadt am Strom, denn er selbst baute nichts auf dem Boden an, dessen Besitzrecht er, falls nötig, hätte beanspruchen können, da es ihm nie streitig gemacht worden war. Spuren von ›Kultivierung‹ gab es wohl – ein paar Morgen Land unmittelbar beim Haus waren einst abgeholzt worden, aber die verwitterten Baumstümpfe waren schon halb vom Nachwuchs überwuchert, dem es vergönnt war, die Verwüstungen wiedergutzumachen, welche die Axt angerichtet hatte. Offenbar hatte des Mannes Eifer für Bodenbewirtschaftung mit immer schwächer werdender Flamme gebrannt und war bußfertig in Asche erstickt.

Das kleine Blockhaus mit seinen lehmverschmierten Ritzen, mit seinem hölzernen Schornstein und dem Dach aus verzogenen Schindeln, die querüber mit Brettern beschwert waren, besaß eine einzige Tür und ihr genau gegenüber ein einziges Fenster. Letzteres war mit Brettern vernagelt – niemand konnte sich erinnern, wann es je offen gewesen war. Und niemand wußte, weshalb es so abgedichtet wurde – bestimmt nicht deshalb, weil der Bewohner eine Abneigung gegen Licht und Luft hatte, denn wenn ein Jäger einmal – was selten genug geschah – an der einsamen Hütte vorbeikam, hatte er den Einsiedler meistens gesehen, wie er auf der Türschwelle saß und sich sonnte – falls der Himmel ihn mit Sonnenschein versorgt hatte. Heute leben, glaube ich, nur noch wenige Menschen, die jemals um das Geheimnis des Fensters wußten, doch mir war es bekannt, wie man gleich sehen wird.

Der Mann soll Murdoch geheißen haben. Dem Anschein nach war er siebzig Jahre alt, tatsächlich aber nur um die fünfzig. Etwas hatte die Hand im Spiel gehabt, um ihn derartig altern zu lassen. Sein Haar und sein langer, dichter Bart waren weiß, seine grauen, glanzlosen Augen waren wie eingesunken, und das Gesicht war von Furchen zerrissen, welche in die Kreuz und Quere verliefen. Von Gestalt war er hochgewachsen und hager, mit vornübergebeugten Schultern – ein Mann, der an einer Bürde trug. Ich selbst habe ihn nie gesehen; die Einzelheiten erfuhr ich als Junge von meinem Großvater, der mir auch die Geschichte des Mannes erzählte. Er hatte ihn in jener ersten Zeit gekannt, als er in der Nähe lebte.

Eines Tages fand man Murdoch tot in seiner Hütte. Damals gab es dort weder Leichenbeschauer noch Zeitungen, und vermutlich war man allgemein der Ansicht gewesen, daß er eines natürlichen Todes gestorben sei, sonst hätte ich es wohl gehört und würde mich auch daran erinnern. Ich weiß nur, daß der Leichnam – wahrscheinlich in einem Gefühl für das Richtige – in der Nähe der Hütte begraben wurde, neben dem Grab seiner Frau, die so viele Jahre vor ihm gestorben war, daß sich in der Gegend kaum ein Hinweis auf ihr Vorhandensein erhalten hat. Damit endet das letzte Kapitel dieser wahren Begebenheit – abgesehen von der Tatsache, daß ich viele Jahre später in Begleitung eines ebenso unerschrockenen Jungen bis zu der Stelle vordrang und mich so nah an die zerfallene Hütte heranwagte, daß ich einen Stein auf sie werfen konnte und wegrannte, um nicht dem Geist zu begegnen, der, wie jeder gut unterrichtete Junge wußte, dort herumspukte. Doch es existiert auch noch ein vorhergehendes Kapitel, und das lieferte mein Großvater.

Zur Zeit, als Murdoch seine Hütte baute und kräftig die Axt schwang, um sich eine Farm aus dem Wald herauszuhauen – das Gewehr sorgte inzwischen für den Unterhalt –, war er jung und stark und voller Hoffnung. Wie es Brauch war, hatte er in seiner Heimat im Osten ein junges Mädchen geheiratet, das in jeder Weise seiner aufrichtigen Verehrung würdig war und bereitwillig und mit fröhlichem Herzen die Entbehrungen und Gefahren seines Geschicks teilte. Ihr Name ist nirgends verzeichnet; auch über die Anmut ihres Wesens und ihre äußere Erscheinung wurde nichts überliefert, und der Zweifler mag nach Belieben seine Zweifel nähren; aber Gott bewahre mich davor, daß ich sie ihm nehme! Von ihrer Liebe und ihrem Glück legt jeder weitere Tag im einsamen Leben des Witwers hinreichend Zeugnis ab, denn was sonst hätte einen unternehmungslustigen Geist wie den seinen an ein solches Dasein fesseln können, wenn nicht der Zauber glücklicher Erinnerungen?

Als Murdoch eines Tages aus einem entlegenen Teil des Waldes von der Jagd zurückkehrte, fand er seine Frau krank und in Fieberphantasien vor. Meilenweit gab es keinen Arzt und keine Nachbarn; sie war auch nicht in einem Zustand, wo er sie hätte alleinlassen können, um Hilfe zu holen. Deshalb unternahm er es selber, sie gesund zu pflegen, aber am Abend des dritten Tages verlor sie die Besinnung und verschied: anscheinend hatte sie nicht die leiseste Spur ihres Bewußtseins wiedererlangt.

Soweit wir über eine Natur wie die seine Bescheid wissen, können wir es wagen, ein paar Einzelheiten in das Bild hineinzuskizzieren, das mein Großvater entworfen hatte. Nachdem Murdoch sich von ihrem Tod überzeugt hatte, war er noch hinreichend gefaßt, um sich zu erinnern, daß er die Tote für das Begräbnis herrichten müsse. Bei Ausübung seiner heiligen Pflicht unterliefen ihm ein paar Fehler: er machte manches nicht richtig und anderes zwar richtig, aber doppelt und dreifach. Daß er bei einer so einfachen und herkömmlichen Aufgabe versagte, überraschte ihn so wie einen Betrunkenen, der sich wundert, daß vertraute Naturgesetze nicht mehr gelten. Er wunderte sich auch, daß er nicht weinte, wunderte sich und war ein wenig beschämt; sicher war es lieblos, Tote nicht zu beweinen. »Morgen muß ich den Sarg machen und das Grab ausheben«, sagte er laut, »und dann, wenn ich sie nicht mehr sehe, wird sie mir fehlen; doch jetzt – sie ist tot, natürlich, aber es ist in Ordnung – irgendwie muß es doch in Ordnung sein. Es kann nicht so schlimm sein, wie es den Anschein hat.«

Im verblassenden Licht stand er und neigte sich über die Leiche, ordnete ihr Haar und legte die letzte Hand an ihr einfaches Sterbehemd, tat alles mechanisch, mit unbeteiligter Sorgfalt. Doch im Unterbewußtsein war er noch immer überzeugt, daß alles in Ordnung sei, daß er sie wiederhaben würde wie einst, und daß sich alles aufklären würde. Schmerz war ihm bisher noch nie widerfahren, er war noch nicht geübt im Ertragen von Leid. Sein Herz konnte es nicht alles fassen, und seine Vorstellungskraft reichte nicht aus, es zu begreifen. Er wußte nicht, daß er so hart getroffen war: dieses Wissen sollte erst später kommen und ihn nie mehr verlassen. Der Schmerz ist ein Künstler von so vielseitigem Können wie die verschiedenen Instrumente, auf denen er seine Totenlieder spielt: einigen entlockt er die schärfsten, schrillsten Töne und andern die dumpfen, ernsten Akkorde, die sich rhythmisch langsam wie ferne Trommelschläge ewig wiederholen. Manche Menschen werden dadurch aufgescheucht, andere sind wie betäubt. Auf den einen wirkt der Schmerz wie eine Pfeilspitze, die alle Empfindungen zu noch größerer Heftigkeit aufstachelt, und auf einen andern wie ein Keulenschlag, der ihn zermalmend lähmt. Wir können uns vorstellen, daß Murdoch auf letztere Art betroffen wurde, denn (und hier sind wir auf festerem Boden als dem der bloßen Vermutungen), kaum hatte er sein frommes Werk beendet, als er schon vor dem Tisch, auf dem die Tote lag, in einen Stuhl sank, noch eben bemerkte, wie weiß ihr Profil sich vor dem zunehmenden Dunkel abhob, und dann die Arme auf die Tischkante und darauf das Gesicht legte, das noch immer ohne Tränen, aber unsagbar müde war. Im gleichen Augenblick drang durch die offene Tür ein langer Jammerlaut herein, wie der Ruf eines Kindes, das sich in der unendlichen Tiefe des Waldes verirrt hat! Doch der Mann rührte sich nicht. Noch einmal, und diesmal aus größerer Nähe als das erstemal, schlug der unheimliche Ruf an seine schon schwindenden Sinne. Vielleicht war es ein wildes Tier – vielleicht ein Traum –, denn Murdoch war eingeschlafen.

Wie es hinterher den Anschein hatte, erwachte der unzuverlässige Wächter ein paar Stunden später, hob den Kopf von den Armen und lauschte gespannt – warum, wußte er nicht. Neben der Toten, ohne Schreck sich an alles erinnernd, strengte er seine Augen an, um im tiefen Dunkel etwas zu sehen – er wußte nicht, was. All seine Sinne waren gespannt, er hielt den Atem an, sein Blut floß ruhiger, als wollte es in der Stille nicht stören.

Plötzlich wurde der Tisch unter seinen Armen erschüttert, und im gleichen Augenblick hörte er oder vermeinte einen leichten, weichen Schritt zu hören, dann noch einen, wie von nackten Füßen auf dem Boden.

Er war so erschrocken, daß er unfähig war, zu schreien oder sich zu rühren. Gezwungenermaßen wartete er, wartete in der Finsternis eine Ewigkeit, wie ihm schien, in einem furchtbaren Grauen, das man erleben und trotzdem überleben kann, um davon zu berichten. Vergebens versuchte er den Namen der Toten auszusprechen, vergebens die Hand über den Tisch zu strecken, um sich zu vergewissern, daß sie da war. Der Hals war ihm zugeschnürt, seine Arme und Hände waren wie Blei. Dann geschah etwas ganz Entsetzliches. Ein schwerer Körper wurde mit solchem Ungestüm gegen den Tisch geworfen, daß die Kante schmerzhaft gegen Murdochs Brust fuhr und ihn fast umwarf, und im gleichen Augenblick hörte und fühlte er, wie etwas mit einer solchen Wucht zu Boden fiel, daß die ganze Hütte unter dem Aufprall erbebte. Darauf folgte ein Gewrangel und Durcheinander von Geräuschen, das sich unmöglich beschreiben läßt. Murdoch war aufgesprungen. Die Furcht hatte durch ihr Übermaß alle Macht über seine Sinne verloren. Er warf die Hände über den Tisch. Es war nichts da!

An einem gewissen Punkt kann das Entsetzen in Wahnsinn umschlagen, und Wahnsinn treibt zum Handeln. Ohne eine bestimmte Absicht und aus keinem andern Motiv als der unberechenbaren Anwandlung eines Wahnsinnigen sprang Murdoch zur Wand und tastete ein wenig umher, packte sein geladenes Gewehr und feuerte ohne Ziel drauflos. Beim Aufblitzen des Mündungsfeuers, das den Raum jäh erhellte, sah er einen riesigen Puma, der die tote Frau zum Fenster schleppte und seine Zähne in ihrer Kehle vergraben hatte. Dann herrschte noch tiefere Finsternis – und Stille. Als er die Besinnung wiedererlangte, stand die Sonne hoch am Himmel, und der Wald ertönte vom Gesang der Vögel.

Der Leichnam lag am Fenster, wo ihn die Bestie liegengelassen hatte, sowie der Mündungsblitz und der Knall des Gewehrs sie verscheuchten. Die Kleidung der Toten war in Unordnung geraten, das lange Haar zerzaust, die Glieder lagen hilflos da. Aus der furchtbar zerfleischten Kehle war eine Blutlache geflossen, die noch nicht ganz eingetrocknet war. Das Band, mit dem er die Hände zusammengebunden hatte, war zerrissen; die Hände waren zu Fäusten geballt. Zwischen den Zähnen steckte ein Fetzen vom Ohr der Bestie.

Eine Dame aus Redhorse

Coronado, 20. Juni

Ich merke, daß ich mich immer mehr für ihn interessiere. Es ist bestimmt nicht seine – kennst Du ein Hauptwort, das dem Eigenschaftswort ›hübsch‹ entspricht? Man sagt nicht gern, ›seine Schönheit‹, wenn man von einem Mann spricht. Er ist zwar sehr schön, weiß Gott; ich hätte sogar etwas dagegen, Dich mit ihm alleinzulassen – die Du doch die treueste aller Ehefrauen bist –, wenn er sich von seiner besten Seite zeigt (was er eigentlich immer tut). Ich glaube auch nicht, daß seine bezaubernden Umgangsformen viel damit zu tun haben. Du erinnerst Dich wohl, daß der Zauber der Kunst im Undefinierbaren liegt und für Dich und mich, meine liebe Irene, gibt es in der betreffenden Kunstrichtung beträchtlich weniger Undefinierbares, scheint mir, als für junge Mädchen, die gerade erst in die Gesellschaft eingeführt wurden. Mir scheint, daß ich weiß, wie der gute Mann seine Knalleffekte in Szene setzt, und vielleicht könnte ich ihm einen Wink geben, wie man sie noch verstärkt. Trotzdem – seine Umgangsformen sind wirklich hinreißend. Aber vermutlich interessiert mich am meisten sein Verstand. Seine Konversation ist die beste, die ich je gehört habe, und gänzlich anders als die von jedermann sonst. Er scheint alles zu wissen, sollte er ja auch, denn er ist überall gewesen, hat alles gelesen, hat alles gesehen, was es zu sehen gibt – manchmal glaube ich, sehr viel mehr, als für ihn gut ist –, und er ist mit den *seltsamsten* Menschen bekannt. Und dann seine

Stimme – Irene, wenn ich seine Stimme höre, ist mir tatsächlich so zumute, als hätte ich dafür an der Tür Eintrittsgeld zahlen sollen, obwohl es natürlich meine eigene Tür ist.

3. Juli

Ich fürchte, daß meine Bemerkungen über Doktor Barritz ziemlich töricht gewesen sind, weil sie unbesonnen waren, sonst hättest Du nicht so leichtfertig über ihn geschrieben – um nicht zu sagen, so unehrerbietig. Glaube mir, Liebste, er besitzt mehr Würde und Ernst (von der Art, meine ich, die nicht unvereinbar mit einem manchmal fröhlichen und stets charmanten Benehmen ist) als alle Männer, die Du und ich jemals kennengelernt haben. Und der junge Raynor – Du weißt doch, Raynor aus Monterey – sagte mir, daß die Männer ihn alle mögen, und daß er überall mit richtigem Respekt behandelt wird. Auch etwas Geheimnisvolles gehört dazu – etwas über seine Beziehung zu der Blavatsky-Gruppe in Nordindien. Einzelheiten darüber wollte oder konnte Raynor mir nicht sagen. Ich schließe daraus, daß Doktor Barritz – lache nicht – für einen Magier gehalten wird. Könnte es etwas Schöneres geben? Ein gewöhnliches Geheimnis ist natürlich nicht so fein wie ein Skandal, aber wenn es mit dunklen und fürchterlichen Praktiken zusammenhängt – mit der Anwendung von übersinnlichen Kräften –, könnte es etwas Pikanteres geben? Es erklärt auch den seltsamen Einfluß, den der Mann auf mich ausübt. Es ist das Undefinierbare seiner Kunst – seiner Schwarzen Magie. Im Ernst, Liebste: ich zittere geradezu, wenn er mir tief in die Augen blickt – noch dazu mit so unergründlichen Augen, die ich Dir bereits vergebens zu beschreiben versuchte. Wie furchtbar, wenn er die Macht besäße, eine Frau in sich verliebt zu machen? Weißt Du, ob die Blavatsky-Leute diese Macht besitzen – außerhalb von Sepoy, meine ich?

16. Juli

Seltsamste Begebenheit! Gestern abend, als Tantchen bei einer der Hotel-Hopsereien mitmachte (die ich verabscheue), besuchte mich Doktor Barritz. Es war anstößig spät – ich glaube tatsächlich, daß er im Ballsaal mit Tantchen gesprochen und von ihr gehört hatte, daß ich allein sei. Ich hatte mir den ganzen Abend vorgenommen, ihm die Wahrheit über seine Verbindung zu der Geheimbande der ›Thugs‹ in Sepoy und überhaupt alles über die Schwarze Magie aus der Nase zu ziehen, doch im Moment, als er seine Blicke auf mich richtete (ich ließ ihn vor, muß ich zu meiner Beschämung gestehen), war ich hilflos. Ich zitterte, ich wurde rot, ich – o Irene, Irene, ich liebe den Mann ganz unsagbar, und Du weißt selbst, wie das ist!

Stell Dir vor! Ich, ein häßliches Entchen aus Redhorse, die Tochter (wie es heißt) vom alten Calamity-Jim, jedenfalls seine Erbin, mit keinem lebenden Verwandten als einer wunderlichen alten Tante, die mich auf tausenderlei Art verwöhnt – völlig ohne Mittel außer einer Million Dollar und einer Hoffnung auf Paris – ich wage es, einen Gott wie ihn zu lieben!

Meine Liebe, wenn ich Dich hier bei mir hätte,

könnte ich Dir vor Beschämung die Haare ausreißen!

Ich bin überzeugt, daß er über meine Gefühle Bescheid weiß, denn er blieb nur ein paar Minuten, sagte nichts, als was ein andrer Mann nur halb so gut gesagt hätte, gab vor, eine Verabredung zu haben, und ging. Heute erfuhr ich (ein Vögelchen hat's mir verraten – der Page), daß er sofort schlafen ging. Findest Du nicht auch, daß es ein Beweis für musterhafte Manieren ist?

17. Juli

Das kleine Scheusal, der Raynor, besuchte uns gestern, und sein Gerede hat mich beinah rasend gemacht. Der Stoff geht ihm nie aus, das heißt, wenn er den guten Ruf von ein, zwei Dutzend Mitmenschen mehr oder weniger ausgemerzt hat, macht er keine Pause zwischen einem und dem nächsten. (Übrigens: er hat sich nach Dir erkundigt, und die Beteuerungen seines Interesses für Dich hatten ziemlich viel *vraisemblance*, wie ich gestehen muß.) Mr. Raynor hält keine Jagdgesetze ein; wie der Tod (den er verhängen würde, wenn üble Nachreden tödlich wären), jagt er in jeder Jahreszeit. Aber ich mag ihn gern, denn wir kannten uns schon in Redhorse, als wir Kinder waren. Er hatte damals den Spitznamen Giggles* – und ich, oh, Irene, kannst Du's mir jemals verzeihen? – ich wurde Gunny** genannt, weiß Gott, weshalb – vielleicht um auf den Stoff anzuspielen, aus dem meine Schürzen gemacht

* Giggles = Kichere
** Gunny = Sacktuch

waren. Vielleicht auch, weil der Name eine Alliteration zu Giggles ist, denn Giggles und ich waren unzertrennliche Spielkameraden, und die Goldgräber mögen es für eine taktvolle Höflichkeit gehalten haben, eine Beziehung zwischen uns anzuerkennen.

Später nahmen wir noch einen Dritten auf – noch einen aus der Sippschaft der Benachteiligten –, der, wie Garrick zwischen Tragödie und Komödie schwankend, unter dem chronischen Unvermögen litt, sich zwischen den rivalisierenden Anspruchberechtigten *Hunger* und *Kälte* zu entscheiden. Zwischen ihm und dem Elend gab es selten mehr als einen einzigen Hosenträger und die Hoffnung auf eine Mahlzeit, die das Leben gleichzeitig erhalten und unhaltbar machen würde. Er pickte sich buchstäblich eine unsichere Existenz für sich und seine betagte Mutter zusammen, indem er auf den Abraumhalden (das heißt, die Goldgräber erlaubten es ihm) nach ›Chloriden schürfte‹ und im Abfallgestein nach Brocken von ertragreichem Erz suchte, das sie übersehen hatten; und er sackte es ein und verkaufte es im Syndikat-Werk. Er wurde von da an ein Mitglied unsrer Firma ›Gunny, Giggles und Dumps*‹ – dank meiner Vermittlung; denn ich konnte weder damals – noch kann ich's heute – gleichgültig gegenüber dem Mut und der Kühnheit sein, mit der er vor Giggles das unsterbliche Recht seines Geschlechts verteidigte, ein fremdes und unbeschütztes weibliches Wesen zu beleidigen (mich nämlich). Nachdem der alte Jim in der Calamity-Grube Erz gefunden hatte und ich anfing, Schuhe zu tragen und in die Schule zu gehen, und Giggles wetteifernd sein Gesicht zu waschen be-

*Dumps = Schutthaufen

gann und zu Jack Raynor von der Firma Wells, Fargo + Co. wurde, und die alte Mrs. Barts zu ihren Vorfahren weggeschürft wurde, verzog sich Dumps nach San Juan Smith und wurde Postkutscher, bis ihn die Straßenräuber umbrachten, und so weiter.

Warum ich Dir das alles erzähle, Liebste? Weil es mir schwer auf dem Herzen liegt. Weil ich durch das ›Tal der Demut‹ wandle. Weil ich mir ständig meine Unwürdigkeit vor Augen halte, Doktor Barritz auch nur die Schuhriemen zu lösen. Weil – o je, o je, weil sich in unserm Hotel ein Vetter von Dumps aufhalten soll. Ich habe nicht mit ihm gesprochen. Ich habe in besonders gut gekannt – aber glaubst Du, daß er mich wiedererkannt hat? Bitte, bitte teile mir in Deinem nächsten Brief Deine ehrliche, bombensichere Meinung darüber mit und sage, daß Du es nicht glaubst. Meinst Du, daß *er* bereits über mich im Bilde ist und daß das der Grund ist, weshalb *er* mich gestern abend verließ, als *er* sah, daß ich rot wurde und vor *seinen* Augen wie eine dumme Gans zitterte? Du weißt ja, daß ich nicht *alle* Zeitungen bestechen kann, und ich kann niemanden verleugnen, der in Redhorse nett zu Gunny war – selbst dann nicht, wenn ich vor der feinen Gesellschaft über die Achsel angesehen werde. Das Gespenst rasselt also schon hinter der Tür. Bisher hat es mir nie viel ausgemacht, wie Du ja weißt, aber jetzt – *jetzt* ist es nicht mehr dasselbe. Auf Jack Raynor kann ich mich verlassen – er wird *ihm* nichts verraten. Er scheint sogar soviel Respekt vor *ihm* zu haben, daß er überhaupt nicht mit *ihm* zu sprechen wagt – und so geht es mir erst recht. O je, o je! Ich wünschte, ich hätte noch etwas anderes als bloß eine Million Dollar! Wenn Jack Raynor drei Zoll größer wäre, würde ich ihn auf der Stelle heiraten und nach Redhorse zurückkehren und bis ans Ende meiner unseligen Tage in Sack und Asche gehen.

25. Juli

Gestern abend hatten wir einen geradezu himmlischen Sonnenuntergang, und ich muß Dir mehr darüber berichten. Ich bin Tantchen und allen andern davongelaufen und ging allein am Strand spazieren. Du mußt mir glauben, Du treulose Seele, daß ich *nicht* aus meinem Hotelfenster (mit Meersicht) geschaut habe und *ihn nicht* gesehen habe, als *er* den Strand entlangwanderte. Wenn Dir nicht jedes Gefühl für frauliche Delikatesse abhanden gekommen ist, mußt Du meine Erklärung akzeptieren, ohne sie zu bezweifeln. Ich hatte mir's bald unter meinem Sonnendach bequem gemacht und träumerisch auf das Meer geblickt, als *er* sich näherte – direkt am Saum des Wassers ging *er* – es war Ebbe. Denk nur an, der feuchte Sand glänzte geradezu unter *seinen* Schritten! Als er auf mich zukam, zog er den Hut und fragte: ›Miss Dement, darf ich mich zu Ihnen setzen? Oder wollen Sie mit mir spazierengehen?‹ Die Möglichkeit, daß mir weder das eine noch das andre hätte angenehm sein können, schien ihm gar nicht in den Sinn zu kommen! Hast Du jemals eine derartige Selbstsicherheit erlebt? Sicherheit? Meine Liebe, es war Frechheit, gallebittere *Frechheit!* Immerhin – ich empfand es nicht als Wermutstropfen und erwiderte, während mir mein unverbildetes Redhorse-Herz in die Kehle stieg: ›Mir ist *alles* sehr recht!‹ Konnte man törichter antworten? Ach, liebste Herzensfreundin, meine Dummheit ist abgrundtief!

Er reichte mir lächelnd die Hand, und ohne einen Moment zu zaudern, überließ ich ihm meine Hand, und als seine Finger sie umschlossen, errötete ich im Bewußtsein, daß sie leider zitterte, und wurde so rot wie der Abendhimmel. Ich erhob mich jedoch, und nach einem Weilchen, als ich merkte, daß er sie nicht losließ, zog ich ein bißchen, aber vergebens. Er hielt sie einfach fest und sagte nichts, sondern blickte mit einem Lächeln in mein Gesicht, von dem ich nicht wußte – wie konnte ich wohl! –, ob es herzlich oder spöttisch oder sonst was war, denn ich sah ihn nicht an. Wie schön er war: die feurige Glut des Sonnenuntergangs loderte in der Tiefe seiner Augen! Weißt Du vielleicht, Liebste, ob die Thugs und Experten des Blavatsky-Landes besondere Augen haben? Ach, Du hättest seine herrliche Haltung sehen sollen, und wie göttlich er den Kopf neigte, als er über mir aufragte, nachdem ich mich erhoben hatte! Es war ein erhabenes Bild, aber ich zerstörte es rasch, denn ich begann sofort wieder auf den Boden zu sinken. Für ihn gab es nur eins: er stützte mich, indem er mir den Arm um die Taille legte.

›Miss Dement, sind Sie krank?‹ fragte er.

Es war kein Ausruf und klang weder erschrocken noch besorgt. Hätte er hinzugefügt: ›Vermutlich erwarten Sie diese Frage von mir zu hören?‹, dann hätte er seine Meinung über die Situation nicht deutlicher ausdrücken können. Sein Benehmen erfüllte mich mit Beschämung und Entrüstung, denn ich litt sehr. Ich zog meine Hand aus der seinen, packte den Arm, der mich stützte, und stieß ihn weg, um mich zu befreien;

dann plumpste ich auf den Sand und saß hilflos da. Bei diesem Gewrangel war mir der Hut vom Kopf gefallen, und die Haare flogen mir äußerst demütigend um mein Gesicht und meine Schultern.

›Gehen Sie weg!‹ rief ich mit erstickter Stimme. ›Oh, bitte, gehen Sie weg, Sie – Sie Thug! Wie können Sie es wagen, so *etwas* zu denken, wenn mir mein Bein eingeschlafen ist?‹

Genau die gleichen blödsinnigen Worte habe ich gesagt! Und dann bin ich zusammengebrochen und habe geweint, Irene, ja, ich habe *geplärrt!* Im Nu änderte er sein Benehmen – ich konnte es sehen, zwischen meinen Fingern und meinen Haaren hindurch. Er fiel neben mir auf ein Knie, schob die Haare auseinander und rief unsagbar zärtlich: ›Mein armes Kind, Gott weiß, daß ich Sie nicht kränken wollte! Wie könnte ich denn? Wo ich Sie so liebe – Sie so geliebt habe seit – seit vielen, vielen Jahren!‹

Er hatte mir die nassen Hände vom Gesicht gezogen und bedeckte sie mit Küssen. Meine Wangen glühten wie Feuer, mein ganzes Gesicht brannte, es muß gedampft haben! Was sollte ich nur tun – ich hab's an seiner Schulter versteckt – das war der einzige Platz. Und, liebste Freundin – wie mein Bein prickelte und kribbelte, und wie gern ich gestrampelt hätte! So saßen wir lange Zeit. Er hatte die eine meiner Hände losgelassen, um wieder seinen Arm um mich zu legen, und ich erwischte mein Taschentuch und trocknete mir Augen und Nase. Ehe ich das getan hatte, wollte ich nicht aufblicken: er versuchte vergebens, mich ein wenig wegzuschieben und mir ins Gesicht zu schauen. Und dann, als alles in Ordnung war und es dunkel zu werden begann, hob ich den Kopf, blickte ihm fest in die Augen und setzte mein bestes Lächeln auf – mein bestmöglichstes, Liebste.

›Wieso, seit vielen, vielen Jahren? Was meinen Sie damit?‹ fragte ich ihn. ›Liebste‹, erwiderte er sehr ernst, sehr feierlich, ›zwar fehlen die hohlen Wangen, die eingesunkenen Augen, das strähnige Haar, der schlaksige Gang, die Lumpen, der Schmutz und die Jugend, aber können Sie denn nicht – wollen Sie denn nicht begreifen? Gunny – ich bin Dumps!‹

Im Nu war ich aufgesprungen, und er ebenfalls. Ich packte ihn bei seinen Rockaufschlägen und starrte in zunehmender Dunkelheit in sein hübsches Gesicht.

Vor Aufregung war ich außer Atem.

›Bist du denn nicht tot und gestorben?‹ fragte ich und wußte kaum, was ich sagte.

›Nur sterblich verliebt, Gunny! Von der Kugel des Straßenräubers habe ich mich erholt – aber das hier ist, fürchte ich, tödlich!‹

›Aber was hat Jack – was hat Mr. Raynor ... weißt du denn nicht ...‹ ›Beschämt muß ich gestehen, mein Liebling, daß ich auf den Vorschlag dieses nichtsnutzigen Menschen hierherkam – aus Wien!‹

Irene – sie haben mit dem Lasso eingefangen

Deine Dich liebende Freundin
Mary Jane Dement.

P.S. Und was das schlimmste ist: es gibt gar kein Geheimnis! Das war eine glatte Erfindung von Jack Raynor, um mich neugierig zu machen. James ist *kein* Thug! Er hat feierlich beteuert, daß er trotz all seiner Reisen niemals einen Fuß nach Nord-Indien gesetzt hat.

Die Augen des Pumas

1. *Man heiratet nicht immer, wenn man geisteskrank ist*

Ein Mann und eine Frau, für deren Beieinander die Natur verantwortlich war, saßen eines späten Nachmittags auf einer einfachen Holzbank. Der Mann war mittleren Alters, schlank und dunkel; er hatte den Gesichtsausdruck eines Poeten und die Hautfarbe eines Piraten – ein Mann, nach dem man sich umdreht. Die Frau war jung, blond und anmutig, und etwas in ihrer Figur und in ihren Bewegungen ließ an das Wort ›geschmeidig‹ denken. Sie trug ein braunes Kleid mit vereinzelten braunen Tupfen im Gewebe. Vielleicht war sie eine Schönheit, man konnte es nicht gleich sagen, denn ihre Augen ließen alles andere vergessen. Sie waren graugrün, länglich und schmal und hatten einen Ausdruck, den man nicht definieren konnte. Man wußte nur, daß sie beunruhigend waren. Kleopatra könnte solche Augen gehabt haben.

Der Mann und die Frau waren in ein Gespräch vertieft.

»Ja«, sagte die Frau, »ich liebe dich, und wie sehr! Aber heiraten – nein! Ich kann nicht, und ich will nicht!«

»Irene, du hast das schon so oft gesagt, doch immer hast du dich geweigert, mir den Grund anzugeben. Ich habe ein Recht, ihn zu erfahren und zu verstehen, ihn nachzuempfinden und mir meine seelische Kraft zu beweisen. Gib mir einen Grund an!«

»Für meine Liebe?«

Die Frau lächelte trotz ihrer Tränen und ihrer Blässe. Doch dem Mann war nicht zum Lachen zumute.

»Nein, so etwas kann man nicht begründen. Gib mir den Grund an, weshalb du mich nicht heiraten willst! Ich habe ein Recht, es zu wissen. Ich muß es wissen! Ich will es wissen!«

Er war aufgesprungen und stand mit geballten Fäusten vor ihr; er hatte die Stirn gerunzelt und blickte sie finster an. Er sah aus, als wollte er sie am liebsten erwürgen, um es herauszubringen. Sie lächelte nicht mehr – sie saß nur da und schaute mit einem festen, fast unerschütterlichen Blick zu ihm auf, der keinerlei Gefühl oder Erregung verriet. Und doch lag etwas darin, das seinen Groll bändigte und ihn zusammenschauern ließ. »Du bestehst also darauf, meinen Grund zu erfahren?« fragte sie mit einer Stimme, die völlig tonlos war – als wäre ihr ausdrucksloser Blick hörbar geworden.

»Bitte sehr – falls es nicht zuviel verlangt ist!«

Offenbar mußte der Herr der Schöpfung einen Teil der Herrschaft über sein Mitgeschöpf aufgeben.

»Also gut – du sollst es wissen: ich bin geisteskrank.«

Der Mann zuckte zusammen, dann blickte er sie ungläubig an und glaubte, daß er es eigentlich komisch finden müsse. Doch wieder war ihm in seiner Bedrängnis nicht zum Lachen zumute, und trotz seines Mißtrauens war er tief betroffen über das, was er nicht glauben konnte. Zwischen unsrer Überzeugung und unserem Gefühl besteht kein gutes Einvernehmen.

»Das würden jedenfalls die Ärzte sagen, wenn

sie es wüßten«, fuhr die junge Frau fort. »Ich dagegen ziehe vor, es einen Fall von Besessenheit zu nennen. Setz dich und höre zu, was ich darüber berichten kann.«

Der Mann setzte sich schweigend neben sie auf die Holzbank am Wegrand. Die Berge ihnen gegenüber auf der östlichen Talseite erglühten von der Röte der untergehenden Sonne, und über allem lag jene eigenartige Stille, die das Zwielicht ankündet. Von diesem geheimnisvollen Ernst hatte sich etwas auch der Stimmung des Mannes mitgeteilt. In der seelischen wie in der stofflichen Welt gibt es Zeichen und Omen für das Kommen der Nacht. Schweigend hörte sich Jenner Brading die Geschichte an, wie Irene Marlowe sie ihm erzählte. Ihrem Blick begegnete er nur selten, doch jedesmal, wenn er sie ansah, war er sich der unerklärlichen Furcht bewußt, die ihm ihre Augen trotz ihrer katzenhaften Schönheit stets einflößten. Aus Rücksicht auf ein etwaiges Vorurteil des Lesers gegen die kunstlose Erzählweise einer ungeübten Chronistin wagt es der Autor, ihre Version durch seine eigene zu ersetzen.

2. *Ein Raum für drei ist oft zu klein, selbst wenn einer draußen ist*

In einem kleinen Blockhaus mit nur einem einzigen, karg und primitiv möblierten Raum kauerte eine Frau vor der einen Wand auf dem Fußboden und drückte ein Kind an die Brust. Draußen dehnte sich meilenweit in jeder Richtung ein dichter, unberührter Wald. Es war Nacht, und der Raum war stockfinster;

kein menschliches Auge hätte die Frau und das Kind erkennen können. Und doch wurden sie beobachtet – scharf und wachsam mit einer nie nachlassenden Aufmerksamkeit, und das ist der Angelpunkt der ganzen Geschichte.

Charles Marlowe war einer der jetzt ausgestorbenen Pioniere und Waldläufer, welche die Einsamkeit der Wälder, die sich längs der Osthänge des Mississippitals von den Großen Seen bis zum Golf von Mexiko erstrecken, für die ihnen angemessenste Umgebung hielten. Seit über einem Jahrhundert drangen diese Männer Generation um Generation ständig mit Gewehr und Axt gen Westen vor und rangen der Natur und ihren wilden Kindern hier und dort ein vereinzeltes Stück Land für den Pflug ab, das, kaum gerodet, ihren weniger waghalsigen Nachfolgern überlassen wurde, die haushälterischer damit umgingen. Zu guter Letzt brachen sie durch den Waldsaum ins offene Gelände vor und verschwanden, als wären sie eine Felswand hinuntergestürzt. Den Pionier der Wälder gibt es nicht mehr; der Pionier der großen Ebenen, dessen leichtere Aufgabe es war, innerhalb einer einzigen Generation zwei Drittel des Landes zu unterjochen, war ein weniger toller Typ. Charles Marlowe lebte in der Wildnis mit Frau und Kind, die alle Gefahren, Härten und Entbehrungen eines fremden und unrentablen Lebens mit ihm teilten und die er, wie andre Männer seinesgleichen, denen häusliche Tugenden heilig waren, leidenschaftlich liebte. Die Frau war noch jung genug, um hübsch zu sein, und in der furchtbaren Vereinsamung ihres Lebens Neuling genug, um fröhlich zu sein. Der Himmel hatte sie gnädig behandelt, als er ihr keine übergroße Glückserwartung verlieh, welche die bescheidenen Freuden des Urwaldlebens nicht hätten erfüllen können. Ihre leichte Hausarbeit, ihr Kind, ihr Mann und ihre paar harmlosen Bücher genügten ihr für die Befriedigung aller Wünsche.

Eines Morgens im Hochsommer nahm Marlowe sein Gewehr von den Holzpflöcken an der Wand und deutete damit seine Absicht an, auf die Jagd zu gehen.

»Wir haben noch genug Fleisch«, sagte seine Frau. »O bitte, geh heute nicht fort! Ich hatte in der Nacht einen schrecklichen Traum. Ich kann mich nicht mehr an ihn erinnern, aber ich bin sicher, daß er in Erfüllung geht, wenn du nicht hierbleibst!«

Leider müssen wir gestehen, daß Marlowe ihre feierliche Enthüllung weniger ernst nahm, als es der geheimnisvollen Natur des prophezeiten Unglücks gebührte. Er lachte nämlich.

»Versuch dich mal zu erinnern!« sagte er. »Vielleicht hast du geträumt, daß das Baby die Sprache verloren hat!«

Der Einfall war ihm gekommen, weil das Baby, das sich mit allen zehn Wurstfingerchen an die Fransen seines Jagdrocks klammerte, beim Anblick der Waschbärmütze des Vaters soeben mit einer Reihe jauchzender Gu-gu-Laute seine Beurteilung der Lage verkündete.

Die Frau gab nach; da sie keinen Sinn für Humor hatte, konnte sie gegen seine freundliche Neckerei nichts ausrichten. Er verließ daher das Haus mit einem Kuß für die Mutter und einem Kuß für das Kind und schloß auf immer die Tür zu seinem Glück.

Bei Anbruch der Nacht war er noch nicht zurückgekehrt. Die Frau bereitete das Abendessen zu und wartete. Dann brachte sie das Baby zu Bett und sang es leise in Schlaf. Mittlerweile war das Feuer auf dem Herd, wo das Essen kochte, heruntergebrannt, und der Raum wurde nur von einer einzigen Kerze beleuchtet. Sie stellte sie nachher ins offene Fenster, als Zeichen und Willkommensgruß für den Jäger, falls er von dorther zurückkommen sollte. Die Haustür hatte sie sorgfältig verschlossen und verriegelt, um Raubtiere auszusperren, die eine offene Tür dem offenen Fenster vorziehen mochten: über die Gewohnheiten wilder Tiere, in ein Haus einzudringen, wußte sie nicht Bescheid, obwohl sie mit echt weiblicher Voraussicht an die Möglichkeit eines Einschlichs durch den Kamin gedacht haben mochte. Als die Nacht vorrückte, verging zwar nicht ihre Angst, doch sie wurde schläfriger, und schließlich lagen ihre Arme neben dem Kind auf dem Bett und ihr Kopf auf ihren Armen. Die Kerze im Fenster brannte bis auf den Halter herunter und erlosch – unbemerkt, denn die Frau schlief und träumte.

Im Traum saß sie neben der Wiege eines zweiten Kindes. Das erste Kind war gestorben. Der Vater lebte nicht mehr. Das Heimwesen im Wald hatte sie verloren, und die Wohnung, in der sie jetzt lebte, war ihr unbekannt. Im Traum sah sie stets versperrte schwere Eichentüren und vor den Fenstern draußen in dicke Steinmauern eingelassene Eisenstangen – offenbar eine Vorsichtsmaßnahme (dachte sie) gegen die Indianer. Sie bemerkte alles mit unendlicher Selbstbemitleidung, doch ohne Erstaunen – ein im Traum unbekanntes Gefühl. Das Kind in der Wiege war unter der Bettdecke nicht zu sehen, und etwas zwang sie, die Decke zurückzuschlagen. Sie tat es und sah – den Kopf eines Raubtiers! Die fürchterliche Entdeckung erschreckte die Träumende so sehr, daß sie in ihrer dunklen Hütte im Wald zitternd erwachte.

Als das Gefühl für ihre wirkliche Umgebung langsam zurückkehrte, tastete sie nach dem Kind, das kein Traum war, und erkannte an seinem Atem, daß ihm nichts fehlte; trotzdem konnte sie es nicht unterlassen, ihm mit der Hand leicht übers Gesicht zu streichen. Dann zwang sie ein Gefühl, das sie wahrscheinlich nicht hätte erklären können, aufzustehen: sie nahm das schlafende Kind in die Arme und drückte es an die Brust. Das Kopfende des Kinderbettes stand an der Wand, an die sich die Frau jetzt im Stehen anlehnte. Als sie aufblickte, sah sie zwei leuchtende Punkte, die in der Finsternis grünlichrot glimmend, wie zwei Sterne glitzerten. Sie hielt sie für zwei Kohlen auf dem Herd, aber mit dem wiederkehrenden Ortssinn kam ihr die beunruhigende Gewißheit, daß sie sich nicht dort befanden, wo der Herd war. Außerdem waren sie zu weit oben – beinah in Augenhöhe mit ihren eigenen Augen. Es waren die Augen eines Pumas.

Das Raubtier stand ihr gegenüber vor dem offenen Fenster, keine fünf Schritte entfernt. Nur die schrecklichen Augen waren zu sehen, aber trotz ihrer fürchterlichen Aufregung wurde ihr die Situation allmählich klar, und sie begriff, daß die Bestie auf den Hinterpfoten stand und sich mit den Tatzen auf das Fenstersims stützte. Das konnte nur eine böse Absicht bedeuten – und nicht bloß die Befriedigung einer müßigen Neugier. Weil sie sich dieser Stellung ständig bewußt war und weil die Augen so unablässig und so bedrohlich glühten, vergingen all ihr Mut und ihre Kraft. Vor dem unbeweglich forschenden Blick schauderte sie, und es wurde ihr übel. Die Knie versagten ihr den Dienst, und sie glitt zu Boden, versuchte aber instinktiv, jede jähe Bewegung zu vermeiden, die das Raubtier möglicherweise zu einem Sprung herausgefordert hätte. Sie duckte sich an die Wand und schützte das Kind mit ihrem zitternden Körper, ohne den Blick von den glühenden Augen abzuwenden. In ihrer Qual kam ihr kein Gedanke an ihren Mann, kein hoffnungsvoller Gedanke, wie sie sich retten oder fliehen könnte. All ihr Denken und Fühlen konzentrierte sich auf die eine Gemütsbewegung: auf die Furcht vor dem Sprung des Raubtiers, auf die Wucht seines Körpers und das Zuschlagen der mächtigen Pranken, auf das Grauen, wenn seine Zähne sich in ihre Kehle gruben und das Kind zerfleischten. Gelähmt und stumm erwartete sie ihr Schicksal; die Minuten wurden zu Stunden, zu Jahren, zu einer Ewigkeit, und immer noch lauerten die teuflischen Augen.

Als Charles Marlowe spät in der Nacht mit einem Hirsch auf den Schultern nach Hause kam, wollte er die Tür aufstoßen. Sie gab nicht nach. Er klopfte – es kam keine Antwort. Er legte den Hirsch auf die Erde und ging hinters Haus, wo das Fenster war. Als er um die Ecke bog, kam es ihm so vor, als höre er verstohlene Schritte und ein Rascheln im Unterholz, aber selbst für sein geschärftes Ohr waren sie zu leise, als daß er hätte sicher sein können. Er trat ans Fenster, das zu seiner Verwunderung offen stand, warf das Bein über das Sims und stieg hinein. Alles war dunkel und still. Er tastete sich zur Feuerstelle vor und zündete eine Kerze an. Dann sah er sich um. Seine Frau kauerte auf dem Fußboden, an die Wand gelehnt, und umklammerte das Kind. Als er auf sie zustürzte, sprang sie auf und brach in ein Gelächter aus, ein Lachen, das ohne Freude und Gefühl war und an Kettengeklirr erinnerte. Unwillkürlich streckte er ihr die Arme entgegen. Sie legte ihm das Kind in die Arme. Es war tot – von der Umarmung der Mutter totgedrückt.

3. *Die Theorie des Fürsprechers*

Das war es, was während der Nacht im Urwald geschah, aber Irene Marlowe erzählte Jenner Brading nicht alles, da ihr nicht alles bekannt war. Als sie zu sprechen aufhörte, war die Sonne hinter den Horizont gesunken, und die lange Sommerdämmerung lagerte ihre Schatten in den Tälern ab. Eine Zeitlang schwieg Brading, weil er erwartete, daß die Erzählung weitergeführt wurde, damit sich ein klarer Zusammenhang mit dem einleitenden Gespräch herstellen ließ. Doch die Erzählerin blieb ebenso stumm wie er; sie hatte das Gesicht abgewandt und faltete und öffnete die in ihrem Schoß liegenden Hände mit einer Rastlosigkeit, als wisse sie nicht darum.

»Es ist eine traurige, eine furchtbare Geschichte«, sagte Brading, »aber ich verstehe sie nicht ganz. Du nennst Charles Marlowe deinen Vater, das weiß ich. Daß er vorzeitig gealtert und unter einem großen Kummer zusammengebrochen ist, habe ich gesehen oder glaubte ich zu sehen. Aber verzeih, du hast doch gesagt, daß du – daß du –«

»Daß ich geisteskrank bin«, ergänzte die junge Frau, ohne den Kopf oder den Körper zu bewegen.

»Aber Irene, du hast gesagt – o bitte, Liebes, sieh nicht weg! Du hast gesagt, das Kind sei tot gewesen – und nicht etwa geisteskrank.«

»Ja, jenes Kind. Ich bin das zweite. Ich kam drei Monate nach jener Nacht auf die Welt. Meiner Mutter wurde die Gnade zuteil, ihr Leben hinzugeben, als sie mir das Leben schenkte.«

Brading verstummte wieder; er war etwas benommen, so daß ihm nicht gleich eine Entgegnung einfiel. Ihr Gesicht war noch immer abgewandt. In seiner Verlegenheit wollte er spontan ihre Hände ergreifen, die sich so rastlos in ihrem Schoß falteten und öffneten, aber etwas hielt ihn davon ab – er hätte nicht sagen können, was eigentlich. Dann flog es ihm undeutlich durch den Sinn, daß er sich überhaupt niemals etwas daraus gemacht hatte, ihre Hand zu halten.

»Ist es sehr wahrscheinlich«, fuhr sie fort, »daß ein unter solchen Umständen geborener Mensch ebenso ist wie die andern – nämlich normal, wie man es nennt?«

Brading gab keine Antwort; er war mit einem neuen Gedanken beschäftigt, der in seinem Denken Gestalt annahm – Wissenschaftler hätten ihn eine Hypothese genannt, ein Detektiv hätte ihn als Theorie bezeichnet. Er könnte ein neues, allerdings ein unheimliches Licht auf irgendwelche Zweifel an ihrer geistigen Gesundheit werfen, die sie mit ihrer eigenen Behauptung nicht hatte zerstreuen können.

Die Gegend war noch Neuland und außerhalb der Dörfer erst spärlich besiedelt. Der berufsmäßige Jäger war noch eine vertraute Erscheinung, und unter den Trophäen befanden sich Köpfe und Felle auch der größeren Raubtiere. Manchmal tauchten mehr oder weniger glaubwürdige Geschichten von nächtlichen Begegnungen mit wilden Tieren auf einsamen Landstraßen auf: sie wurden, wie üblich, zuerst aufgebauscht, versickerten und wurden vergessen. In letzter Zeit war zu diesen volkstümlichen Apokryphen eine neue hinzugekommen, die anscheinend in mehreren Familien gleichzeitig entstanden war und von einem Puma handelte, der einzelne Familienmitglieder erschreckt hatte, weil er nachts zum Fenster hereinschaute. Die Geschichte hatte keine geringe Aufregung hervorgerufen und war sogar mit einer Erwähnung im Lokalblatt beehrt worden, doch Brading hatte sich nicht darum gekümmert. Ihre Ähnlichkeit mit der soeben gehörten Geschichte aber erschien ihm auf einmal nicht nur als reiner Zufall. War es nicht möglich, daß die eine Geschichte die andre suggeriert hatte und daß sie sich zu der soeben gehörten tragischen Geschichte auswuchs, weil sie in einem kranken Geist und in einer reichen Phantasie günstige Bedingungen vorfand?

Brading erinnerte sich an gewisse Umstände im Leben und im Charakter des jungen Mädchens, die er mit der Unbekümmertheit des Verliebten nicht beachtet hatte – so etwa ihr einsames Leben mit ihrem Vater, in dessen Haus anscheinend niemand als Besucher vorgelassen wurde, oder ihre seltsame Furcht vor der Nacht, womit ihre engsten Bekannten die

Tatsache erklärten, daß man sie nie nach Anbruch der Dunkelheit sah. In einem solchen Gemüt mußte ja die Phantasie, war sie einmal angefacht, mit heller Flamme brennen und schließlich die ganze Persönlichkeit durchdringen und umlodern. Daß sie geistesgestört war, konnte er nicht länger bezweifeln, obwohl ihm die Überzeugung den heftigsten Schmerz bereitete; aber sie hatte eine Folge ihrer geistigen Störung für deren Ursache gehalten und die Phantastereien der dörflichen Gerüchtemacher in einen eingebildeten Zusammenhang mit ihrem eigenen Schicksal gebracht. Mit dem unbestimmten Vorsatz, seine neue ›Theorie‹ auf die Probe zu stellen, ohne jedoch genau zu wissen, wie er dabei vorgehen solle, begann er ernst, wenn auch zögernd: »Irene, Liebste, sage mir – bitte nimm es mir nicht übel, aber sage mir...«

»Ich habe dir schon gesagt«, unterbrach sie ihn mit einem leidenschaftlichen Ernst, wie er ihn noch nie an ihr beobachtet hatte, »daß wir nicht heiraten können; ist etwas anderes überhaupt der Rede wert?«

Ehe er sie halten konnte, war sie aufgesprungen, und ohne ein Wort oder einen Blick glitt sie zwischen die Bäume, hinter denen ihres Vaters Haus lag. Brading war aufgesprungen, um sie zurückzuhalten; er stand da und beobachtete stumm, wie sie im Dämmerdunkel verschwand. Plötzlich schreckte er zusammen, als hätte ihn ein Schuß getroffen; sein Gesicht drückte äußerste Bestürzung und Unruhe aus: zwischen den schwarzen Schatten, in denen sie verschwunden war, hatte er einen flüchtigen, raschen Blick auf zwei funkelnde Augen erhascht! Eine Sekunde lang war er verwirrt und unentschlossen, dann stürmte er hinter ihr her in den Wald und schrie: »Irene! Irene! Paß auf! Der Puma! Der Puma!«

Im Nu war er durch den Waldsaum zur Lichtung vorgestoßen und sah, wie der graue Rock des Mädchens in ihres Vaters Haustür verschwand. Ein Puma war nirgends zu erblicken.

4. *Ein Appell an das Gewissen Gottes*

Rechtsanwalt Jenner Brading lebte in einem Haus am Rande der Ortschaft. Gleich hinter dem Haus begann der Wald. Da er ein Junggeselle war und da ihm nach den drakonischen Moralgesetzen der Zeit und des Ortes die Dienste der einzigen Art von Haushaltshilfe, dortzuland als ›Mädchen für alles‹ bekannt, nicht gestattet waren, ließ er sich im Hotel verköstigen, wo sich auch sein Büro befand. Das Haus am Waldrand hielt er sich – ohne große Unkosten natürlich – nur als Beweis für Wohlstand und Ansehen. Es wäre schwerlich angegangen, daß ein Mann, den das Lokalblatt mit Stolz als ›den bedeutendsten Juristen unsrer Zeit‹ bezeichnet hatte, ohne ein eigenes Heim war, obwohl er manchmal gedacht haben mag, daß die Worte ›Heim‹ und ›Haus‹ nicht streng identisch waren. Tatsächlich hatte seine Erkenntnis, daß sie verschieden waren, und sein Wunsch, sie harmonisch zu vereinen, zu einer logischen Folgerung geführt, denn man erzählte sich allgemein, daß der Besitzer des Waldhauses, bald nachdem es fertiggestellt war, einen vergeblichen Versuch unternommen habe, sich zu verheiraten – ja daß er sogar so weit gegangen war, sich bei der schönen, aber überspannten Tochter des alten Marlowe, des Einsiedlers, einen Korb zu holen. Alle wußten es, denn er hatte es selbst erzählt – und nicht etwa sie – eine Umkehrung des üblichen Verlaufs der Dinge – und daher erst recht überzeugend.

Bradings Schlafzimmer lag auf der Rückseite des Hauses; das einzige Fenster ging auf den Wald hinaus. Eines Nachts wurde er von einem Geräusch am Fenster geweckt – was es war, hätte er nicht sagen können. Etwas erregt richtete er sich im Bett auf und griff nach seinem Revolver, den er unter sein Kopfkissen gelegt hatte – eine sehr lobenswerte Vorsichtsmaßnahme von einem Mann, der es gewöhnt ist, im Erdgeschoß bei offenem Fenster zu schlafen. Das Zimmer lag in völliger Dunkelheit, doch Furcht kannte er nicht; er wußte, wohin er seinen Blick richten mußte und wartete schweigend ab, was passieren würde. Er konnte die Fensteröffnung jetzt undeutlich ausmachen: es war ein etwas weniger dunkles Viereck. Gleich darauf erschienen am unteren Rand zwei glühende Augen, die unsagbar boshaft funkelten. Bradings Herz hämmerte wie rasend, dann schien es stillzustehen. Ein Schauder lief ihm über den Rücken, und seine Haare standen zu Berge; er spürte, wie ihm das Blut aus dem Gesicht wich. Rufen durfte er nicht, selbst nicht, um sein Leben zu retten, doch da er ein mutiger Mann war, hätte er es auch nicht getan, wenn er es gekonnt hätte. Sein feiger Körper mochte zwar zittern, aber sein Geist war aus härterem Holz geschnitzt. Langsam und gleichmäßig stiegen die leuchtenden Augen höher und schienen sich zu nähern, und langsam hob Brading die rechte Hand, in der er die Pistole hielt. Und er schoß!

Obwohl Brading vom Mündungsblitz geblendet und vom Knall betäubt war, hörte er oder glaubte er vielmehr den wilden, schrillen Ruf des Pumas zu hören, der so menschlich klingt und so teuflisch erscheint. Er sprang aus dem Bett, zog sich hastig an und stürzte mit der Pistole in der Hand aus der Tür, wo ihm schon ein paar Männer begegneten, die von der Straße heraufgerannt kamen. Nach einer kurzen Erklärung untersuchten sie vorsichtig die Umgebung des Hauses. Vom Tau war das Gras feucht; unter dem Fenster war eine ziemlich große Stelle heruntergetreten, und von dort führte eine gewundene, im Licht deutlich erkennbare Spur ins Gebüsch hinein. Einer von den Männern strauchelte und fiel auf die Hände; als er aufstand und sie aneinanderrieb, waren sie glitschig. Bei näherem Hinschauen zeigte sich, daß sie blutverschmiert waren.

Ein Zusammentreffen mit einem angeschossenen Puma war nicht nach dem Geschmack der unbewaffneten Männer; alle kehrten um – bis auf Brading. Mit Laterne und Pistole drang er mutig in den Wald vor. Nachdem er sich durch dichtes Gestrüpp gearbeitet hatte, gelangte er auf eine kleine Lichtung, und dort wurde sein Mut belohnt, denn er fand den Leichnam seines Opfers. Aber es war kein Puma. Was es war, darüber gibt ein verwitterter Grabstein auf dem Dorffriedhof sogar noch heutigentags Kunde, und viele Jahre lang wurde es täglich am Grabhügel durch die gebeugte Gestalt und das gramzerfurchte Gesicht des alten Marlowe bezeugt: Friede seiner Seele und der Seele seines seltsamen, unseligen Kindes! Friede und Wiedergutmachung!

Nachwort

Das Rätsel Bierce
Biographischer Essay
von Elisabeth Schnack

Das Rätsel Bierce

Daß Bierce geboren wurde und existiert hat, wird bestens bezeugt durch sein Werk, aber daß er starb, beweist kein Totenschein und kein Augenzeugenbericht. Wenn er noch lebte, wäre er jetzt 134 Jahre alt. Das ist die eine Seite des Rätsels Bierce: sein freiwilliges Untertauchen und Verschwinden in den Wirren Mexikos. Ebenso eigenartig ist sein Leben oder vielmehr das Bild, das sich seine Zeitgenossen von ihm machten: ›Bitter Bierce‹ nannten sie ihn, als er, jung an Jahren und glücklich verheiratet, von San Franzisko nach London zog und als Journalist berühmt wurde. Wie all solche Beinamen bezeichnet auch ›Bitter Bierce‹ nur eine Facette seines vielfältigen Wesens, nur ein einzelnes, in die Augen springendes Merkmal, das nicht den ganzen Menschen erfaßt. Von nachplappernden Kritikern als Menschenfeind verschrien, war er vielmehr ein Moralist unter dem Deckmantel des Satirikers, der die Mißstände seiner Zeit geißelte, weil ihm am Wohl der Menschheit lag. Es wurde ihm auch vorgeworfen, daß häufig der Tod das Motiv seiner Geschichten sei und daß ihn einzig das Thema Tod faszinierte – er war jedoch fasziniert von der psychischen Reaktion des Menschen gegenüber dem Tod und dem Sterben. Ebenfalls wurde ihm angehängt, er sei ein Nein-Sager – aber niemand konnte kräftiger als Bierce Ja sagen zu allem, worauf es wirklich ankam an hohen Werten im Menschenleben – und Nein zu allem, was morsch und falsch war. Das törichte Kennwort ›Bitter Bierce‹

hat jahrzehntelang der Erkenntnis seiner wahren Größe geschadet, denn selbst manche seiner zahlreichen Biographen glaubten sich berechtigt, den Menschen Bierce und seinen Charakter nicht nur zu beurteilen, sondern verurteilen zu dürfen – oder was sonst bedeuten die Worte, daß ›ihm nur noch die Wahl geblieben sei, sich zu ändern oder zu sterben‹. Mit dem Namen ›Bitter Bierce‹ glaubten sie ihn ein für allemal abgestempelt zu haben, nahmen in ihren Biographien auch Gerüchte und gehässigen Klatsch auf und behaupteten zu wissen, was Bierce in der und jener Situation ›gedacht‹ habe.

Um so größer ist die Überraschung, wenn man einen Band seiner *Briefe* liest (etwa den von B.C. Pope herausgegebenen, der auch das *Memoir* seines Schülers George Sterling enthält); da meint man, einen ganz anderen Menschen vor sich zu haben, so besorgt, so freundlich und liebevoll schreibt Bierce an seine unzähligen Freunde und Freundinnen. Hier ist der als ›Bitter Bierce‹ so gefürchtete und verhaßte Kritiker auf einmal der freundlichste der Freunde, von dem ein Mitarbeiter, Hugh Hume von der Zeitung *Wave,* erzählt: ›Bei unsern Wanderungen zu den vielen Höhenkurorten, die wir besuchten, wurde Bierce überall mit der größten Ehrerbietung begrüßt. Er war der sanfteste und vornehmste Gentleman, dem ich je begegnet bin. Nie habe ich einen Schriftsteller kennengelernt, dessen Feder und dessen Zunge so gänzlich entgegengesetzte Gedanken äußerten.‹ – Als ob es verwunderlich wäre, daß bei einer Künstlernatur das Pendel sehr weit nach der einen wie nach der andern Seite ausschlägt – weiter als bei Durchschnittsmenschen! Als Bierce einmal erklärte, ein Schriftsteller sei ein Sünder und ein Heiliger, ein Held und ein elender Wicht, hat er vielleicht ein Bild seines eigenen komplizierten Wesens geben wollen.

Das ›Rätsel Bierce‹ soll hier nicht gelöst werden, wohl aber kann anhand seines Werks, seiner Briefe und einiger Biographien eine Deutung dieses ungewöhnlichen Menschen und Schriftstellers versucht werden. An Biographien lagen uns vor: die ausführliche Arbeit des Bierce-Forschers Paul Fatout, die neuere Studie von Richard O'Connor und das kürzere Buch M.E. Grenanders, ein Tatsachenbericht, der alle andern an Einsicht und Zuverlässigkeit übertrifft.

Spricht man von Bierce und vom ›Rätsel Bierce‹, dann stellt sich als erstes die Frage ein: warum mußte er, der eines Tages nach Mexiko ging und nie zurückkehrte, einen Tod sterben, wie er einsamer nicht sein konnte? Doch wenn man sich in das Wesen dieses urwüchsigen, unverbrauchten Mannes mit dem Temperament eines Revolutionärs vertieft, der unter der Überempfindlichkeit seiner Dichternatur litt, dann erscheint sein Sterben als folgerichtig und unvermeidlich. Betrachten wir seine Herkunft und Jugend, dann ergeben sich sogleich verschiedene Aspekte, die für das Verständnis seines späteren Lebens von Wichtigkeit werden und die beweisen, daß der vielgeschmähte Mann auch einen sehr menschlichen Alltag erlebte, der ihn von seiner liebenswürdigsten Seite zeigt – der also nicht nur ein Gehirn war, das überspitzte Definitionen und Epigramme hervorbrachte.

Geboren wurde Ambrose Bierce am 24. Juni 1842 auf einer ärmlichen Farm in Meigs in Ohio als eins von dreizehn Kindern, von denen einige früh starben; dadurch wurde Ambrose der Jüngste, er war aber nicht etwa das Nesthäkchen. Seine Mutter hatte einen andern Lieblingssohn, und Ambrose stand sich nicht weiter gut mit ihr. Daß der Mann in der Geschichte *Der Mann und die Schlange* mit den Augen seiner Mutter angestarrt wird, muß auffallen, selbst wenn man nicht überall psychoanalytischen Erklärungen nachspürt; offenbar hatte sich Ambrose auch darüber geärgert, daß seine Mutter ihm die Lüge vom Weihnachtsmann auftischte – ein Vergehen, das ein Junge wie Ambrose nie vergessen konnte. Besser stand er sich wohl mit seinem querköpfigen Vater, der all seinen Kindern Namen mit dem Anfangsbuchstaben A gab (weil er in der Dichtung die Alliteration liebte), wenn er ihnen auch sonst nicht viel zu geben hatte – außer einer rauhen und handgreiflichen Erziehung. Für einen einfachen Farmer, der noch wahre Pionierarbeit leisten mußte, um seine Farm der Waldwildnis abzuringen, besaß er eine erstaunlich gediegene Bibliothek, in der Ambrose eifrig herumstöberte: dem Zehnjährigen war der Homer in Popes Übersetzung bekannt. In der Schule war Ambrose durchaus keine Leuchte. Von der Schulweisheit hielt er ebensowenig wie von der strengen Kirchgängerfrömmigkeit seiner kalvinistisch erzogenen Eltern, die beide aus Neu-England stammten und außer dem regelmäßigen Gottesdienst auch alle Erweckungspredigten besuchten. Um der großen Armut zu entrinnen, zog die Familie nach Indiana, wo die elterliche Farm in einer reizvollen Umgebung lag, in hügeligem, bewaldetem Gelände, ähnlich dem in der Geschichte *Geeignete Umgebung*. Als Einzelgänger streifte Ambrose mit seinem empfänglichen und für alles Schöne offenem Gemüt durch die Wälder, schwamm und ruderte, denn Seen gab es zu Dutzenden, und genoß das Leben in der Natur allein oder mit seinem zwei Jahre älteren Bruder Albert, Grizzly genannt, mit dem er auch täglich den drei Meilen weiten Weg zur Schule in Warsaw zurücklegte.

Warsaw war damals ein erbärmliches Nest mit dreihundert Einwohnern, doch es besaß eine Bibliothek, die sogar Vater Bierce benutzte, um sich dort Gedichte von Byron und anderen Dichtern auszuleihen. Kein Wunder, daß Ambrose bei so einem Vater zu Tagträumen neigte. Übrigens war er ein hübscher Junge mit blitzblauen Augen und blonden Locken, der auch bei wilden Streichen mitmachte. In der Geschichte *Das mit Brettern vernagelte Fenster* begegnet uns ein Junge, der ein Abbild des jungen Ambrose sein muß, wie er ein verlassenes Blockhaus aufstöbert und Steine ins Fenster wirft, halb überzeugt vom bedrohlichen Vorhandensein eines Geistes. Sein Sinn für das Übernatürliche hatte sich schon früh in unheimlichen Träumen geäußert, die später auch in seinen Erzählungen auftauchen – vielleicht angeregt durch den Spiritismus, der damals in seiner Heimat stark verbreitet war.

Mit fünfzehn Jahren hatte der Rebell Ambrose den Zwang des Elternhauses satt. Er verließ die Farm, arbeitete in Warsaw als Setzerlehrling für eine Antisklaverei-Zeitung und schrieb selber seine ersten kleinen Beiträge – vielleicht der Beginn einer literarischen Laufbahn, denn er verfaßte auch Gedichte, die er seiner Freundin Tima widmete, einem hübschen, gleichaltrigen Mädchen. Aber nach zwei Jahren hatte er genug von Warsaw: er wollte weg, wollte sogar den Staat verlassen. Die Eltern baten Ambroses Onkel Lucius um Rat, den Bruder des Vaters, der von ganz anderem Format war als Vater Bierce. Er war ein ehrgeiziger und energischer Mann, der studiert hatte und Anwalt und Bürgermeister von Akron wurde, sich selbst zum General ernannte und mit 180 Mann nach Kanada einfiel, um die Engländer zu bekämpfen. Er wurde unter schweren Verlusten zurückgeschlagen, aber mit dreißig Mann konnte Lucius sich retten. Dank des militärischen und politischen Ansehens, das er genoß, erregte er die Bewunderung des jungen Ambrose. Er hatte nämlich auch dem berühmt-berüchtigten John Brown Waffen verschafft und ihn nach der Hinrichtung vor einer Massenversammlung in Akron in einer Rede gepriesen. Später, nach Präsident Lincolns Appell, ein Freiwilligenheer aufzustellen, drillte Lucius zwei Kompanien Soldaten und führte sie nach Washington. Auf seine Empfehlung hin ging Ambrose willig zur Militärakademie in Kentucky, wo sich der damals Siebzehnjährige bei militärischem Drill eine straffe Haltung erwarb, die ihn sein Leben lang auszeichnete, und wo er Kartenlesen und Kartenanfertigen erlernte. Nach einem Jahr verließ Ambrose die Militärakademie, blieb in Warsaw und brachte sich mit Gelegenheitsarbeiten durch, bis er zum Ärger seiner Eltern und andrer rechtschaffener Leute als Barkellner auf eine bedenklich tiefe Stufe sank. Selbst seine Freundin Tima, ein lebenslustiges, leichtsinniges Ding, konnte den mürrischen, weder mit ihr noch mit sich selbst zufriedenen Ambrose verstehen. Endlich bot sich seiner inneren Unrast ein klares Ziel: 1861 brach der Bürgerkrieg aus, und Ambrose meldete sich sofort: als Kind und Jüngling war nichts von ihm verlangt worden – aber als Soldat konnte er sich bewähren. Schon bald zeichnete er sich aus und wurde als noch sehr junger Mann zum Vermessungsoffizier ernannt. Nachdem er einen tödlich verwundeten Kameraden aus dem feindlichen Kugelhagel gerettet hatte, wurde er befördert. Durch den Krieg wurde Ambrose Bierce zum Mann – und zum späteren Erzähler und einzigen Chronisten jener Jahre. Im Herbst und über den Winter lag das Regiment in Ruhestellung in den Bergen Westvirginias, und Bierce war so entzückt von der großartigen Natur, daß er sie stets in sehnsüchtiger Erinnerung behielt. Später verherrlichte er diese Gegend in seiner Erzählung *Am Himmel ein Reiter,* die mit ihren genauen landschaftlichen Einzelheiten den Eifer des jungen Vermessungsoffiziers beweist. Im Februar lernte er den Krieg dann ernstlich kennen. Das Neunte Indiana-Regiment war dem General Hazen unterstellt, der bald Ambroses Ideal, sein Lehrer in der Kriegskunst und später sein Freund wurde – ein Berufssoldat, der den Freiwilligen die Nachlässigkeit austrieb und der, laut Bierce, ›der Schrecken jedes unwürdigen Burschen wurde‹. Ein Erlebnis aus den Anfängen des Krieges beschreibt Bierce in der Erzählung *Die Spottdrossel:* er mokiert sich über die unsoldatische Art der Freiwilligen, sich nachts ohne Kleider schlafen zu legen und nicht einmal Vorposten aufzustellen, so daß ›viele von Grants Soldaten so nackt wie Zivilisten waren, als sie auf die konföderierten Bajonette aufgespießt wurden‹.

Im Hin und Her des vier Jahre währenden Krieges hat Bierce mancherlei gelernt. Er war im Grunde gegen den Bruderkrieg, und seine Einstellung ist nicht die übliche, haßerfüllte gegen den Feind. Obwohl er auf seiten der Union kämpfte, konnte er aber in den tapferen Konföderierten auch Menschen und Leidensgenossen sehen. Die erlebten Schrecknisse belehrten ihn über die große Sinnlosigkeit des Krieges, so daß er vom ›Feld der Ehre‹ ironisch spricht. Er durchschaut die Hohlheit des militärischen Ehrenkodex und erkennt die Selbstgefälligkeit der Elite, die er besonders in den Geschichten *Ein sonderbarer Offizier* und *Ein Vorposten-Gefecht* anprangert: hohe Offiziere opferten das Leben ihrer Mannschaften, um einen Rivalen auszustechen und selber Ruhm zu ernten, damit sie später eine politische Machtstellung ergattern konnten. Mitten im Kampf hatte Bierce ein Auge für das Verhalten jedes einzelnen, für den Starrsinn getadelter Offiziere, für aufopferndes Verhalten, für Angst und Überwindung der Angst und für die verdrießliche Stimmung, die wegen der Unsicherheit der Führer ein ganzes Heer ergreifen kann. Mit dem Blick des Topographen überschaut Bierce das Gelände und nimmt unter Lebensgefahr alle Vorteile und Hindernisse auf. So sehr ihn das Abenteuer des Krieges mitriß, so heftig verurteilte er die Willkür der Grausamkeiten, die, wie es später in der Erzählung *Einer von den Vermißten* heißt, auch Witwen und Waisen nicht schonte. Obwohl er seinen Kameraden meistens zurückhaltend und kühl vorkam, brach er, als sein Kommandeur fiel, in Tränen aus und trug ihn unter schwerstem Beschuß in Sicherheit. Er machte die großen Schlachten bei Shiloh und am Chickamauga-Creek mit und erhielt seinen ersten Urlaub.

In Warsaw verkündete Tima ihre Verlobung mit Leutnant Bierce. Aber beinah ebensoviel Zuneigung wie für Tima empfand Ambrose für Timas Schwester Clare, was er in seinen Briefen an sie festhielt und in seiner Eifersucht wegen der flatterhaften Tima mit allem Ernst betonte. Als er wieder beim Heer war, hatte er erneut Anlaß, bei Picket's Mill die Kriegsführung der Unionisten und ihre folgenschweren Irrtümer zu beobachten. In der Schlacht am Kennesaw Mountain wurde er schwer verwundet; sein Bruder Albert war in der Nähe und konnte ihm einen Notverband anlegen. Bierce blieb wochenlang in Tennessee im Hospital und verlebte dann einen längeren Urlaub zu Hause, noch immer unter Schmerzen und mit verbundenem Kopf. Die flirtende Tima brachte ihn zur Verzweiflung. Es kam zum Zerwürfnis und zur Trennung – ein Erlebnis, das bei dem romantisch veranlagten Ambrose zu unverhältnismäßig tiefgreifenden Folgen auf seine Ansichten über die Frauen führte. Noch bevor sein Urlaub abgelaufen war, kehrte er, nicht ganz ausgeheilt, zu seinem Regiment zurück und neigte noch jahrelang zu Ohnmachtsanfällen, wenn er erregt oder übermüdet war. Im Herbst geriet er im Morast am Coosa-Fluß in Gefangenschaft: er berichtet sehr lustig, wie die Angehörigen des Mannes, der ihn in seinem Sumpfversteck aufgestöbert hatte, den ausgehungerten Unionssoldaten bewirteten und schlafen ließen, und wie ihm die Flucht gelang.

Bei Kriegsende sah sich Bierce vor die Frage gestellt, ob er Berufssoldat werden solle. Er übernahm zunächst den Auftrag, in Alabama den teilweise im Stich gelassenen Besitz der Konföderierten, vor allem

Baumwolle, für das Schatzamt der Union zu konfiszieren. Neben vielen andern Agenten mußte er in einem Staat, in dem Chaos und Korruption herrschten, Tausende von versteckten Baumwollballen sicherstellen – eine lebensgefährliche Aufgabe, denn den Unionsbeamten, die sich nicht bestechen ließen, drohte ständig die Ermordung aus dem Hinterhalt. Aber Bierce lernte in Selma auch sympathische konföderierte Gentlemen kennen und verbrachte fröhliche Abende mit ihnen: er war schon damals ein trinkfester Zecher. Dort in Selma begann er 1865 an seinen ersten Asthmaanfällen zu leiden, vielleicht infolge der Strapazen des Krieges und des ungünstigen Klimas. Sein Freund und Kamerad aus Kriegszeiten, Hauptmann Eaton, der jetzt sein Vorgesetzter war, hatte sich aus dem üblen Selma verzogen und sein Hauptquartier nach New Orleans verlegt, wo Bierce ihn wiederholt besuchte.

New Orleans besaß noch den ganzen Zauber aus kreolischen Zeiten und hatte noch nicht unter den Rassenkrawallen gelitten, die die rachsüchtigen Radikalen aus dem Norden später auf dem Gewissen hatten. Bierce genoß die heitere, südländische Atmosphäre. Er unternahm auch eine Schiffsreise nach Colon in Panama, wo er mit allen Sinnen seines empfänglichen Gemüts zum erstenmal die Tropen erlebte. Mit der Bahn fuhr er durch die von Malaria verseuchten Sümpfe im Isthmus nach Panama-City und notierte: ›Alles wächst so üppig, echt exotisch, dicke Zitronen, Granatäpfel, Mangos und Ananas, und das kuriose alte Städtchen ist so überfüllt, daß es fast ins Wasser purzelt.‹ Sein Bericht weist eine erheiternd falsche Orthographie auf, ist aber von einer Lebendigkeit der Anschauung und einer Frische der Beobachtungen, dazu von einem visionären Erfassen des Ganzen, wie sie nur einem Künstler eigen.

Nach seiner Rückkehr findet er einen Brief von General Hazen vor, der ihn auffordert, sich im folgenden Sommer (1865) als Topograph an einer Expedition durch Indianer-Land zu beteiligen, zu der ihn das Kriegsministerium abkommandiert hatte: damit böte sich außerdem für Bierce die Möglichkeit, ins reguläre Heer einzutreten, meinte Hazen. Für Bierce verhieß das einen herrlichen Erkundungsritt durch die schönsten Gegenden Amerikas. Er bat um Entlassung aus seinem bisherigen Posten und verlebte ein paar Monate bei seinen Eltern auf der Farm, wo sich auch sein Bruder Albert eingefunden hatte, der im Münzamt in San Franzisko eine staatliche Anstellung suchen wollte.

Im Juli 1866 schloß sich Ambrose in Omaha der geplanten Expedition an, zu der, neben den beiden Offizieren, eine kleine Kavallerieabteilung und ein Koch und ein Fuhrmann gehörten. Sie ritten den Platte-River stromauf zum Fort Kearney. Während des gesunden, einfachen Lebens im Freien besserte sich Bierces Asthma. Die Expedition war ganz nach seinem Herzen. In den verschiedenen Forts konnten sie nach den Strapazen ausruhen, und der dortigen Besatzung waren sie als Abwechslung in deren eintönigem Dasein sehr willkommen. Sobald die Kavalkade die Spuren der ersten Pioniere hinter sich gelassen hatte, begann Bierce mit der Vermessung des Landes, ›jeden Berg erklimmend, jeden Fluß durchschwimmend‹. Wie einer seiner Biographen vermutet, war jedoch die Expedition nur deshalb vom Kriegsministerium angeordnet worden, um General Hazen in die Wildnis zu schicken, ferne von allen Medien, denen er seine Ansicht über die Kriegsführung der Generäle Grant, Sherman und Sheridan hätte mitteilen können, denn Hazen hätte sich bestimmt nicht zum Schweigen verpflichtet gefühlt.

Als die Reisenden das Fort Smith am Fuß der Big Horn-Berge erreicht hatten, wurde ihnen befohlen, über Salt Lake City nach San Franzisko und Panama zu gehen. Bierce spottete über die typische Inkonsequenz, Hazen aber setzte sich über den Befehl hinweg und behielt die Nordwestroute bei, den Little Missouri aufwärts, ohne sich um feindliche Indianer zu kümmern. In seinem Bericht *Across the Plains* beschreibt Bierce, daß sie im Flußtal des Yellowstone noch Elche zu Hunderten gesehen hätten, doch je näher sie dem Hochgebirge kamen, desto knapper wurde das jagdbare Wild, was sie nicht hinderte, staunend die herbe Schönheit der Natur zu genießen. Von Fort Benton ritten sie in nördlicher Richtung durch die Rocky Mountains nach Helena, dann südlich nach Salt Lake City, der Mormonensiedlung. Die anfänglich verfolgten Mormonen waren auch zu Bierces Zeiten noch unbeliebt, er aber hielt sie ›nach den Juden und den Chinesen für das achtbarste Volk‹. Zehn Tage lang wurden sie gastfreundlich bewirtet und bewunderten die Zuverlässigkeit und den Gehorsam der Mormonen. Nachdem sie Reno passiert hatten, nahmen sie die Sierras in Angriff, die letzte Bergkette und Schranke, die sie vom Stillen Ozean trennte. Bierce berichtet vom Ritt um den schönen Lake Tahoe und von ihrem Camp an der gleichen Stelle, wo vor knapp zwanzig Jahren die unseligen Donners aus Hunger zu Kannibalen geworden waren. Bierce kann es sich nicht versagen, eine gruselige Pointe anzubringen: ›Im flackernden Licht und in den tanzenden Schatten unsres Lagerfeuers hörte ich zum erstenmal von den Vorfällen jenes furchtbaren Winters und bildete mir ein, im Geruch des über dem Feuer röstenden Fleisches etwas ausgesprochen Unheimliches zu spüren. Das Fleisch, das die Donners hier gebraten hatten, glich nicht dem unsrigen. Pardon: ich meine, es glich nicht dem, das wir brieten.‹

Die anstrengende Reise wurde leichter, und ab Sacramento fuhren sie im November auf dem Flußdampfer nach San Franzisko. Dort wartete eine Enttäuschung auf Bierce: er hatte mit einer Ernennung zum Hauptmann gerechnet, doch wegen der großen Zahl an Offizieren konnte ihm nur ein Posten als Leutnant angeboten werden. Hazen war empört, und Bierce verzichtete auf die Laufbahn als Berufssoldat. Es war ein folgenschwerer und bedeutsamer Entschluß.

Bis dahin war Bierce der abenteuerlustige, unbestechliche und aufmerksame Beobachter seiner Umwelt gewesen, der zwar die Disziplin des Soldatenlebens genossen hatte, aber mit seinem hellen Verstand alle Übelstände erkannte und geißelte, ein Mann, der dank seiner Sensibilität und seiner Freude am Schreiben schon bald auf die Laufbahn eines Dichters und Künstlers hätte geführt werden können, wenn nicht der Zufall anders entschieden hätte, der Zufall, den Ambrose Bierce als Leitstern seines Lebens ansah. Wie er sich ihm stellte, auf unerschrockene und soldatische Art ihm gegenübertrat, sollte sich im Verlauf seines weiteren Lebens zeigen.

Nach dem Goldrausch war San Franzisko eine Metropole mit beispiellosem Reichtum und Luxus – und mit einem korrupten Verwaltungs- und Gerichtswesen geworden. Bierce, der sensible Künstler und unbestechliche Moralist, geriet in eine Zeit industriellen Umbruchs und der wachsenden Macht der Millionäre, wo sich der bissigste Journalismus mit Waffen befehdete, die im Osten und in England als unerhört galten. Es war eine Situation, die den gewesenen Kämpfer der Bürgerkriegsjahre zu andern Kämpfen lockte. Er wurde Journalist! Was er vom Journalismus hielt, sagte er selbst: ›Er ist so minderwertig, daß er mit der Literatur nicht in einem Atemzug genannt werden kann, doch mag er als Mittel zur Reform benutzt werden. Literatur dagegen ist Kunst, sie hat nichts mit Reformen zu tun, und wenn sie als Mittel benutzt wird, leidet sie darunter.‹ Damit hat Bierce das Urteil über die Tätigkeit der nächsten zehn Jahre seines Lebens gefällt, in denen er als Journalist bald zum ›Allmächtigen Gott Bierce‹, zum ›boshaftesten Menschen San Franziskos‹, zu ›Gottes Sekretär‹, zum ›meistgehaßten und meistgeliebten Mann in Kalifornien‹ wurde – und was dergleichen bissiger Ehrennamen mehr waren. Was er an Ruf gewann, verlor er an Tiefe: damals war der satirische Stil im Journalismus nicht nur beliebt – er wurde verlangt, vom Redakteur wie vom Leser.

Doch ehe Ambrose Bierce in dieser Knochenmühle zermalmt und wieder zusammengesetzt wurde, war er erst einmal hingerissen von der Lage und der schönen Umgebung der Stadt, in der auch sein Bruder Albert war. Ambrose bewarb sich um einen Posten beim Schatzamt und begann sofort mit dem Selbststudium, denn noch war er ein unbeschriebenes Blatt, ein unbekannter Name in einer Stadt literarischer Berühmtheiten wie Bret Harte und Mark Twain, Joaquin Miller und C.W. Stoddard, die alle im Salon der Dichterin Ina Coolbright verkehrten. Bierce verbesserte seine literarischen Kenntnisse, seinen Wortschatz und seine Sprache, wobei ihm ein gelehrter Engländer namens Watkins mit seinem Rat beistand und ihn auf Swift, Shakespeare und Thackeray und auf La Rochefoucauld, Voltaire und Balzac hinwies. Watkins, der einen gepflegten Stil schrieb, war Herausgeber der Zeitschrift *Newsletter*. Bierce fühlte sich angeregt, selbst zu schreiben, und verfaßte Gedichte, erzählte aber später einmal: ›In meinen Jugendjahren stellte ich eines Tages fest, daß ich kein Poet sei. Es war der bitterste Augenblick meines Lebens.‹ Er zog es bald vor, zur Prosa überzugehen, und schickte verschiedenen Zeitungen kleine Beiträge. Als Watkins sich Ende 1868 zur Ruhe setzte, empfahl er dem Besitzer der Zeitung, Bierce auf seinen Posten als Redakteur zu berufen. Bierce nahm an und wurde gleichzeitig auch zum Kolumnisten der regelmäßig erscheinenden Spalte *The Town Crier*, die bald durch Bierces beißenden Witz berühmt wurde. Da er nicht mehr als Soldat kämpfen konnte, setzte er jetzt einen Kampf mit andern Mitteln fort: den Kampf mit der Feder. Er verfaßte auch fünf größere Beiträge, die *Grizzly Papers*, die 1871 im *Overland Monthly* erschien, und darauf folgte seine erste Erzählung *The Haunted Valley*.

Nach seiner Ankunft in San Franzisko war sein Asthma wieder aufgeflackert, deshalb war Bierce in den kleinen Kurort San Rafael gezogen. Dort hatte er bald einen großen Bekanntenkreis, zu dem auch viele Damen gehörten, denn ja mehr er im *Town Crier* die Damen kritisierte, desto mehr fühlten sie sich zu ihm hingezogen. Anfang 1870 lernte er die hübsche Mollie Day kennen und machte ihr den Hof. Zusammen mit ihren Freunden veranstalteten sie Picknicks und Kahnfahrten, und Bierce war beinah übermütig glücklich. Mollies Vater war ein Pionier aus der Zeit des Goldrauschs und ein Bergwerksbesitzer, der meistens allein in Virginia City lebte und es sich leisten konnte, seine Frau und seine Kinder, eine Tochter und einen Sohn, an der Westküste wohnen zu lassen. Bierce nannte ihn ›The Grand Old Man‹ und schätzte ihn sehr – um so weniger schätzte er Mollies Mutter, die für Mollie ehrgeizige Pläne hatte und durch eine entsprechende Heirat eine Gesellschaftsdame aus ihr machen wollte. Deshalb war sie dagegen, daß Mollie den ›Boshaften Bierce‹ heiratete. Doch Mollie setzte ihren Kopf durch, und im Dezember 1871 fand die Trauung statt. Mollie und Ambrose verlebten ein paar frohe Monate in San Rafael. Ambrose dachte nicht daran, Mollie auszuführen und zu Bällen zu begleiten, wie sie es gewöhnt war. Er zog die Gesellschaft seiner literarischen Freunde vor. Da ihm sein Schwiegervater als Hochzeitsgeschenk einen Auslandsaufenthalt zugesichert hatte und da Ambrose Bierces Ruhm bis nach England gedrungen war, kehrte das junge Paar Kalifornien den Rücken, unterbrach die Bahnfahrt in Elkhart, um Mollie mit Ambroses Familie bekanntzumachen, und fuhr weiter nach England, versehen mit Einführungsbriefen an Londoner Schriftsteller und Journalisten. In London suchte Bierce alle Sehenswürdigkeiten auf und schickte Beiträge darüber an das Blatt *Alta California* in San Franzisko. Von Londons literarischem Leben war er begeistert. Er fand eine warmherzige Aufnahme. Es war seine glücklichste Zeit – bis seine Schwiegermutter erschien.

Bierce hatte sehr bald begonnen, für verschiedene Zeitungen der Fleet Street zu schreiben und die täglichen Bierreisen seiner Journalistenfreunde mitzumachen. Der große Mann in diesem Kreis war Sala, einer der geschicktesten Journalisten mit blendendem satirischem Witz. Eine andere bekannte Figur war Tom Hood mit seinem bissigen Humor. Vier Jahre lang war Bierce Mitarbeiter beim *Fun,* dem Wochenblatt seines Freundes Hood, und bei dem Witzblatt *Figaro*. Für beide Zeitungen schrieb er Humoresken und wurde bald ein so berühmter Satiriker, daß er bei einem Bankett in der Fleet Street neben Mark Twain und Joaquin Miller einer der drei Ehrengäste war.

Weil sich Bierces Asthma im feuchten Londoner Klima verschlechterte, zogen sie im Dezember 1872 nach Bristol, wo ihr erstes Kind zur Welt kam, ein Sohn, Day genannt. Mollies Mutter traf im Sommer 1873 bei ihnen ein, und im Herbst reiste die ganze Familie für einen Monat nach Paris. Nach der Rückkehr wohnten sie in Bath. Bierce hatte Freude an der Umgebung und an den römischen und keltischen Ruinen, doch meistens war er bei Freunden in London. Zwar fand er es nett, ein Kind im Haus zu haben, doch bald entdeckte er, daß ihn das Familienleben von der Arbeit ablenkte. In Leamington wohnten sie über ein Jahr. Dort wurde 1874 ihr zweiter Sohn Leigh geboren. Die Schwiegermutter lebte noch immer bei ihnen, und Bierce fuhr begreiflicherweise immer häufiger nach London.

Auch Buchverleger bemühten sich jetzt um Bierce. Sein erster Verleger, Hotten, ein berüchtigter Autoren-Ausbeuter, brachte 1873 Bierces erstes in London gedrucktes Buch heraus, *The Fiend's Delight,* das einen Teil seiner überarbeiteten Humoresken und Satiren enthielt. Der Verlag Chatto veröffentlichte ein weiteres Buch, *Nuggets and Dust* betitelt, und ein drittes, *Cobwebs from an empty Skull,* erschien 1874 bei Routledge und enthielt kleine Aufsätze über England, die neben ihrem literarischen Wert auch von psychologischem Interesse sind, da ihnen der scharfe Ton seiner kalifornischen Essays fehlt. Sie beweisen, wie gut es für Bierces weitere Entwicklung gewesen wäre, hätte er in England bleiben können. Allerdings ließ seine allzu große Vorliebe für England allmählich ein wenig nach. ›Wir arbeiteten zu schwer, aßen zu gut, besuchten zu viele Klubs und gingen erst spät am Vormittag zu Bett. Wir vergossen zuviel Rebenblut, kurz und gut: wir brannten die Kerze nicht nur an beiden Enden, sondern auch in der Mitte‹, erklärte er später.

Der Redakteur des *Figaro* forderte Bierce auf, der in England lebenden Kaiserin Eugénie einen Dienst zu erweisen und sämtliche Artikel für eine besonders zu diesem Zweck gegründete, prachtvolle Zeitschrift, *The Lantern,* zu schreiben, die die Angriffe gegen die Kaiserin in der französischen Zeitschrift *La*

Lanterne bekämpfen wollten. Bierce willigte ein, doch als es darum ging, sich der Kaiserin persönlich vorzustellen und ihren Dank zu empfangen, streikte Bierce: ihm war es schon ärgerlich genug, daß er als Werkzeug benutzt worden war, denn nach zwei Nummern stellte *The Lantern* ihr Erscheinen ein, weil sie ihren Zweck erfüllt hatte.

Mollie lebte inzwischen, da ihre Mutter endlich nach Kalifornien zurückgekehrt war, mit ihren beiden kleinen Kindern allein auf dem Lande und vereinsamte. Im Frühling 1875 fuhr sie mit den Kindern zu ihrer Mutter, angeblich nur für ein paar Monate. Bierce zog nach London und empfand die Trennung schmerzlich. Er fühlte sich gesundheitlich nicht wohl, und überarbeitet war er auch. Erst im Sommer erfuhr er, daß Mollie ihr drittes Kind erwartete und es in Kalifornien zur Welt bringen wollte. Deshalb verließ Bierce London im Herbst, und damit hatte das Leben im geliebten Exil ein Ende.

In San Franzisko begab sich Bierce zunächst ins Haus der Familie Day zu Mollie und seinen Söhnen, aber sein Asthma wurde unangenehmer – zweifellos war es auch seelisch-nervöser Natur. Bereits nach ein paar Wochen wurde die Tochter Helen geboren, und weil das Familienleben unter der ständigen Anwesenheit der Schwiegermutter litt, zog Bierce mit seiner Familie nach San Rafael. Er bewarb sich um eine staatliche Stelle und konnte im Münzamt arbeiten, wo auch sein Bruder Albert angestellt war. Mit diesem liebenswerten Menschen stand Bierce stets auf gutem Fuß. Als Albert ihm mitteilte, daß ihr Vater lebensgefährlich erkrankt sei, schrieb Bierce einen Brief an seine Mutter: ›Meine arme Mutter, ich kann nicht ausdrücken, was ich empfinde. Du weißt, was ich sagen möchte, Du weißt, eine wie furchtbare Belastung dieser Kummer für mich ist, da ich nicht einmal den Trost habe, einem so guten Vater ein guter Sohn gewesen zu sein…ich kann nicht weiterschreiben, ich bin tränenblind.‹

Dieser Brief widerspricht allem Geschwätz, daß Ambrose Bierce seine Eltern verachtet habe, und beweist seine wahren Gefühle, denn ein Heuchler war er nie. Als sein Vater 1876 starb, schrieb Bierce wieder an seine Mutter: ›Ich habe so lange gezögert, Dir zu schreiben, nachdem ich Deinen traurigen Bericht über den schweren Schlag erhielt, der uns alle betroffen hat: es ging mir zu nahe, und ich konnte mir nocht nicht zutrauen, darüber zu schreiben…Hoffentlich bleibst Du jetzt nicht in Elkhart, sondern gehst mindestens ein paar Monate zu den Mädchen. Aber darüber hat Dir ja Albert bereits geschrieben und Dir meine und seine Ansicht mitgeteilt. Er weiß es besser als ich, und ich schließe mich in allem seiner besseren Einsicht an…‹

Anderthalb Jahre lang nahm Bierce am literarischen und journalistischen Leben San Franziskos wenig Anteil. Zwar verfaßte er dann und wann eine Spalte für den *Town Crier,* aber anscheinend hatte er den Journalismus aufgegeben. In San Franzisko war wegen der Arbeitslosigkeit der Gegensatz zwischen Arm und Reich immer schärfer geworden. Ein irischer Demagoge gründete eine Arbeiterpartei, die sich vor allem gegen die vier Besitzer der Central Pacific Railway und gegen die Tausende von chinesischen Arbeitern wandte, die sie für den Bau ihrer Bahn importiert hatten. Um den Iren zu bekämpfen, beschloß ein wohlhabender Republikaner, Frank Pixley, eine Zeitung zu gründen, den *Argonaut* (1877). Einer der beiden Herausgeber wurde Ambrose Bierce, der eine besondere Spalte begann, die er ›Prattle‹ (Geschwätz) nannte. Sie war wieder typisch Bierce, und seine Leser erwarteten voller Spannung seine witzigen und herausfordernd persönlichen Artikel. Sie entsprachen oft nicht den Absichten des ungebildeten Pixley. Bierce machte gewissermaßen den ganzen *Argonaut,* so reichlich waren seine Beiträge und Skizzen, Epigramme und Gedichte. In seiner wöchentlichen Spalte ›Prattle‹ schrieb er über Mord und Selbstmord, über Frauen und Geistliche und trat oft Pixleys Freunden auf die Zehen. Als ›Prattler‹ wetterte er gegen die Politiker und deckte Korruptionen auf, denn Bestechungen waren an der Tagesordnung, und Staatsbeamte waren von den Mächtigen der Central Pacific abhängig. Allmählich wurde er auch zum Entdecker junger literarischer Talente und zum Literaturpapst der Westküste.

Es wurde ihm oft vorgeworfen, er habe sich nicht genug um seine Familie gekümmert, doch er liebte seine Kinder auf seine Art und fand, man müsse ihnen möglichst viel Freiheit lassen. Er war nicht streng, jedoch autoritär, wenn etwas gegen seine innerste Überzeugung ging. Seine Frau mag vielleicht anderes von der Ehe erwartet haben, denn sie war in der Jugend ein geselliges Leben gewöhnt. Nun schuf sie sich, von ihrer Mutter unterstützt (die wieder zu ihnen gezogen war), einen eigenen Kreis, der dem so anders gearteten Bierce ein Greuel war. Er entfloh, so oft er konnte, mit der Fähre nach San Franzisko und ins Büro des *Argonaut.* Er wurde Mitglied und Sekretär des *Bohemian Club,* wo er als Weinkenner galt, doch im Grund lag ihm das Klubleben auch nicht. Falls er längere Zeit in San Rafael blieb, machte er ausgedehnte, einsame Spaziergänge und Radfahrten, oder er ging auf die Jagd, häufig mit dem Sheriff, einem urwüchsigen Rauhbein, dessen Erscheinen der auf eine gesellschaftliche Stellung bedachten Mrs. Day ein Dorn im Auge war.

Dann schien Bierce keinen Spaß mehr am feuilletonistischen Handwerk zu haben. Er gab die Arbeit für den *Argonaut* auf. Schon 1876 hatte er eine Karte vom Black Hills-Distrikt in Dakota gezeichnet, und 1880 wurde er Manager einer neu gegründeten Bergwerksgesellschaft, die in Rockerville eine Goldwäscherei in großem Stil betreiben wollte, falls das in einem Reservoir aufgestaute Wasser in Rinnen über eine sechzehn Meilen lange Strecke herbeigeschafft werden konnte. Vielversprechende Anfänge waren bereits gemacht, aber der mit den Aufträgen betraute Unternehmer namens West veruntreute die Löhne für die Arbeiter. Daß Bierce oft selber in lebensgefährliche Situationen geriet, wenn er Geldtransporter mit den Löhnen begleitete, machte ihm wenig aus – er hatte als Schutz gegen Straßenräuber einen Mörder gedungen –, aber gegen West konnte er nichts ausrichten. Die Gesellschaft geriet in Schulden, und Bierce wandte sich um Hilfe an seinen alten Freund Eaton, der der Rechtsberater der Firma in New York war. Obwohl Bierce nach New York fuhr und zwei Monate dort blieb, büßte er zuletzt noch Geld ein, und das ganze Unternehmen mißlang.

Bierce hätte seine Familie, sobald alles gut lief, sicher gern nach Rockerville geholt, doch jetzt blieb ihm weiter nichts übrig, als seine Journalistentätigkeit wieder aufzunehmen, nun aber nicht wieder für den *Argonaut,* sondern als Herausgeber der Wochenzeitung *Wasp,* für die er von 1881 bis 1886 arbeitete. Er schrieb seine Spalte ›Prattle‹ und lieferte schon einzelne Definitionen für das spätere *Wörterbuch des Teufels.* Seine Familie ließ er nach St. Helena kommen, während er selbst in der ›gesündesten Stadt Kaliforniens‹, in Auburn oder in noch höher gelegenen Orten wohnte und das Klima in Angwin und Los Gatos in den Santa Cruz-Bergen ausprobierte – bis er wieder die Redaktion der *Wasp* heimsuchte und mit Freunden die ›Cocktail-Route‹ absolvierte. Nach den kurzen Week-End-Besuchen bei seiner Familie nahm er oft Mollie oder eins der Kinder mit in die Berge. Auf seinen Wanderungen schloß er Freundschaft mit allem, was kroch und flog: er liebte Tiere, die von den Menschen im allgemeinen schlecht behandelt wurden, wie Katzen und Kröten, Schlangen und Eidechsen. Mit eigenartigen Lockrufen konnte er Vögel herbeirufen, die ihn umflatterten und sich auf ihm niederließen, wie Helen zu erzählen wußte. In Angwin wurde er von vielen jungen Menschen aufgesucht, darunter auch von der scheuen Carrie Christiansen, die er zur Lehrerin ausbilden ließ. Sie war eine Freundin der ganzen Familie, und dank ihrer Anpassungsfähigkeit und Einsicht wurde sie später in Washington Bierces Sekretärin, sein Faktotum und sein guter Geist.

Wenn das erste bedeutsame Ereignis in Bierces Leben der Bürgerkrieg war und das zweite seine Wahl des Journalistenberufs in San Franzisko, dann muß als dritte wichtige Entscheidung seine Zusage betrachtet werden, für den Zeitungsverleger W.R. Hearst zu arbeiten, denn von nun an betrafen Bierces Beiträge nicht länger nur die lokalen Belange, sondern er beeinflußte wichtige nationale Fragen. Die erste Begegnung mit dem später so mächtigen Zeitungskönig Hearst wirkte auf Bierce (in seinen Gesammelten Werken geschildert) allerdings eher harmlos und komisch. »Ein sehr junger Mann, überaus schüchtern, erklärte mir mit einer Stimme wie hörbar gemachter Veilchenduft, er sei vom *Examiner*. ›Sie kommen also von Mr. Hearst?‹ – Das unirdische Kind schlug seine blauen Augen auf und lispelte: ›Ich *bin* Mr. Hearst.‹« Doch dieser junge Mensch wußte, was er wollte: den *Examiner* umgestalten und zu einem Werkzeug machen. In seinem Namen sollte Bierce gegen die Central Pacific Railway vorgehen, weil deren vier Besitzer, an ihrer Spitze Huntington, ein Rückerstattungsgesetz durchdrücken und sich so ihrer Schuldenlast gegenüber dem Staat entledigen wollten. Huntington hatte jedoch nicht mit dem *Examiner* gerechnet, der allmählich eine Macht wurde. Im Laufe der Jahre versuchte Bierce immer wieder, sich von der Hearst-Presse zu trennen, weil seine Arbeiten manchmal manipuliert würden, aber es gelang Hearst mit seiner Freigebigkeit noch jedesmal, Bierce bei der Stange zu halten. Er wußte, was er an Bierce hatte. Erst 1909 trennte sich Bierce endgültig von Hearst, weil er damals mit der Herausgabe seiner Gesammelten Werke beschäftigt war. – Im *Examiner* erschien bald eine seiner besten Erzählungen: *Einer von den Vermißten,* auch eine Kriegsgeschichte.

In seiner Familie widerfuhr ihm ein Schicksalsschlag nach dem andern. Sein fünfzehnjähriger Sohn

Day wollte nicht länger die Schule besuchen und ging ohne Einwilligung der Eltern nach Red Bluff, um dort für eine Zeitung zu arbeiten. Mollie war todunglücklich und schickte Geld, aber Day wies es zurück. Bald danach entdeckte Bierce zufällig Liebesbriefe, die Mollie von einem Verehrer erhalten hatte, und obwohl sie beteuerte, wie harmlos und einseitig die Sache sei, erklärte Bierce, er ›ließe sich nie in einen Wettbewerb ein, selbst nicht um die Gunst einer Frau.‹ Nach einer furchtbaren Szene verließ er das Haus. Die Tochter Helen hat später versichert, daß sowohl ihr Vater wie ihre Mutter ein Leben lang unter der Trennung gelitten hätten, aber Bierce gab nicht nach – auch nicht, als er seinen Sohn Day verlor und der Kummer um den Toten die Eltern hätte zusammenbringen können. Day hatte die leichtsinnige, sechzehnjährige Eva Adkins heiraten wollen und bereits für die Trauung den 22. Juli 1889 festgesetzt, doch Eva hatte sich anders besonnen und am gleichen Tag heimlich Days Rivalen geheiratet. Als Day mit der Nachricht überrascht wurde, kam es zu einer Schießerei, und die beiden sechzehnjährigen Jungen (und nicht etwa das Mädchen) starben an ihren Verwundungen. Bierce brach fast zusammen – Day hatte seinen Vater rufen lassen –, aber als er vor der Leiche seines Sohnes stand, sagte er: »Bist eine edle Seele, Day! Hast recht getan!«

Auf die Tragödie folgte nicht, wie Mollie es gehofft hatte, eine Aussöhnung, sondern der endgültige Bruch. Bierce war so niedergeschmettert, daß er wochenlang keine Zeile schreiben konnte. Erst im Herbst verfaßte er die tragische Erzählung des

Hauptmanns Coulter *(Das Gefecht am Coulter-Paß),* der sich gezwungen sah, auf seine Frau, sein Haus und sein Kind schießen zu lassen. Bierce konnte den Gram um seine Frau und seinen Sohn nicht anders äußern; er war zu verschlossen, um sich seinen Freunden mitzuteilen.

Bierce hatte jetzt viele Freunde, die ihm mit der größten Achtung und Rücksicht begegneten. Allmählich erschienen wieder die Prattle-Beiträge, und 1891 machte er die Bekanntschaft des deutschen Emigranten Danziger, der ihn bat, eine von ihm übersetzte deutsche Novelle in eine bessere Form zu bringen und zu überarbeiten, da er nur eine sehr mangelhafte Kenntnis der englischen Sprache besaß. Sie erschien unter dem Titel *The Monk and the Hangman's Daughter.* Als Autoren wurden Bierce und Danziger genannt, was im Laufe der Jahre Anlaß zu endlosen Streitereien gab, denn Danziger behauptete später, der alleinige Verfasser zu sein.

Im Jahre 1892 veröffentlichte Bierce endlich seine berühmte Sammlung *Erzählung von Soldaten und Zivilisten,* die unter dem Eindruck des erlittenen Kummers entstanden waren. Zuerst hatte Bierce keinen Verleger finden können, bis sie dank der Unterstützung eines Freundes herausgebracht wurden. Von New York schrieb man ihm nach Erscheinen des Buches, daß er damit rechnen könne, ein amerikanischer Klassiker zu werden. Bedeutende Kritiker waren begeistert, und sein Londoner Verleger Chatto schlug für das folgende Jahr eine britische Ausgabe unter dem Titel *In the Midst of Life* (Inmitten des Lebens) vor. Sein Freund McEwen, der das Buch in der *Oakland Review* mit Lob überhäuft hatte, erklärte ihm aber, als sie beisammensaßen, der Verkauf des Buches sei nicht gesichert, denn nirgends in Bierces Erzählungen erschien ein hübsches Mädchen. »Zum Teufel mit den hübschen Mädchen!« spottete Bierce. – Eine ausführliche Würdigung der großartigen Geschichten und der Erzählkunst ihres Autors bringen wir am Schluß dieser Biographie. Bierce lebte wieder in seinem Bergnest Angwin, genoß die trockene Luft und wurde von immer mehr Verehrern aufgesucht. Im Sommer 1892 zog er mit ein paar Kisten seines kalifornischen Lieblingsweins ins Sommer-Camp seines Bruders Albert am Temescal-See bei Oakland, wo er in den nächsten Jahren noch öfters auftauchen sollte. Dort fand ihn einer seiner ergebensten Schüler, der junge Dichter George Sterling, den Bierce dann jahrelang beriet und förderte: seine Briefe an Sterling sind erhalten und zeugen von Bierces Hilfsbereitschaft und Güte – und auch von einer letzten Distanz, die er nie aufgeben wollte. Der (schon eingangs erwähnte) Briefband wird durch Sterlings *Memoir of Ambrose Bierce* eingeleitet, worin Sterling erzählt, wie er, von Sag Harbor im Staate New York kommend, von Bierces Geschichten fasziniert war, weil er sie mit soviel Zurückhaltung geschrieben fand, daß ›demgegenüber Poes Erzählungen melodramatisch wirkten‹. Dann schildert Sterling, wie er Bierce später auch im Hause seines Bruders Albert in Berkeley sah und wie er ihn schließlich in seinem Berg- und Schlupfwinkel besuchen durfte. Ein anderer ergebener Schüler war der bayerische Emigrant Scheffauer, auch ein Dichter, der stets zugab, daß er viel von Bierce gelernt habe.

In jenem Sommer-Camp machte Bierce auch die

Bekanntschaft der Familie Partington: der Vater war ein begabter Maler, der begabte Kinder hatte, von denen die Tochter Blanche sich unter Bierces Führung dem Schreiben widmen wollte. Mit ihr entspann sich der bereits erwähnte reizende Briefwechsel. Im ersten Brief von Bierce an Blanche (aus Angwin, datiert vom 31. Juli 1892) erhält die junge Empfängerin sogleich den Ratschlag, zu schreiben um der *Kunst* willen und nicht, ›um die Lage der Arbeiterfrauen zu verbessern‹ – in dem Falle würde er ihr nicht helfen, denn solche Zwecke seien eine Prostitution der Kunst. ›Literatur (ich spreche nicht vom Journalismus) ist eine *Kunst* – und nicht eine Art Wohltätigkeit.‹ Später folgen Briefe aus St. Helena: ›Seit ich hier bin, war ich dauernd krank, aber es ist wohl meine Pflicht, so lange unten zu bleiben, wie ich es aushalten kann.‹ Er fürchtet, daß er wieder in die Höhe zurückkehren muß. Eine andere Probe der Briefe an Blanche ist ebenso freundlich wie der Ton seiner Korrespondenz mit allen Verehrerinnen und Schülern, in deren Versuchen er Unverdorbenes, Junges, noch nicht vom Journalismus Besudeltes spürte: ›Ich wünschte, Sie schrieben eine kleine Sache und schickten sie mir zur Prüfung! Ich werde sie nicht hart beurteilen, denn ich weiß, man wird nicht durch Lesen ein guter Schriftsteller, sondern durch Beobachten und Erleben. Sie haben erst so kurze Zeit gelebt und so wenig gesehen, daß Ihr Feld unweigerlich begrenzt sein muß, aber innerhalb dieser Grenzen können Sie Gutes leisten. Es ist nur eine Vermutung – Sie könnten auch versagen. Würde es Ihnen wehtun, wenn ich Ihre Arbeit für mißlungen hielte? Ein solches Versagen würde nicht im geringsten meine Bewunderung Ihrer Klugheit beeinflussen.‹ – In einem andern Brief an Blanche heißt es: ›Einerlei, was für einen Grund Sie haben, deprimiert zu sein, Sie müssen immer bedenken, daß Sie *Sie* sind – während ich, ach, *ich* bin!‹

Blanche gibt das Schreiben auf, weil sie sich zur Pianistin ausbildet, doch die Verbindung zu Bierce reißt nie ab, wie er auch mit der übrigen Familie Partington stets befreundet bleibt und sie auch nach seiner Versetzung nach Washington wiedersieht. Vorher aber verlebt er, ständig den Wohnort wechselnd, noch einige Jahre in den Bergen, fühlt sich einsam, entdeckt einen neuen Redwood-Wald, wandert mit seinem Sohn Leigh durch malerische Schluchten, sammelt in Wildbächen indianische Pfeilspitzen und gibt Leigh Bergblumen für seine Freunde mit – was ihn alles nicht hindert, im *Examiner* die andre Seite seines Wesens zu zeigen, wenn er gegen Huntington und ähnliche Schädlinge der Nation wettert. Auch über die Frauen schreibt er immer wieder einmal und warnt sie, eine abwesende Frau sei so gut wie gestorben, denn Gott habe die Männer polygam erschaffen.

1893 erschien ein Band mit Kurzgeschichten *Can such things be?* (Kann es so etwas geben?), in der Sphäre des Übersinnlichen angesiedelt, die Bierce von jeher angezogen hatte. Durch sie wurde er noch bekannter, wenn auch nicht populärer. Es macht ihm gar nichts aus, seinen Lesern das Gruseln beizubringen, denn wenn sie sich vor dem Lesen seiner Geschichten fürchteten, könnten sie ja statt dessen – stricken! – Der Dichter Markham sagte damals von Bierce: ›Ich halte Mr. Bierce für einen der feinsten

Menschen und für einen unerschrockenen Mann, der die Luft wie ein Gewitter reinigt.‹

Um jene Zeit war sein zweiter Sohn, der neunzehnjährige Leigh, zu George Sterling nach Oakland gezogen. Leigh wollte auch für eine Zeitung arbeiten. Obwohl er äußerlich seinem so gut aussehenden Vater glich, war er leichtlebig und ein Versager. Bierce sorgte dafür, daß Leigh eine unwürdige Liebesaffäre aufgab, und Sterling berichtet, daß Leigh nach der Unterredung mit seinem Vater weinend aus dem Zimmer stürzte und rief: »Mein Vater ist ein Heiliger! Er hat mehr gelitten als Jesus!« Von da an wohnte Leigh bei seinem Vater, und Bierce bemerkte in einem Brief an Blanche: ›Ich habe herzliches Mitleid mit jedem, der gezwungen ist, mit *mir* zu leben, doch daß er viel allein sein muß, ist immerhin ein Trost für ihn.‹ – Zu seinen Freundinnen gehörten so flotte Damen wie die junge Witwe Una Hume, die mit ihrem Schwimmbecken und ihrem Salon viele interessante Gäste anzog. Ihr Haus war jahrelang Bierces ›Paradies‹, bis er fand, daß zuviele ›Schlangen‹ bei ihr verkehrten. – Ganz anders war sein Verhältnis zu der zarten siebzehnjährigen Lily Walsh: sanft und fürsorglich kümmerte er sich um die taubstumme Dichterin, schickte sie in ein Institut und war trostlos, als sie plötzlich starb.

Zu Beginn des Jahres 1896 war Hearsts Kampf gegen Huntington und die Central Pacific so weit fortgeschritten, daß er Bierce telegrafisch aus Los Gatos wegholte und nach Washington abkommandierte. Zusammen mit Leigh begab sich Bierce unverzüglich auf den ›Kriegsschauplatz‹, wo Huntington im Begriff war, einen neuen Coup zu landen.

Die Regierung hatte auf der Abzahlung der Schulden bestanden. Huntington wollte sich durch Ausschreibung von langfristigen Schuldbriefen, die ungeheure Ländereien in seinen Besitz gebracht hätten, davor drücken. Vor der Entscheidung des Senats versuchte er sich einflußreiche Männer zu kaufen und erkundigte sich auch bei Bierce, ›wie hoch sein Preis sei, denn jeder Mensch sei käuflich‹. Bierce erwiderte ihm ins Gesicht, sein Preis sei 75 Millionen Dollar, zahlbar ans Finanzministerium. Während Bierce in monatelangen Kämpfen die Niederlage Huntingtons anstrebte, brach er unter der riesigen Arbeit fast zusammen und ging nach Gettysburg, wo die Höhe und das trockenere Klima besser für sein Asthma waren. Seine Freunde bangten um sein Leben. Als er den Sieg der nationalen Sache erreicht hatte, kehrte er über Los Angeles und San Franzisko nach Los Gatos zurück, von wo aus er für Hearsts *New York Journal* schrieb.

In Los Angeles hatte er seine Tochter Helen gesprochen, jedoch ein Wiedersehen mit Mollie abgelehnt. Seit der Trennung war er ihr ein einzigesmal auf einer Bergstraße begegnet und hatte ein paar Worte mit ihr gewechselt. Er sah sie nie wieder. Mollie war zu ihrer alten Mutter nach Los Angeles gezogen, wo sie so zurückgezogen lebte, wie es sich für eine Dame der viktorianischen Zeit gehörte. Helen gegenüber ließ sie durchblicken, daß Ambrose noch immer ihr Ideal eines Mannes war. Bierce schickte ihr monatliche Schecks, aber nie an sie direkt, sondern auf dem Umweg über Helen.

Bei der Durchreise durch San Franzisko war Bierce dort wie ein Nationalheld begrüßt worden, denn sein Sieg betraf ganz besonders Kalifornien. In Los Gatos nahm er sein bisheriges Leben wieder auf. In seinem Asyl in den Santa Cruz-Bergen verbrachte er viele Stunden mit Lella Cotten, einer jungen, sehr sportliebenden Witwe, die mit ihm auf die Jagd zog. – Mit der Dichterin Joe McCrackin schloß er eine lebenslängliche Freundschaft. Obwohl sie ebenso alt war wie er, nannte sie ihn ihren ›lieben Großmeister‹. Als ihr Haus später durch eine Feuersbrunst zerstört wurde, fand Bierce einen Verleger für ihr Buch und schrieb selbst die Einleitung. Während jener Zeit genoß er es, Mittelpunkt im Kreis seiner Verehrer und Freundinnen zu sein.

Ende 1899 zog es ihn wieder nach dem Osten. Leigh begleitete ihn und arbeitete in New York für den *Morning Telegraph*. Bierce lebte wieder in Washington. In jenen Jahren begann seine Freundschaft mit Percival Pollard, der von 1897 bis 1911 in Baltimore für das Blatt *Town Topics* als Literaturkritiker tätig war und vernichtende Urteile über mittelmäßige Autoren fällte. Er lud Bierce öfters in sein Sommerhaus in Sag Harbor auf Long Island ein. Pollard wies unentwegt darauf hin, daß Henry James der größte der lebenden amerikanischen Schriftsteller sei, und übersetzte auch Stellen aus André Gides Werk. Es war eine sehr anregende Freundschaft. Bald gesellte sich auch der junge Kritiker Mencken zu ihnen.

Dann entzweite sich Bierce mit seinem Sohn Leigh wegen dessen Heirat. Doch als Leigh sich durch seinen Leichtsinn eine Lungenentzündung zugezogen hatte, fuhr Bierce zu ihm und blieb wochenlang bei ihm. Leigh kämpfte vergebens gegen die Krankheit und starb 1901, zum größten Schmerz seines Vaters. Helen kam zur Beerdigung. Sie begleitete ihren gebrochenen Vater nach Washington und wohnte eine Zeitlang bei ihm. Er trank viel in den folgenden Wochen, war aber nie betrunken. Einmal sprach er zu ihr von ihrer Mutter als der einzigen Frau, die er je geliebt habe. An Sterling schrieb er damals: ›Leighs Tod hat mich schwerer getroffen, als es sich an äußeren Zeichen ablesen läßt: ich bin von alledem ein wenig mitgenommen und grau geworden. Meine Tochter ist nach Los Angeles zurückgekehrt.‹ – Helen hatte zwei Monate an Typhus gelitten, und Bierce hatte in Ängsten geschwebt, er könne auch noch sein letztes Kind verlieren. Während der ganzen Zeit war er von schwerstem Asthma geplagt. Zwar hatte er sich oft eine gefährliche Krankheit gewünscht, um seine Theorie zu beweisen, daß die Seele alles überwinden kann, wie es auch in dem von ihm geliebten Gedicht Henleys heißt: ›Unter den Keulenschlägen des Schicksals blutet mein Kopf – doch ist ungebeugt…‹ Und der introvertierte Mann kämpfte nicht vergebens. Er erholte sich wieder. Er wurde allmählich zum Stoiker. Die Lektüre des Epiktet wurde ihm zur Waffe gegen Schicksalsschläge. Gerade nach Zeiten tiefster Entmutigung entstanden seine größten Geschichten, aus denen sein Mitleid und sein psychologisches Verständnis für die tragische menschliche Situation sprechen.

In den folgenden Jahren machte er viele kleinere Reisen, darunter eine in die Catskill-Berge, wo er zwei Monate wohnte und die Wälder durchstreifte. Auch das Traumland seiner Jugendjahre besuchte er, die Kriegsschauplätze, die wiederzusehen er sich stets gescheut hatte, weil er eine Enttäuschung befürchtete. Statt dessen fand er seine Erinnerungen herrlich bestätigt: ›Die ganze Gegend ist wild und großartig…‹, schrieb er. In Washington war der Kreis seiner Bekannten noch gewachsen. Die Freundschaft mit Pollard und Mencken vertiefte sich. Pollard erklärte in seiner Literaturspalte immer wieder, daß Bierce ein schandbar vernachlässigtes Genie sei, dessen Erzählungen länger leben würden als jedes andre Buch der letzten fünfzig Jahre und dessen Stimme man stets neben Poe und Hawthorne hören würde, ›wenn unsre Ohren längst mit Erde verstopft sind‹. Eine so einsichtige Kritik spornte Bierce an, noch mehr Geschichten zu schreiben, die er an Pollard oder an Mencken sandte, den Kritiker des *Smart Set* in Baltimore, der später so bedeutsame Werke wie sein Buch *The American Language* verfaßte, damals aber noch ein sehr junger Mann war, der zugab, Bierce zu Dank verpflichtet zu sein. Im Army and Navy-Club war Bierce ein angesehenes Mitglied, er war dort meistens an der Bar anzutreffen. In seiner Wohnung (in der auch Platz für seine treue Sekretärin, die Lehrerin Carrie Christiansen war, die nie ein Gehalt von ihm annahm) versammelten sich seine Freunde, um die Abende mit ihm zu verbringen, wenn er bei Tisch auf dem Rechaud Spezialitäten für Gourmets zubereitete und Sonntag vormittags den berühmten Bierce-Kaffee braute. Seinen Verleger Neale (der später ein viel zu persönlich gefärbtes Buch über Bierce schrieb) sah er jeden dritten Tag. Mittags führte Bierce oft Damenbekanntschaften zum Essen aus. Im übrigen war seine Zeit reichlich damit ausgefüllt, seine Hearst-Artikel zu schreiben und die Briefe seiner Schützlinge zu beantworten, von denen er George Sterling allen andern vorzog und ihn für *den* großen amerikanischen Poeten hielt (worin er sich leider getäuscht hatte). An ihn schrieb er 1905: ›Wenn Sie demnächst hören, daß ich ertrunken bin, dann wäre das natürlich die Folge meiner Kanu-Leidenschaft. Ich besitze ein schmuckes kleines Kanu und ängstige meine Freunde, wenn ich nicht auf dem oberen Fluß, sondern im großen Becken unterhalb der Stadt rudere, wo der Wind die richtige, von meilenweit her angesammelte Stoßkraft hat. Ich schickte mein Boot nach Long Island, um mit Pollard Wassersport zu treiben. Sie brauchen sich nicht zu sorgen – ich bin seit meiner frühesten Jugend ein Kanu-Experte. – Habe in letzter Zeit nicht viel getan – war nicht in Stimmung. Der Tod hat wieder ziemlich heftig ausgeholt, und Sie können sich denken, wie einen so etwas aus dem Gleichgewicht bringt.‹

Mit diesem einen Satz verrät er, wie sehr er unter einem neuen Schicksalsschlag gelitten hat. Seine Frau hatte – vielleicht infolge eines Gerüchts – angenommen, daß Bierce frei sein wolle, und daraufhin die Scheidung beantragt. Noch ehe sie ausgesprochen wurde, war Mollie an einem Herzversagen gestorben. Es ist möglich, daß Bierce als Zweiundsechzigjähriger noch einmal heiraten wollte, es kann aber auch nur ein damals in Carmel verbreiteter Klatsch wegen einer ›Blondine‹ gewesen sein, die er in Sag Harbor kennengelernt hatte.

Bei einer öffentlichen Debatte über die Ursachen der Arbeitslosigkeit, angeregt vom *Cosmopolitan,* war Bierce eher als Außenseiter beteiligt und gab den zwei Hauptrednern, zwei prominenten Sozialisten, nur das Stichwort. Anscheinend begab er sich mit seinen reaktionären Ansichten, daß nur die Unfähigen arm seien, aufs Glatteis. Er glaubte eben, daß der Mensch sich aus jeder Situation herausarbeiten könne. Zu jener Zeit kreisten seine Gedanken um das schreckliche Unglück, das San Franzisko betroffen hatte, als die Stadt, in der so viele seiner alten Freunde wohnten, durch Feuer und Erdbeben zerstört wurde.

Nachdem Bierce schon 1899 die Genugtuung gehabt hatte, seine *Fantastic Fables* veröffentlicht zu sehen, lud ihn 1906 der große Verlag Doubleday zu einer Besprechung nach New York ein, da sein *Wörterbuch des Teufels* herausgebracht werden sollte, eine Sammlung von satirischen Definitionen, die er seit 1881 in unregelmäßigen Abständen an die *Wasp* geschickt hatte. *Das Wörterbuch des Zynikers* (wie es dann betitelt wurde) brachte nur die Hälfte des Alphabets – viele Definitionen erschienen dem Verlag zu gewagt. Als später Neals Verlag das Gesammelte Werk in zwölf Bänden herausgab, wurde das Wörterbuch vollständig und mit dem ursprünglichen Titel aufgenommen. Unter den etwa tausend Stichworten finden sich manche Wiederholungen, doch auch kleine Kostbarkeiten wie diese: *Allein:* in schlechter Gesellschaft. *Anders:* auch nicht besser. *Bacchus:* eine Gottheit, von den Alten erfunden, um sich mit gutem Gewissen betrinken zu können. *Beten:* verlangen, daß die Gesetze des Universums zugunsten eines einzelnen, zugegebenermaßen unwürdigen Bittstellers aufgehoben werden. *Ehe:* besteht aus einem Herrn, einer Herrin und zwei Sklaven – macht zusammen zwei. *Eingeborene:* minderwertige Individuen, die den Boden neu entdeckter Länder versperren; bald pflegen sie ihn nicht mehr zu versperren, sondern zu düngen. *Feigling:* einer, der bei Gefahr mit den Beinen denkt. *Heiliger:* verstorbener Sünder, neu durchgesehen und überarbeitet. *Philanthrop:* reicher alter Herr, der gelernt hat zu lächeln, während sein Gewissen ihm die Taschen plündert. *Zahnarzt:* ein Zauberkünstler, der Metall in den Mund steckt, um aus deiner Tasche Münzen zu holen.

Im Juli 1907 erkundigte sich Bierce bei Sterling nach den Grundstückspreisen in Carmel, um dort eventuell Land zu kaufen und einen Bungalow für eine Person zu bauen: es wäre einstweilen nur ein Wunsch und noch keine feste Absicht. ›Kein San Franzisko für mich – aber Carmel klingt gut.‹ Einem andern Freund empfiehlt er sogar, sich in Carmel einen Bungalow zu besorgen, da es der reizendste Ort in Kalifornien sei. Auch seiner Nichte Lora und seinem Neffen Carlt rät er, San Franzisko aufzugeben und in Carmel ›Kartoffeln zu pflanzen‹. Doch ehe er das Gelände in Carmel näher besichtigt, führt er seinen Freund Pollard auf die Schlachtfelder von Chattanooga und nach Galveston, wo er mit stürmischer südstaatlerischer Gastfreundschaft empfangen wurde, dann weiter nach New Orleans und zu Café-Runden, und zurück nach New York.

1909 stellte Bierces Freund Howes seine Essays zusammen und ließ sie unter dem Titel *The Shadow on the Dial* in San Franzisko verlegen. Das Buch wurde heftig kritisiert, weil Bierce hier ungezwungen seine Ansichten über Amerikas Situation und Zukunft äußerte. In England wurden die Essays mit Lob bedacht.

Arnold Bennet schrieb, Bierce habe eine ›Untergrund-Reputation‹, er sei viel zu wenig bekannt. In einem Brief an Sterling spottete Bierce: ›Ich hätte Lust, mich für den berühmtesten Autor zu halten, denn ich habe beinah aufgehört, entdeckt zu werden, und mein Ruf als unbekannter Autor ist weltweit!‹

Weil Neale ihm angeboten hatte, seine Gesammelten Werke zu verlegen, hatte sich Bierce von der Hearst-Presse getrennt. Mit der neuen Arbeit hatte er genug zu tun, da er nicht nur Korrektur lesen, sondern auch das Redigieren der Gesamtausgabe besorgen wollte, und das hatte zur Folge, daß er sich von vielen seiner ehemaligen Zeitungsaufsätze nicht trennen konnte und auch Unwichtiges beibehielt, so daß die Ausgabe den Umfang von zwölf Bänden erreichte. Jahrelang war er seufzend damit beschäftigt. Zwischendurch wollte er zur Abwechslung die Freunde in Kalifornien besuchen; Carmel war allmählich zu einer ihm unsympathischen Künstlerkolonie geworden, aber dort lebte auch sein Schützling Sterling, der sich immer mehr einem ausschweifenden Lebenswandel überließ – sehr zum Kummer seines väterlichen Freundes Bierce.

1910 reiste Bierce über Panama zunächst zum Sommer-Camp seines Bruders Albert, wo er sich enger an seinen Neffen Carlt und dessen Frau Lora anschloß.

Ihr schrieb er hinterher häufig aus Washington. In San Franzisko begrüßten ihn seine alten Freunde, soweit sie noch lebten, doch Bierce war deprimiert. Seine Stimmung besserte sich erst wieder beim Ausflug ins Yosemite-Tal. ›Die Erde ist so schön wie nur je! Mir tun die Dummköpfe leid, die die Sprache der Erde, des Himmels und des Meeres nicht verstehen‹, schrieb er später.

Sterling war schon seit mehreren Jahren mit Jack London befreundet, eine Freundschaft, die Bierce nicht gebilligt hatte, weil ihm London zu radikal war. Als er jetzt Sterling aufforderte, ihn mit Jack London bekanntzumachen, fürchtete Sterling einen Zusammenprall der beiden Hitzköpfe. Die denkwürdige Begegnung fand nicht weit von Alberts Sommer-Camp oberhalb des Russian River im Bohemian Grove statt. Nachdem Bierce und London sich ein paar Beleidigungen eher harmloser Natur an den Kopf geworfen hatten, begann eine Zecherei: ein Wettkampf zwischen dem achtundsechzigjährigen Bierce und seinem um dreißig Jahre jüngeren Gegner. So entdeckte allmählich jeder, was für ein Prachtkerl der andere war, und schließlich standen sie Arm in Arm an der Bar, während die übrigen Mitglieder des Bohemian Club enttäuscht einsehen mußten, daß die Sache unblutig enden würde. London mochte sich von seinem neuen Freund nicht trennen, und gegen Mitternacht beschlossen er und Sterling, Bierce zum Chalet seines Bruders Albert zurückzubegleiten. Oberhalb des Flusses wanderten sie eine steile Böschung entlang: Bierce hatte sein graues Haupt gegen Londons jugendliche Schulter gelehnt. Dabei war ihm der Hut (eine steife Melone) vom Kopf gerutscht und die Böschung hinabgerollt, denn plötzlich rief London: »Wo ist Ambrose?« Bierce war seinem Hut nachgestiegen und hatte sich am Flußufer in einem Nest aus Farnkräutern zum Schlummer niedergelegt. Doch damit war die Nacht noch nicht vorbei: in Alberts Bungalow mußte noch eine Flasche Cognac daran glauben, und im Morgengrauen fand Sterling die beiden trinkfesten Zecher schlafend vor einem Baumstamm. Bierce hatte sich seine Melone ins Gesicht gezogen, und Jack London lag hingeräkelt in der Nähe.

Traurig stimmte ihn der Besuch des Friedhofs in St. Helena, wo er sich das von ihm gestiftete Grabmal der jungen taubstummen Lily Walsh ansah. Auf dem gleichen Friedhof liegen seine Frau und seine beiden Söhne begraben – ohne Grabmal. Dann bekam Bierce Heimweh nach dem Osten, besuchte den Grand Canyon und traf übellaunig in Washington ein, wo er einen neuen Asthmaanfall hatte.

An seine Nichte Lora schrieb er nach der Rückkehr: ›Nett zu hören, daß Ihr es trotz meiner unerträglichen Art fertigbringt, mir ein bißchen Zuneigung zu schenken. Ich glaube wirklich, daß ein Stück von meinem Herzen dort zurückgeblieben ist, vor allem in Berkeley. Es ist übrigens komisch, daß ich nicht länger in all meine Schätzchen und Quasi-Schätzchen verliebt bin, sondern mich statt dessen in meine eigene Nichte verliebt habe. Skandalös! Vielleicht können wir Vier uns einmal den Grand Canyon zusammen ansehen. Dortherum würde ich gern meine Knochen begraben wissen! – Wenn Du nichts Besseres zu tun hast, geh bitte mit Deiner Camera zum Friedhof und fotografiere das Grab von Lily Walsh, der kleinen Taubstummen!‹ – Auf Fotos von seinen Freunden legte Bierce überhaupt großen Wert: in seinen Briefen verlangte er immer wieder neue und bessere. Er schien sie zu sammeln.

Mit Sterling verbrachte er im Sommer 1911 einige Wochen in Sag Harbor auf Long Island, wieder ganz dem Wassersport hingegeben, als kenne er kein Alter. Nach Pollards Tod, der 1911 an einer qualvollen Gehirnoperation aus dem Leben geschieden war, gestand Bierce in einem Brief an Sterling, wieviel er an seinem armen Freund verloren habe. – Im Sommer 1912 unternahm er noch eine zweite Reise nach Kalifornien und überzeugte sich endgültig, daß er nicht mehr dort hingehöre. Auf dem Rückweg besuchte er seine Tochter Helen. In einem Brief an Sterling hieß es hinterher über Kalifornien: ›…ein Land, in dem jede Aussicht erfreulich ist und nur die Gewerkschaften, die Progressiven, die Frauenrechtlerinnen und die Sozialisten abscheulich sind.‹ Und einer jungen Schülerin, Ruth, versicherte er ebenfalls: ›Ich liebe das Land so sehr wie einst, aber nicht die Herrschaft der Gewerkschaften, der Schieber und der Suffragetten – von mir aus können sie in ihrem eigenen Saft schmoren, ich biete mich nicht als Zutat an.‹ Auch seine Verwandten waren ›angesteckt‹, wie er fürchtete, und deshalb antwortete er Lora: ›Du schreibst, wenn Du ein Mann wärst, würdest Du ein Anarchist sein. Das wäre schade, denn da würde ich eine sehr reizende Nichte verlieren – und Du einen sehr würdigen Onkel. Bei Anarchisten ziehe ich die Grenze – wenn ich's gesetzlich dürfte, würde ich sie alle umbringen.‹

In jenem Herbst kam es zum Bruch mit Sterling, der sich nicht in der von Bierce erhofften Richtung weiterentwickelt hatte. Mit Scheffauer hatte er sich schon vorher entzweit, weil er Klatsch verbreitet hatte. Die Kolonie in Carmel schien ein Nährboden dafür zu sein, daher Bierces begreifliche Abneigung. In Washington war sein vertrautester Freund jetzt Mencken, mit dem er bereits im April 1913 über eine geplante Reise nach Mexiko sprach, doch im Mai schrieb er noch sehr humorvoll an Lora: ›Wie geht's nach der Operation? Sei vorsichtig! Seit die Frauen Sport treiben, ist die Zahl der Frauenkrankheiten um 50 % gestiegen. Man kann aus Frauen keine Männer machen, weil sie nämlich ein paar Jahrhunderte zu spät angefangen haben, auf den Hinterbeinen zu gehen. Ihre Eingeweide haben noch nicht gelernt, sich dem Gesetz der Schwerkraft anzupassen.‹ Bierce freut sich über die Pläne seiner Verwandten, in ein Bergwerksgebiet zu ziehen. ›Daß Ihr dort oben wohnen wollt, interessiert mich mächtig. *So* würde ich gern leben, und im Bergwerksgebiet würde ich gern wieder arbeiten.‹ Unwillkürlich fragt man sich, warum hat er sich ihnen nicht angeschlossen? Wäre es nicht ein schöner Lebensabend für den noch so rüstigen Naturfreund gewesen? Aber schon im September 1913 rät er ihr: ›Wenn Du mir schreiben willst, tu es bitte sofort, da ich weggehe, wahrscheinlich nach Südamerika, doch wenn es mit Mexiko zum Krieg kommt, gehe ich zuerst dorthin. Ich möchte etwas sehen und erleben; habe keine Ahnung, wie lange ich wegbleibe.‹

In seinem Abschiedsbrief an Lora vom 1. Oktober 1913 schreibt Ambrose Bierce: ›Morgen gehe ich für lange Zeit weg, deshalb sage ich Dir Lebewohl. Hoffentlich geht Ihr bald in die Berge, Du verschmachtest sicher schon danach, und Carlt ebenfalls! Und ich auch! Nieder mit der Zivilisation! Nichts als die Berge und die Wüste für mich! Leb wohl! Wenn Du hören solltest, daß man mich vor eine mexikanische Mauer gestellt und zu Fetzen geschossen hat, dann bedenke bitte, daß ich es für eine recht angenehme Art halte, aus diesem Leben zu scheiden. Besser als ein Greisenalter mit Krankheiten oder die Kellertreppe hinunterfallen. Ein Gringo in Mexiko – ah, das ist ein gnädiger Tod!‹

In seinem Brief an die alte Freundin Joe McCrackin klingt es etwas anders – friedlicher, ja rücksichtsvoll: ›Wenn Duc Dich nicht so dringend brauchte, würde ich sagen: nimm den Hut und komm mit! Dank Dir für die Freundschaft und für vieles andre! Hiermit ein Lebewohl als Abschluß eines erfreulichen Briefwechsels! Du mußt mir meine Dickköpfigkeit verzeihen, daß ich nicht umkommen will, wo ich jetzt bin. Ich möchte irgendwohin, wo etwas Lohnendes im Gange ist. Was in Eurem Land im Gange ist, finde ich überaus widerlich. Ob Du für mich beten sollst? Hm, ja, das kann weder Dir noch mir schaden. Ich verabscheue alle Religionen, vor einem Christen wird mir übel, und ein Katholik macht mich rasend, aber bete trotzdem für mich, denn ich habe Dich gern, trotz dieser Fehler. Mögest Du so lange leben, wie Du möchtest, und dann lächelnd in das gute Dunkel hinübergehen, in das gute, gute Dunkel!‹

Er fährt noch einmal zu Helen und bringt ihr einen Stoß persönlicher Papiere, überläßt ihr auch seinen Begräbnisplatz, da er nicht in Kalifornien begraben sein will. »Jedenfalls wirst du nicht durch die sterblichen Überreste deines Daddy belästigt werden«, erklärt er.

Er verließ Washington am 2. Oktober 1913, nachdem er Carrie Christiansen eingeschärft hatte, seine von unterwegs an sie geschickten Briefe zu vernichten. Unbekümmert um die Strapazen, unternahm er eine drei Wochen währende Besichtigung der alten Kriegsschauplätze mit meilenweiten Wanderwegen. Als er in New Orleans eintraf, das er wieder bezaubernd fand, gab er sich am 24. Oktober noch zu einem Interview her. »Ich gehe natürlich nicht nach Mexiko, wenn ich es für Amerikaner unsicher finde«, erzählte er. »Ich möchte aber zu Pferde diagonal von Nordosten nach Südwesten, dann zu Schiff nach Südamerika, quer über die Anden und den ganzen Kontinent, und mit dem Schiff von Buenos Aires zurück.« Die Reporter waren beeindruckt von dem unermüdlichen Mann, dessen blaue Augen so scharf dreinblickten, als wollten sie den Pulverdampf von Chickamauga durchbohren: sie hatten alles Feuer des unbesiegbaren Kämpfers.

In Fort Sam Houston wurde er von ehemaligen Kriegskameraden wie ein ausländischer Gesandter aufgenommen. Die Sonne in Texas tat ihm wohl. Dann begab er sich an die Grenze von Mexiko und schrieb am 6. November aus San Antonio und Loredo an Lora. ›Du mußt nicht alles glauben, was die Zeitungen über meine Pläne schreiben. Etwas mußte ich ihnen ja sagen. Jenseits des Rio Grande wird heftig gekämpft, aber ich bleibe bei meiner Absicht, nach Mexiko zu gehen, wenn ich kann. Mein Ziel ist Südamerika, doch in diesem Jahr werde ich nicht mehr dort hinkommen. Wo ich als nächstes sein werde, weiß ich nicht – ist wohl auch nicht wichtig. Adios!‹

Von Laredo fuhr Bierce nach El Paso und überquerte Ende November in Juarez die Grenze, wo er

Ausweispapiere erhielt, die ihm erlaubten, als Beobachter das Heer General Villas zu begleiten. Er legte die Strecke bis Chihuahua zu Pferde zurück, weil die Bahn zerstört war, und in seinem letzten Brief vom 26. Dezember schrieb er, daß er von Chihuahua nach Ojinaga wolle, einer Stadt, die lange belagert wurde und dann fiel. Es ist möglich, daß Bierce in der Schlacht von Ojinaga am 11. Januar 1914 umkam.

Carrie Christiansen hatte seinen letzten vom 26. Dezember 1913 datierten Brief erhalten, eine Abschrift davon gemacht und ihn dann vernichtet. Sie war die erste, die Nachforschungen anstellte und sich an das Konsulat in Chihuahua wandte. Dort wußte niemand etwas von ihm. Sie konnte nichts über seinen Verbleib erfahren. Die treue Freundin mußte es erleben, daß Bierces Verleger und ›Freund‹ Neale sie um ihr verbrieftes Erbe betrog, den Gewinnanteil aus dem Gesamtwerk, womit er Bierces Ansicht von der mangelhaften Menschheit auf schändliche Weise bestätigte. Carrie kehrte in die kalifornischen Berge zurück, wo sie Bierce zum erstenmal begegnet war.

Daß Bierce in selbstmörderischer Absicht nach Mexiko ging, ist möglich, aber unwahrscheinlich, obwohl der Gedanke naheliegt, da mehrere seiner Freunde freiwillig aus dem Leben geschieden waren und da Bierce in seinem Buch *The Shadow on the Dial* in seinem Essay ›Das Recht, sich das Leben zu nehmen‹ über den Selbstmord geschrieben hatte: ›Er ist stets mutig, und für manche ist er eine Pflicht.‹ Für ihn wäre es gewiß keine Pflicht gewesen, aber es war diesem alten Nein-Sager, der von Natur eigentlich ein Ja-Sager war, ganz angemessen, seinem bisherigen Leben den Rücken zu kehren und mutig in ein anderes Land zu ziehen, vielleicht ins ›gute Dunkel‹, vielleicht auch nicht. Es ist bewunderswert, daß er überhaupt so lange durchhielt: fast immer von schwerster, qualvoller Atemnot bedrängt, doch sowie er frei war von Asthma, ein unermüdlicher Wanderer und Sportsmensch, der lange Radtouren und kühne Kanufahrten unternahm. Er hat einmal geäußert, daß ihm der Gedanke verhaßt sei, zwischen Leintüchern zu sterben. So hat er in überzeugender Folgerichtigkeit *sein* Schicksal erfüllt, das Schicksal eines tapferen Mannes und eines sensiblen Künstlers. Unwillkürlich muß man an die Worte denken, die er seinem toten Sohn Day mitgab ›...hast recht getan‹.

Die in diesem Band versammelten Geschichten fallen alle durch die ungeheure Spannung auf, die sie im Leser hervorrufen. Um zum wahren Lesegenuß zu kommen, darf man sie nicht ungeduldig überfliegen, denn jede kleinste Einzelheit hat ihre Funktion im Rahmen des Ganzen. Zudem liebt es Bierce, seine Leser zu mystifizieren, indem er kaum bemerkbare Andeutungen fallen läßt, die aber für die Lösung des Knotens sehr wichtig sind, oder indem er überraschende Rückblenden einfügt. Ein anderer Kunstgriff ist das Verschweigen: er hält mit Informationen zurück und erregt dadurch die Neugier des Lesers. Immer schreibt er scheinbar teilnahmslos, immer unpathetisch und kühl. Wenn das Entsetzen ihn doch einmal überwältigt, bricht sein schwarzer Humor durch. So führt er den Leser zu einem überraschenden Ende und krönt mit einem einzigen Satz den ganzen Aufbau – dadurch die Stellungnahme des Lesers herausfordernd. Diese raffiniert vorbereitete Kompositionsweise hat ihn zu dem großen Erzähler gemacht, der E.A. Poe nicht nachsteht. Ein Überblick über die vorliegenden Geschichten soll auf verschiedene Merkmale seiner Erzähltechnik hinweisen und mag manchmal auch Licht auf wichtige Einzelheiten werfen.

Die Erzählung *Am Himmel ein Reiter* belegt – ganz abgesehen von der Kunst des Autors, auf den Überraschungsschluß hinzusteuern – seine Begabung als einstiger Topograph, eine Landschaft genau festzuhalten. Und den Entschluß des jungen Soldaten, einen Kundschafter zu beseitigen, der sein eigener Vater ist, hat Bierce so einleuchtend begründet, daß die Sympathie des Lesers auf seiten des Sohnes bleibt. – Im *Zwischenfall an der Owl-Creek-Brücke* erlebt der Leser zu seiner Verblüffung, wie der Überlebenswille des Farmers in wenige rasende Minuten zusammengedrängt wird: mit unerhörtem Einfühlungsvermögen versetzt sich der Autor in die Seele des zu Tode Geängstigten. – In *Chickamauga* führt uns Bierce die Sinnlosigkeit des Krieges mittels eines Tricks vor Augen: indem er das taubstumme, in seinem Begreifen beeinträchtigte Kind spielerisch das Grauen miterleben läßt. – Die Erzählung *Ein Göttersohn* geht auf Erlebnisse des Autors zurück. – In der Geschichte *Einer von den Vermißten* sticht Bierces Bemerkung über das Walten der Vorsehung ins Auge: mit den Worten über eine ›Harmonie des Musters‹ scheint er an eine bedingungslose Prädestination zu glauben, an ein beabsichtigtes Planen von

Ewigkeiten her – oder ruft er nur zum Zweifel auf? – Die Erzählung *Bei Resaca gefallen* gibt dem Verfasser Gelegenheit, seinem Groll gegen die Frauen Luft zu machen: die Braut des Gefallenen war die ›Schlange‹, die seinen Tod verschuldet hat, weil sie den widersinnigen Heldentod auf dem ›Felde der Ehre‹ von ihm erwartet hatte. – Noch heftiger appelliert Bierce an die Entrüstung des Lesers in der Geschichte *Das Gefecht am Coulter-Paß,* wo Coulter auf Frau und Kind schießen lassen muß, ohne den wahren Grund zu kennen, die gemeine Rachsucht des Generals und abgewiesenen Liebhabers: ein Geschehen, dem auch durch die verheißene Bestrafung nichts von seiner Tragik genommen wird. – Auch in die Erzählung *Der Gnadenstoß* spielt ein Erlebnis des Verfassers mit hinein: in seinem Kriegstagebuch versichert Bierce, daß er und seine Kameraden damals die Schweine getötet hätten – doch die ›roten Rüssel‹ sind unvergeßlich, und der Überraschungsschluß ist beklemmend. – Voll schwarzen Humors erscheint die Erzählung *Parker Adderson, Philosoph,* die jedoch nur die Dummheit des Philosophen aufzeigt: der Weise ist vielmehr der General, der lächelnd sterben kann. – Im *Vorposten-Gefecht* wird die bereits erwähnte bittere Erfahrung des Autors veranschaulicht, wie sich die Elite verhält: außerdem finden sich hier mehrere Beispiele für Bierces Kunst der Andeutung mit knappsten Mitteln, so etwa, als er den betrogenen Ehemann beginnen läßt: ›Und es ist die Hand…‹ – In der *Geschichte eines Gewissens* finden wir wieder die sparsamen Andeutungen, die jedoch den Sinn des Ganzen enthüllen: die ›Besorgnis‹ des Spions, den die ›Tränen‹ des Offiziers in Sicherheit gewiegt haben. – Sodann folgen zwei Geschichten mit Offizieren als Helden. Die eine, *Ein sonderbarer Offizier,* ist eine poetische und bildhafte Wiedergabe einer Nebellandschaft, die den mörderischen Starrsinn des Batterieführers nicht entschuldigt. – *Ein Offizier – ein Mann* ist ein Beispiel für Bierces psychologisches Verständnis: ein junger Mensch, der sich für mutig hielt, entdeckt zu seinem Entsetzen, wie feige er ist. – Die gleiche Todesangst zwingt *George Thurston* zu Mutproben, an denen er zugrunde geht. – Die Erzählung *Die Spottdrossel* mit ihren zarten Naturschilderungen zeigt Bierce wieder als großen Künstler, der den Kontrast zu den nackend aufgespießten Leibern der Freiwilligen nicht scheut. – In den Stories mit Zivilisten als Helden hebt Bierce die Konflikte alleinstehender Menschen hervor, die bei nervlicher Überbelastung versagen – Psychoanalysen unheldischer Helden angesichts des Todes. Die Geschichte vom *Mann, der aus der Nase trat* zeigt einen untreuen Ehemann, der die gleiche viktorianische Auffassung von Ehefrauen hat wie Bierce: aber obgleich Bierce einmal von einer bewunderten Frau erklärt hat: ›Lil ist eine richtige Frau!‹, ist damit noch nicht gesagt, daß sei sein Ideal einer Ehefrau ist – das ist für ihn ein großer Unterschied! – Das *Abenteuer in Brownville* zeugt von der Naturliebe des Autors, die sich bis auf andächtig beobachtete Eidechsen erstreckt, und andrerseits von seinem Glauben an übernatürliche Kräfte. – *Gilsons berühmtes Testament* dient Bierce als Mittel, die Moral im Staat, im Gerichtswesen und in der Presse zu kritisieren: alle sind von der Geldgier wie von einer ätzenden Krankheit angefressen, ja selbst der Tote sucht noch Goldstaub aus den Gebeinen der Skelette zu schürfen. – Auch der *Bewerber* ist voll höhnischer Gesellschaftskritik: der einstige Wohltäter endet im Elend, noch dazu am Heiligen Abend, ›dem einzigen Tag des Jahres, an dem die Menschen sich Liebes erweisen‹. Hier schimmert der Journalist durch, der Ähnliches dauernd zu glossieren hatte – kein Wunder, daß er zu einem bitteren Moralprediger wurde! – Die *Totenwache* hat durch die Verschiebung der Zeitebenen einen raffinierten Aufbau, der Aufmerksamkeit beim Lesen erfordert. – In der Erzählung vom *Mann und der Schlange* ist Bierce sowohl der kühle Realist wie auch der phantasievolle Dichter. Den Schluß kann der Leser wieder einmal *nicht* voraussehen. – Die Geschichte vom *Schauerweib* gibt dem Autor Gelegenheit, die ihm bekannte Atmosphäre eines Goldgräberlagers heraufzubeschwören und gleichzeitig die Untreue der Frauen zu geißeln: die Heldin Mary wird gleich zweimal bestraft, durch die entstellende Narbe und durch den Tod. Hier flicht Bierce übersinnliche Elemente ins Geschehen; er sieht den *Feind,* den *Mörder,* den *Gegner* – personifizierte Kräfte des Bösen. – *Die geeignete Umgebung* ist eine Gruselgeschichte, die an ein Erlebnis des Autors erinnert, als er aufgrund eines Versprechens seinem verstorbenen Freund Hood zu begegnen glaubte. Der Seitenhieb auf Bierces Berufskollegen vermag das Unheimliche des Geschehens nicht wegzulächeln. – In der Erzählung vom *mit Brettern vernagelten Fenster* findet sich die schöne Stelle über den Schmerz und seine Bewältigung: ›Der Mann war noch nicht geübt im Ertragen von Leid.‹ Und wieder werden dem Leser Rätsel aufgegeben: wer ruft so klagend im Wald? Ein Tier? Oder – in der Nähe – die scheintote Frau? – Die Briefe der *Dame aus Redhorse* sollen vielleicht mit ihrem Humor den Schock der voraufgegangenen Geschichte mildern: Bierce mokiert sich über das ahnungslose Mädchen und über törichte Gesellschaftstiger. – Mit der letzten Erzählung *Die Augen des Pumas* entfaltet Bierce wieder sein Geschick, durch versteckte Hinweise dem achtsamen Leser auf die Spur zu helfen: die puma-artige Frau ist zweifellos seelisch gestört, doch erst am Schluß benimmt sie sich als die Irre, die sie (seit Jahren unerkannt) tatsächlich war. Die junge Mutter im Blockhaus wird zwar als recht dümmlich, aber doch als reizend häuslich dargestellt – auch so ein Idealbild einer Ehefrau?

Mit diesen Erzählungen hat sich Bierce einen Platz unter den besten amerikanischen Prosakünstlern gesichert, während er sich in den *Fantastic Fables* und im *Wörterbuch des Teufels* als Meister der Satire und des Epigramms erweist. Von jeher hat er Werke von künstlerischem Wert schreiben wollen, und als junger Autodidakt hat er emsig auf dieses Ziel hingearbeitet.

Seine Sensibilität und seine Gestaltungskraft hätten noch mehr Werke hervorbringen können, wäre er nicht durch seinen Beruf immer wieder behindert worden. Dem schöpferischen Impuls blieb selten genügend Zeit, denn als Journalist mußte er dauernd zuschlagen und zurückschlagen. Vielleicht hätte er sich in einer weniger korrupten Zeit noch ganz anders entfalten können.

Ein Mann wie Bierce besaß die Verachtung des Aristokraten für die Gefühle der großen Menge. Er verfiel nicht der weichlichen Unaufrichtigkeit, die stets *happy endings* verlangt. Ihm war das Zudecken und Verhüllen unangenehmer Wahrheiten verhaßt. In der viktorianischen Zeit war der Tod ein beinah so verpöntes Thema wie Sex, und wer darüber schrieb, galt als unfein. Doch Bierce interessierte das größte menschliche Drama, der Konflikt zwischen Leben und Sterben. Der Tod der Jungen, Tapferen und Schönen bildet häufig eine Schlußnote seiner Kriegsgeschichten. Damit stand er im schärfsten Gegensatz zum literarischen Geschmack seiner Zeit. Seit den vierziger Jahren ist er ›wiederentdeckt‹ worden. Es hätte ihn amüsiert.

Elisabeth Schnack